民国**五台山**游记辑注

贾富强 刘佼◎辑注

Notes on Travelogues of
Mount Wutai in the Republic of China

商务印书馆
The Commercial Press

图书在版编目（CIP）数据

民国五台山游记辑注 / 贾富强，刘佼辑注 . — 北京：
商务印书馆，2023
ISBN 978-7-100-22041-5

Ⅰ.①民⋯ Ⅱ.①贾⋯ ②刘⋯ Ⅲ.①五台山—游记
Ⅳ.① K928.3

中国国家版本馆 CIP 数据核字（2023）第 033947 号

民国五台山游记辑注

贾富强　刘佼　辑注

商 务 印 书 馆 出 版
（北京王府井大街 36 号　邮政编码 100710）
商 务 印 书 馆 发 行
北京北印印务有限公司印刷
ISBN 978-7-100-22041-5

2023 年 5 月第 1 版　　　　开本 880×1230　1/32
2023 年 5 月北京第 1 次印刷　　印张 11⅛

定价：69.00 元

序

　　五台山作为佛教圣地，历来受到国内外游客信众的青睐，历代留存下来的游记作品自然也有不少。目前，能见到的五台山游记，最早的是唐朝时来华日本僧人圆仁所撰《入唐求法巡礼行记》，其后是北宋时来华日本僧人成寻所撰《参天台五台山记》，辽、金、元时期的游记尚未见到，入明之后则有乔宇《五台山游记》、王道行《游五台记》、顾绍芳《游五台山记》、李维桢《五台游记》、王思任《游五台山记》、徐霞客《游五台山日记》等游记，入清之后则有李因笃《清凉游记》、顾炎武《五台山游记》、释智朴《台山游》、高士奇《扈从西巡日记》、高懋功《云中纪程》、郑性《北游记》、王昶《台怀随笔》、禧恩《燕晋纪游草》、释清福《朝拜五台》、王廉《游五台山日记》、高鹤年《五台游访记》、朱耀南《五台山记》等游记。这些古代五台山游记，其中不乏脍炙人口的名篇佳作，虽体裁不一、内容有别，但为今人了解当时五台山的实际面貌提供了可靠的资料。

　　进入民国之后，随着现代旅游业的快速发展，国内旅行主体开始由官员士人向普通民众转变，造访五台山的旅行者数量开始增多，以致留下来的游记数量也大幅增加，其记录的内容也随着社会发展变迁极具时代特色。比如，张相文《五台山参佛日记》、高鹤年《五台山游记》、超尘《游五台山记》、汪定安《五台山游记》、蒋维乔《五台山纪游》、袁希涛《游五台山记》、罗杰《五台山礼佛日记》、缪秋杰《游恒山五台日记》、熊希龄《五台山游记》、吴少成《五台山游记》、广明《朝五台礼文殊菩萨感应记》、张莲觉《游五台山记》、李相之《五台山游记》、张虎峰《本校师范科二年级旅行五台山纪略》、靳志《凌靳五台游稿序》、都锦生《五台山纪游》、金台《五台记游》、尘空《礼五台山小记》、傅增湘《五台山游记》、周肇祥《游五台日记》、赵露清《五台山进香记》等。与古代五台山游记相比，民国五台山游记尚未引起学界重视，这显然与其重要的历史地位极不相称，可谓是一份内蕴丰富的学术宝藏。

　　另外，近代以来造访五台山的外国人开始逐渐增多，其中不少人亦作有游记或回忆录。比如，日本人小栗栖香顶《北京纪游》、伊东忠太《五台山》、堀贤雄《尊由连枝达赖喇嘛会见记》、寺本婉雅《五台山行》、神月彻宗《西天东土》、小野玄妙《五台山记》、平田饶《五台山游记》、道端良秀《五台山纪行》、立野信之《五台山》、三上谛听《五台山纪行》、小野胜年《五台山纪行》、上阪泰山《五台山随想记》、宫本敏行《山西学术纪行》、外务省调查部第三课《瑞应寺并に五台山访问记》；德国人李希霍芬（Ferdinand Paul Wilhelm Richthofen）《李希霍芬中国旅行日记》、海因里希·哈克曼（Heinrich Hackmann）《在东方的德国学者》；英国人李提摩太（Timothy Richard）《在华四十五年——李提摩太回忆录》；俄国人璞科第（Dmitril Dmitrievich Pokotilov）《五台山的过去与现在：1889 年 5 月旅行报告》；美国人维理士（Bailey Willis）《友好的中国：在中国人之间徒步两千里》、璀伯《山西旅行谈》、玛丽（Mary Augusta Mullikin）《中国九大圣山：1935 ～ 1936 年朝圣旅行的记录》；芬兰人马达汉（Mannerheim Gustav）《西域考察日记》；美籍奥地利人埃米尔·斐士（Emil Sigmund Fischer）《神圣的五台山：关于从太原府经五台山到蒙古边境的现代旅行》；挪威人艾香德（Karl Ludvig Reichelt）《西北旅行布道记》。这些外国人的身份不一，有学者，有佛教徒，有外交官，有军人，有传教士，有商人，有画家。这些记录外国人在五台山所见所闻的游记，不仅是研究近代中外关系史的重要史料，同样也是研究近代山西以及五台山不可多得的珍贵资料，值得引起学人重视，暂留待日后整理。

有鉴于此，笔者将以五台山为主题的游记和涉及五台山的游记纳入自己的关注范围，历时近三个春秋，旁搜远绍，基本上已将国内外关于五台山的游记搜罗全面，只有少数游记因信息不全暂未找到。在此基础上，计划选择一些具有代表性的五台山游记进行整理，以资料汇编的形式将其逐步出版，形成《民国五台山游记辑注》《古代五台山游记选编》《外国五台山游记选编》三本书，以期能够勾勒出五台山在不同时期、不同人物眼中的形象，以"他者"的视角重现山西及五台山的历史面貌，为构建"五台山学"提供必要的史料支撑。

现在先将《民国五台山游记辑注》出版，望起抛砖引玉之效果，使学界同仁和读者更多地关注五台山研究。由于时间和水平有限，疏漏之处在所难免，还望不吝赐教。

贾富强

壬寅季夏识于忻州

凡例

1. 本书仅收录形成于民国年间的汉文五台山游记，至于清代以前和建国之后的五台山游记以及外文的五台山游记暂不收录，来源包括民国图书、报纸、期刊等文献。

2. 本书不收录曾于民国年间单独刊行且建国之后已由今人整理出版的名家游记中的五台山游记。比如：高鹤年《名山游访记》所收之《五台山游记》（1912 年）、《由北岳经五台太华回终南山略记》（1914 年）；蒋维乔《因是子游记》所收之《五台山纪游》（1918 年）；李相之《五台山游记》（1932 年）；傅增湘《藏园游记》所收之《五台山游记》（1936 年）。另外，本书亦不收录抗战期间国内外战地记者在五台山的见闻。比如：徐盈《西线风云》所收之《踏上五台山》（1937 年）；〔美〕史沫特莱《随军漫记》所收之《在五台山中》（1937 年）；周立波《晋察冀边区印象记》所收之《五台山麓》（1938 年）；黄薇《回到抗战中的祖国》所收之《到达抗日根据地五台山》（1938 年）。

3. 原文所带文字风格、语言习惯等，均保持原貌，不加改动。如原文字句存在讹误、衍误、倒误、缺误等舛误情况，则予修改，并加注说明。

4. 原文为繁体竖排者，一律改为简体横排。如有异体字者，则予径改，不做说明；如有错别字者，则予改正，并加注说明。

5. 原文中对寺院名称、村落地名、地理方位的表述，尽量保持原貌。如有不准确者或古今不一致者，仅加注说明；如确有错误者，酌加改动，并加注说明。

6. 原文所引诗歌、碑文、匾额、楹联等有确据者，均加以订正。

7. 原文无标点者，均加标点；有标点者，则尽量保持原貌，一般不加改动。如有标点与文意不合者，酌加调整，不做说明。

8. 原文文中或篇后所加之注，均用单行夹注，并用"（ ）"加以注明。

9. 原文因年代久远、排版、折叠等因素导致的字迹模糊或残损者，据所缺字数用"囗"表示。

10. 本书对游记中出现的生僻或重要的词汇、地名、人物等内容加以注释；相同内容仅在首次出现时加以详注；同一内容前后表述不一致则在重复出现时加以简注。

目录

五台山参佛日记

（1911 年）

张相文（1867～1933），字蔚西，别号沌谷，江苏泗阳人。近代著名地理学家、教育家，发起成立中国第一个地理学术团体"中国地学会"，并创办中国第一种地理学术期刊《地学杂志》。在上海南洋公学、北京大学等长期任教。著有《南园丛稿》等。

1911 年 7 月 15 日（农历六月二十日），张相文自天津启程前往五台山游览，是日晚抵石家庄下车。次日，转乘正太铁路火车至太原，17 日至 18 日在十方院和晋祠游览。19 日，由太原乘架窝北行，取道阳曲、忻州、定襄、五台等地，路行五日至五台山，宿于塔院寺。24 日至 29 日，在山上游览台内诸寺及北台。30 日，踏上返程，东出龙泉关，取道阜平、曲阳等地，路行四日至定州。8 月 3 日，又乘汽车回到天津（参见《泗阳张沌谷居士年谱》）。此次五台山之游往返共费时二十日。

辛亥岁^①，余拟北游朔代，视察河套。通州张季直君，为绍介之于晋抚丁衡甫^②中丞。盖余与中丞虽同郡，彼此实未谋面也。已而中丞谢病归，为之迟回者久之。袁观澜^③君，复致书上海王粗云^④方伯^⑤，嘱为招待，乃遂成行。然为期已促，不复能至河套，小住五台山一周而归。雪泥鸿爪^⑥，亦足以证参佛因缘也。乃录日记而存之。

六月二十日晨，由津寓启行，晚抵石家庄下车。过定州时，浓云密布，南风送雨，横扑车窗，顷刻间，野田阡陌中积水至寸余。渐南渐小，至石家庄则不知有雨矣。

二十一日晨，买正太^⑦车票，七点余钟启行。车座较京汉为美，惟乘客不多，头二等合为一辆，座中仅余一人而已。西行过获鹿^⑧，

---

① 辛亥岁：即清宣统三年，公元 1911 年。
② 丁衡甫：丁宝铨（1866～1919），字衡甫，号佩芬，江西南昌人。清宣统元年（1909）升任山西巡抚。
③ 袁观澜：袁希涛（1866～1930），字观澜，又名鹤龄，江苏宝山人。清光绪年间举人。清末民初教育家。
④ 王粗云：王庆平（？～1921），字粗云，江苏上海人。清光绪十六年（1890）进士。历任浙江盐运使、山西按察使、山西提法使、山西布政使、护理山西巡抚。清末民初政治家。
⑤ 方伯：古代诸侯中的领袖之称，谓一方之长。出自《礼记·王制》："千里之外设方伯。"后泛称地方长官。
⑥ 雪泥鸿爪：大雁在雪泥上踏过留下的爪印，比喻往事遗留的痕迹。[北宋]苏轼《和子由渑池怀旧》诗："人生到处知何似，应似飞鸿踏雪泥。泥上偶然留指爪，鸿飞那复计东西。"
⑦ 正太：即正太铁路，原计划以正定为起点，后移至石家庄，遂更名为石太铁路。
⑧ 获鹿：即今鹿泉。1994 年撤销获鹿县，设立县级鹿泉市，仍属石家庄市。2014 年改鹿泉市为鹿泉区。

抵头泉①，已入山，行于峡道中。山皆水成岩，与土阜相间。车之轨道，沿绵蔓水，两岸曲折盘旋形如之字，遇山坂下迤，则凿而通之，凡过大小洞穴十数处。一点钟时，至娘子关②，交山西界。关之东水流甚急，居民有借其力以作工者，然甚粗劣。娘子关者，相传以为唐平阳公主驻兵之地也。唐人武功最盛，当其初起兵时，巾帼中尤多英雄，见于传记者已不可胜数。自宋以后，缠足之风既兴，迂儒学说又以扶阳抑阴为大义，乃不复比于人类矣。午后抵寿阳县城，见水已西流，形势渐觉开展。然地高而薄，农田半在山上，遥望之鳞塍③相叠，如以剟刀旋削而成者。禾麦高仅数寸，树木愈少，弥望皆童山④也。五点钟至太原。

二十二日晨，华氏⑤表温度得七十九，气压则六十七粉⑥。地势既高，气温亦随之低降矣。午后与陈君啸仙⑦，同游十方院⑧。院距城北五里，有舍利塔一座，高凡七级，登之可俯视太原。全城东、西、北三面，皆距山不远，汾水由北来，沿西郭外南去，河床甚宽，阔可四五里。东岸以堤为障，防其溢而坏城也，然不数

---

① 头泉：即今头泉村，为井陉县上安镇下辖村。
② 娘子关：原名"苇泽关"，位于河北与山西交界处，系晋冀咽喉。唐朝时平阳公主率兵驻守此地，其部队时人称之为"娘子军"，由此得名。
③ 鳞塍：密集的田垄。[清]冯桂芬《怪园记》："墙外鳞塍雉堞，一目数里。"
④ 童山：草木不生的山。《管子·国准》："童山竭泽者，君智不足也。"
⑤ 华氏：即华氏度，是指用来计量温度的单位，以其发明者德国人华伦海特（Gabriel Daniel Fahrenheit）命名，符号"°F"。
⑥ 粉：近代将"decimetre"译为"粉"，现已废除，改为"分米"。
⑦ 陈啸仙：生平不详，曾任中国地学会编辑。
⑧ 十方院：即北十方院，亦名千寿寺，已毁不存。

数^①见。冬时水落归槽，则浅类行潦^②矣。太原城中，民屋尚整齐，街道亦皆平坦。繁盛市面，皆在南门一带。如西、北两门内，则皆空荒之地，地质咸卤低下。居民多有刮以淋盐者，色黯而味苦，实不适口也。城外渐有园圃，然荒芜者多。汾水两岸，土质极膏沃，苍耳子^③与杂草丛生，甚茁壮。若辟为陂堰^④，可立变为腴田，率皆听其荒废，良可惜矣。

二十三日，龚君子和^⑤邀游晋祠。雇骡车两乘，出南门，望西南而进。约三四里，过狄梁公^⑥故居，祠墓尚存，为之瞻眺^⑦者久之。既而涉汾水，值新雨后，水流颇湍激，然牵车可过，不须唤渡。又西南四十里，至太原县，城小而僻，无可观者。祠又在其西南十里，晋中最盛处也。外缭砖垣，类宫城，市民数百家，皆夹祠而居。祠负山东向，中祀女神，相传以为叔虞之母云。柱壁云龙缭绕，或绘为水族，旱岁祷雨，必有事于此焉。《唐书》王

---

① 数数：多次，屡次。
② 行潦：沟中的流水。《诗经·召南·采蘋》："于以采藻？于彼行潦。"《毛传》："行潦，流潦也。"
③ 苍耳子：中药名，菊科植物苍耳的带总苞的果实。
④ 陂堰：蓄水池。
⑤ 龚子和：生平不详。
⑥ 狄梁公：狄仁杰（630～700），字怀英，并州晋阳（今山西太原）人，逝后追赠梁国公。唐代政治家、武周时期的宰相。
⑦ 瞻眺：远望；观看。［南宋］朱熹《释奠斋居》诗："瞻眺庭宇肃，仰首但秋旻。"

威、高君雅谋①，因祷雨晋祠，以图高祖②。及义兵起，高祖亦尝祷之，盖其来久矣。今北庑中犹有贞观二十年太宗所撰御碑③，文字之剥落者仅十之三四。后人惧陈迹之湮也，乃别摩拟一碑于其旁。虽未能酷肖④，亦颇觉秀劲可爱。祠南为公输子祠、台骀祠，又南为水母宫，泉发于神座下，至阶亭中始涌出，其名曰"难老"。甃井围之，游鱼往来成队，清可鉴发。东为暗沟，汰流⑤而下，乃散为诸渠，灌田凡千余顷。《水经注》所谓"悬瓮之山，晋水出焉"者也。晋北为吕仙洞，老柏数株，皆千余年物。其上倚山架阁，号曰"三台"。凭栏东望，鳞塍节比，一碧青葱，皆稻田也，盖晋水之利溥⑥也。

太原县在晋水之北，古所谓晋阳也。晋水沾溉⑦，足以及之，因之土脉膏润，林树蓊郁⑧，非今日省垣所及，故自古倚为重镇。自北齐神武创建霸府，历北周及隋，遂为唐家大业所由基，其兴

① 王威：隋末太原副留守，郡丞。高君雅：隋末武牙郎将。此二人因获知李渊欲起兵反隋，密谋于晋祠诛杀李渊，结果事情败露，反被李渊诬以谋反罪名而杀害。
② 高祖：即唐高祖李渊。
③ 即唐太宗李世民于贞观二十年（646）所撰《晋祠之铭并序》碑。
④ 酷肖：极其相像。
⑤ 汰流：水在地面下流。[南朝·梁] 何逊《渡连圻》诗之一："汰流自洄纠，激濑视奔腾。"
⑥ 利溥：益处很大。[清] 王夫之《读通鉴论·后汉光武二十》："仁人之言，其利溥如此哉！"
⑦ 沾溉：沾濡浇灌，比喻使人受益。[元] 柳贯《送刘叔说赴潮州韩山山长》诗："汛除蛮风清，沾溉时雨足。"
⑧ 蓊郁：形容草木茂盛。[唐] 白居易《答桐花》诗："山木多蓊郁，兹桐独亭亭。"

王之气可想也。迨宋灭北汉，乃尽付诸一炬，移并治于汾东之唐明镇。元、明及今皆因之，即今太原省会也。地势既异，一切名所古迹皆扫荡无遗，莫可追寻矣。

世俗相传，宋人既毁太原旧城，别营新治。其街道皆作丁字形，以为厌胜①。故自宋以来，太原人材不盛，功名不立，初以为流俗讆言②也。及今观其街道犹信，且元遗山③诗有云"官街十字改丁字，钉破并州渠亦亡"，可知晋人于宋衔恨④最深。而宋人营治之初，固实有厌胜之意，盖犹是参辰⑤不两盛之谬见也。陈君啸仙为余言，晋省兴学近十年，学生皆取之外州县，太原城中并无来学者，斯亦奇矣。

日既西下，乃与龚君循旧路而回。至半途，则天色陡变，西北风呜呜然，挟暴雨而至。不得已，乃就道旁小店宿焉。太原夏日气候，早晨多晴稳无风。至午一二点钟，为热度之最高时间。至四点钟后，则郁而为风，常挟猛雨从四山而来，验之数日皆然。龚君且为余言，山西一省，就天然之形势言之，可分为三区：韩

---

① 厌胜：即厌而胜之，以诅咒制胜人或物。
② 讆言：同𧩫言，荒诞虚伪的话。[清]袁枚《随园随笔·不符》："然则京口之战、顺昌之捷与朱仙镇之威名，史皆𧩫言耶？"
③ 元遗山：元好问（1190～1257），字裕之，号遗山，太原秀容（今山西忻州）人。金末元初文学家、历史学家。
④ 衔恨：含恨；怀恨。《三国志·吴书·孙破虏讨逆传》："策昔曾诣康，康不见，使主簿接之。策常衔恨。"
⑤ 参辰：参星和辰星，分别在西方和东方，出没各不相见，比喻彼此隔绝。[西汉]扬雄《法言·学行》："吾不睹参辰之相比也，是以君子贵迁善。"

侯岭^①以南，凡蒲、绛、泽、潞等州为一区，其气候风土人情，全与河南省相类；韩侯岭以北，北抵雁门勾注，凡太原、汾州诸处，自为一区；雁门勾注以下，下抵阴山，凡大同、宁朔^②及归绥十厅^③，又别为一区，其气候风土人情，又与中、南两区各各不同也。气温之低，以宁朔左云、右玉为最。而归化城迤^④西，迤及河套，地极肥腴，禾稼长可没人，且以北有阴山为蔽，故其气候寒暖，反与太原无殊。省中交通机关，纯恃牲畜。唯绛州以下，汾河^⑤可行舟，以通秦中。若西山一带，煤炭满地，唯苦乏水，往往汲取于数十里以外云。

　　二十四日晨，归省城，雇架窝^⑥一乘。架窝者，即山东人所谓栅子也。行于山路，可免震荡之苦，故其价亦较骡车为昂。午后出北关，道旁石碑植立，题为"傅青主^⑦故里"。余闻青主善医，曾设药肆城中。故今兔儿街，犹相传以为其故居焉。夫青主身逢易代，其所成就，殆无可表见，不过稍忍须臾，耻为不义之喧赫^⑧

---

①　韩侯岭：又名韩信岭，在山西霍州、灵石两县交界。
②　宁朔：指清代朔平府及宁远厅所辖区域。
③　归绥十厅：指除归化、绥远、宁远三厅外，清代山西归绥道所辖的萨拉齐、托克托、和林格尔、清水河、丰镇、武川、兴和、五原、陶林、东胜十厅。
④　迤：往；向。
⑤　原文作"汾州"，应为"汾河"，讹误，据语意改之。
⑥　架窝：旧时交通工具，形状似轿，也称驮轿，由两头牲畜前后驮负。
⑦　傅青主：傅山（1607～1684），初名鼎臣，字青竹，改字青主，山西太原人。明末清初著名学者。
⑧　喧赫：犹显赫。《后汉书·酷吏列传·论》："风行霜烈，威誉喧赫。"

富厚^①而已。而市朝不异^②，已为后人所引重如此。呜呼！《贰臣传》^③中诸君可以悟矣。行二十里，过新店镇^④。西北风起，雨倾盆下，急就肆门避之。已而雨过天晴，复行三十里，住青龙镇^⑤。镇南有河一道，由东而西，水流如急矢。镇内居民，可二三百户。屋皆半厦，多就土阜凿成之。用物古朴，绝不见有外货。盥匜^⑥之属，以铁为之，而冶工极劣。一水壶之重，非壮夫不能提挈也。灯檠^⑦长二三尺，下附以架，上为圆盘，以安油盏。《唐书·胡钲传》：钲取铁灯檠，摘枝叶柝合其跗，横膝上，欲以击诸恶少。^⑧观于时人所用之灯，殆无可以击人者，向尝疑之，今乃恍然。欲考见古物，固当于深山穷僻处求之耳。

二十五日，转东北行五十里，至姚子庄^⑨，阳曲属一小镇也。

---

① 富厚：财富雄厚。《战国策·秦策一》："蜀既属，秦益强富厚，轻诸侯。"
② 不异：没有差别；等同。［西晋］羊祜《让开府表》："虽历内外之宠，不异寒贱之家。"
③ 《贰臣传》：即《清史·贰臣传》，收录了明末清初在明清两朝为官的人物。
④ 新店镇：即今新店村，为太原市尖草坪区光社街道下辖村。
⑤ 青龙镇：即今青龙村，为阳曲县侯村乡下辖村。
⑥ 盥匜：洗手、洗脸用的器皿。
⑦ 灯檠：灯架。
⑧ 此句出自《新唐书·胡证传》，作者有误，亦并非引用原文。《新唐书·胡证传》载："因取铁灯檠，摘枝叶，拣合其跗，横膝上，谓客曰：'我欲为酒令，饮不釂者，以此击之！'众唯唯。证一饮辄数升，次授客，客流离盘杓不能尽，证欲击之，诸恶少叩头请去，证悉驱出。故时人称其侠。"
⑨ 姚子庄：具体位置不详，推测即今上原村。据道光《阳曲县志》卷二《舆地图下》记载，在"石岭关"与"泉水院"之间有"窨子沟"，而"窨"与"窑"字形接近，且"窑"又与"姚"读音一致，推测姚子庄即窨子沟，位置相当于今上原村。

又西四里，过石岭关①，大石盘结，气势雄伟，北临深壑，几于一落千丈。过岭即入忻州界。峡道中关楼横峙，题曰"古秀容"。自太原至此，道路村落，皆在深沟中。村之两端，即因隧道置堡设壁门以为防。越岭而北，乃渐出隧道，扩而为平原矣。沿途每见妇女袒裼②当街，夷然③不以为怪，而足皆纤小，竟有分寸俱无，圆突若马蹄者，其惨酷真过于刖刑④矣。又行三十六里，掠忻州城东而过。天既晚，雷电交作，大雨将至，乃投宿一小村。问其名，语不能达也。村夫数人皆污垢，面目似鬼，相聚对榻吸鸦片，天明始不见。余操淮泗间乡音，以游齐鲁燕赵，大河南北，及关东口外，略无扞格⑤者。至石岭关以北，则语言渐异，乡僻处几于不知所云矣。

二十六日，急起早行。东过智村⑥、西邢村⑦，皆大聚落。榆枣成围，堡寨相环，而人家畜犬，皆锁系门栏，猛伟可怖。至此已入定襄界，皆古秀容之地也。北魏尔朱羽健，赐牧秀容，川原衍沃⑧。其后尔朱荣有马十二谷，遂以乱魏。今观其农田肥美，禾稼芃芃⑨，

---

① 石岭关：旧时太原前往忻州必经之处，今位于阳曲县大盂镇上原村北。
② 袒裼：亦作"襢裼"，脱去上衣左袖，露出肢体。《礼记·内则》："不有敬事，不敢袒裼。"
③ 夷然：平静镇定的样子。《晋书·王承传》："承每遇艰险，处之夷然。"
④ 刖刑：砍去受罚者左脚、右脚或双脚。
⑤ 扞格：互相抵触，格格不入。[北宋]苏轼《策略五》："器久不用而置诸箧笥，则器与人不相习，是以扞格而难操。"
⑥ 智村：即今智村，为定襄县晋昌镇下辖村。
⑦ 西邢村：即今西邢村，为定襄县晋昌镇下辖村。
⑧ 衍沃：平坦肥美的土地。《左传·襄公二十五年》："井衍沃。"杜预注："衍沃，平美之地。"
⑨ 芃芃：形容植物茂盛的样子。《诗经·鄘风·载驰》："我行其野，芃芃其麦。"《毛传》："麦芃芃然方盛长。"

远过太原。其地利固有足资者，而村民能知沟洫^①之利，且订定规条，以资信守，尤足多也。又东抵定襄县，距忻州凡四十里，由其南门而过。又东北地势渐多凹凸，久之抵滹沱河滨。水浅而浊，不任舟楫，鳞介^②之属亦无之。过河即东冶镇^③，五台县属也。铺户殷繁，足称巨镇。然问之镇中，并无冶炉，所用铁属，皆来自平遥，殆古有而今已衰歇^④者。南倚滹沱河滨，多稻田，园圃相望，晋北所仅见也。徐中丞松龛^⑤，即此镇人。询其子孙，今已式微^⑥矣。中丞当海通之初，即留心于世界大势，所著《瀛寰志略》一书，海内至今重之，可不谓先时之豪杰哉？

二十七日，由东冶东行，冈岭起伏，渐将入山。三十里至五台县，城在山间，东绕溪水，亦南入滹沱。县境出煤，且多无烟，其南十余村皆产之，而窑头^⑦为尤旺云。东南十里，过牧护关^⑧，关

① 沟洫：田间水道。
② 鳞介：有鳞和甲壳的水生动物的统称。[东汉]蔡邕《郭有道碑序》："犹百川之归巨海，鳞介之宗龟龙也。"
③ 东冶镇：即今东冶，为五台县东冶镇政府所在地。
④ 衰歇：衰落；止息。[唐]杜甫《佳人》诗："世情恶衰歇，万事随转烛。"
⑤ 松龛：徐继畬（1795～1873），字松龛，又字健男，别号牧田，书斋名退密斋，山西五台县东冶人。清道光六年（1826）进士，历任广西、福建巡抚，闽浙总督，总理衙门大臣等职。著有《瀛寰志略》等。
⑥ 式微：事物由兴盛而衰落。《诗经·邶风·式微》："式微，式微，胡不归？"朱熹《诗集传》："式，发语辞。微，犹衰也。"
⑦ 窑头：旧名，是过去对五台县白家庄镇的总称，地处五台县西南大山之中，因煤炭资源丰富而闻名。
⑧ 牧护关：又名木虎关。在苏子坡村以北的慕姑岭之上，位于阁子岭与虒阳岭之间，是经由五台县城前往五台山的必经之地。光绪《五台县志》记载慕姑岭："在县治东北二十二里苏子坡村北，土山凹也，有路通五台山。"此处有误，距城十里应为阁子岭。

踞山巅，题曰"清凉境门"。东望则群山四绕，中开小平原，多种燕麦，初长四五寸，若江淮间二三月光景。气压计低降至六十四粉，气温仅七十七度。地高而凉，盖以入五合之墟矣。北过狮牙岭[1]，斗削至数千丈，用四人挽之始下。晚住豆村[2]，去五台县城四十里矣。村民皆着棉裤，晨起尚须烘炕，此北方最恶之习惯也。

二十八日，由豆村起行，晓雾迷茫，巨石塞路，曲折盘旋于涧中，盖不复能辨方向矣。四十里至留云村[3]，居民可二十余家，极贫苦，食物俱无，购鸡子[4]数枚啖之。又北十里，上瓦陀梁[5]，高入霄汉[6]，数折始及其巅，气压乃低至五十七粉，加以风雨溟濛[7]，对面几不相见。然山半杂土，播种燕麦、蚕豆如平地，顶上并有小村，真可谓迥绝[8]人寰者矣。既过岭，又三十余里，至台怀镇[9]，五台之中心也。由五台令牛君[10]导之，留住于塔院寺中。盖以六月

---

① 狮牙岭：即虎阳岭，位于龙王堂村东，因音近而讹误。光绪《五台县志》卷二《山水》载："虎阳岭，在慕姑岭之东，距县治三十五里，石磴盘折，高三里许，山凹有大刹，殿阁宏丽，岭东迤逦而下，高五里。"
② 豆村：即今豆村，为五台县豆村镇政府所在地。
③ 留云村：即柳院村，今有东、西、下柳院村之分，为五台县豆村镇下辖村。
④ 鸡子：鸡蛋。
⑤ 瓦陀梁：即瓦厂梁，位于今五台县豆村镇东西瓦厂村一带。
⑥ 霄汉：云霄和天河，借指天空。《后汉书·仲长统传》："不受当时之责，永保性命之期。如是，则可以陵霄汉，出宇宙之外矣。"
⑦ 溟濛：形容烟雾弥漫，景色模糊。[明]张居正《万寿无疆颂》："今夫天，茫旻漠溟，颒濛鸿洞，运于於穆之中，超乎非想之外，其纯如此。"
⑧ 迥绝：连绵不绝。[南朝·宋]鲍照《和王丞诗》："秋心日迥绝，春思坐连绵。"
⑨ 台怀镇：五台山核心区四街之总称，由南至北依次有台怀街、杨林街、太平街、营房街。
⑩ 牛君：即牛葆忱，辛亥革命时为五台知县。

...

中，五台山向有骡马大会，四方贸易皆聚焉。大同总兵①、五台令例须莅会②，以资弹压，且征税焉。今总兵不至，委员以代之，五台令独岁岁亲来，故余与牛君得遇于此。

二十九日晨，气温七十二度，气压五十九粉三糎③。塔院寺踞中台之东南灵鹫峰下，以寺有大塔名之也。塔在院西藏经阁前，上锐下庞，中衡外澎，形似圆锥，下二级周置转轮。各省朝山之僧，又满蒙佛徒，无男无女，口喃喃然绕塔巡行，睨柱叩额，手抚其轮，历历转之，奔走络绎者，日不下数百人。环视四旁，又有望塔而拜者。其拜亦特异，倾身下伏，以板乘之，复前伸两手，叩头有声而后起。余见有终日朝拜而未尝稍息者，真释迦所谓魔道也。牛君曰："时当夏季犹少焉，自秋高马肥，以迄冬雪封山，蒙人之来者益众，骆驼成群，捆载以至。至则倾囊以献，动辄数十百千。王公台吉④，布施或至巨万。以故僧徒最富，而蒙人之披剃为喇嘛者亦愈多，诚利之也。然毁身苦行，以求灭度⑤者，固亦有之。"余见廊下趺坐⑥一蒙妇，身覆破毡，旁置饭铛，终日呢喃，更寒暑风雪不少衰。蒙人之过其前者，皆跪而进食，盖谓此人者，昫将成佛矣。

---

① 清代五台山内外军事归大同镇所属北楼营之台怀镇、金刚库、窦村三营管辖，故须大同总兵莅会。
② 莅会：到会。
③ 糎：近代将"centimeter"译为"糎"，现已废除，改为"厘米"。
④ 台吉：旧时蒙古王公贵族的爵位名号。
⑤ 灭度：灭烦恼、度苦海，亦指僧人死亡。
⑥ 趺坐：盘腿端坐。

　　蒙人最不洁，面垢，衣履如铁，而馋食尤甚。尝见僧房中男女杂遝^①，炕桌而坐，匕^②箸狼藉，磊肩羊膊，顷刻立尽。问之僧徒，云皆蒙古诸檀越^③也。然其人率皆方面巨耳，饶有雄姿。甚尊富者，尤开爽可爱。余于塔下遇一蒙人，身长大，披红袈裟，数数笑相迎，引余登楼，入其所语蒙古包者。包内铺细毯，供佛像，陈设华美，坐卧席地，甚安适。外裹厚毡数重，络以革，虽大风雪不能透。穹庐毳幙^④，真沙漠中利品也。然楼居似无须此，此亦习而安焉者欤。

　　塔院寺后有圆照寺、显通寺、罗睺院，多喇嘛所居也。显通寺规模最为宏壮，建设亦最古。中有铜寺、铜塔，佛身供具，纯以铜为之，金光璀璨夺目。圆照寺塑佛万尊，东龛塑一女子，赤身卧牛下，与牛相交。俗传李牧逐匈奴时，全种剿绝，惟余女子一人，因与牛交而生子，即今蒙古人之祖也。诞妄无稽，一至于此。又上为菩萨顶，置真容院，供文殊大士像。导者云，昔顺治帝尝卓锡焉。证以吴梅村^⑤《清凉山赞佛诗》，其事不无隐约可疑。顾询之寺僧，已弗能详言矣。院现为扎萨克所居，由西藏达赖喇

---

① 杂遝：众多杂乱的样子。[唐]杜甫《丽人行》诗："箫鼓哀吟感鬼神，宾从杂遝实要津。"

② 《地学杂志》版作"七"，《新游记汇刊续编》版作"匕"，据之改。

③ 檀越：施与僧众衣食或出资举行法会的信众。

④ 毳幙：游牧民族居住的毡帐。[西汉]李陵《答苏武书》："韦韝毳幙，以御风雨。"李善注："毳幙，毡帐也。"

⑤ 吴梅村：吴伟业（1609～1672），字骏公，号梅村，江苏太仓人。明末清初著名诗人，与钱谦益、龚鼎孳并称"江左三大家"，长于七言歌行，后人称之为"梅村体"。

嘛派委而来，六年一任。其职上隶理藩院，甚尊贵，约束众喇嘛颇严，然私刑敲诈亦时有之。

喇嘛以满蒙人为多，汉人亦有为之者，皆谓之黄衣僧。若中国普通和尚，皆谓之青衣僧。大寺六七，中小数十，综计僧徒，约三四千人。然皆饮酒食肉，不持戒，尤淫纵，多不法。亘台怀南北二三十里间，土地皆僧所有也，由朝廷特赠，向不纳税。其环而居者，皆僧佃也，妇女亦为僧所有。阴君小峰者，台怀警务长也，为述台人土谚云"石头砌墙屋不倒，和尚到门狗不咬，喇嘛上床人不恼"，以是为台山之三大特①色。彼其情状可想矣。寺既多，僧尤多，仅此佃妇，固不足于支配也。于是天魔队②倚门而笑，暗设勾栏③，摩登伽抚体而来，俨成眷属。久之家鸡野鹜④，耦聚无猜⑤，彼固不之惭，人亦不之怪也。此亦我佛如来所不及料者矣。牛君拟仿省会办法，加抽妓捐。余以为禁之既不可，分其淫资以助公益，固亦宜之。

三十日，自朝及暮皆雨，未出游。自余入山以来，时见阴云四合，未有半日晴爽者，午后则降雨尤多，此其与平地特异者也。盖水蒸气之为物也，其分量固较空气为轻，空气压之，自必激而上升。然空气之重量，固因高而递减者也，故水蒸气所升至于空

---

① 《地学杂志》版作"持"，《新游记汇刊续编》版作"特"，据之改。
② 天魔队：元代顺帝至正年间曾创作《十六天魔舞》，在宫中做佛事时由女子进行群舞表演。此处借以讽刺淫乱佛教圣地的女子。
③ 勾栏：宋元时曲艺、杂剧、杂技等的演出场所。此处指妓院。
④ 野鹜：野鸭。
⑤ 耦聚无猜：相处融洽，双方都无猜疑。

气等重之处，已遇低温，必先聚而为云。风力动之，因随气流而去，若遇高山丛杂空气静稳之地，即滉瀁①弥漫，游离而为云海。迨达于饱和度时，遇气温下降，则必落而为雨。此山地所以多雨之原因也。苟四旁之气压变动风来吹之，亦必递落于他方。此又大陆内地所以风自山来往往多雨之原因也。故凡长山绵亘，外控平原巨海者，可谓之外缘山；大陆内地，崇山拥布者，可谓之内重山。然其垂直线之高度，必过乎二千米突以上，乃足以腾云止雾。若邱阜迤逦、平远无滞者，不与焉。故当于恒雪线之下别画一线，曰留云线。此留云线之界域，冬降夏升，亦各随气温而异。余于山行时，就山测云，因悟云气等重之理，而风雨与山海之关系，亦因是而愈明，此皆地文学②中所急宜研究者也。尝恨地文学之为用最广，而今人仅能得其皮毛，测候所及，亦未能遍于寰中。以致水旱风灾，无从防备，动辄损害人物，至不可胜计。苟极深研究，几能发明其定理定律，则年月日时之风雨气象，必皆可以先时预算，如晦弦③亏蚀之不差分秒，则有益于世界之文明进步者，至大且远矣。④

　　闰月初一日早起，循菩萨顶之东，往北山⑤，过红泉寺⑥，为章

---

① 滉瀁：水深广貌。《三国志·吴书·薛综传》：“加又洪流滉瀁，有成山之难，海行无常，风波难免。”
② 地文学：近代学科名称，即自然地理学。张相文曾于 20 世纪初编著《地文学》以普及自然地理知识。
③ 晦弦：即晦朔弦望，指月亮在一个月里盈亏变化的状态和时间。
④ 以上内容刊载于《地学杂志》1912 年第 3 卷第 1 期。
⑤ 北山：即碧山寺。
⑥ 红泉寺：即集福寺，旧时亦称洪泉寺、宏泉寺。

嘉佛①所居。其品职最高，更在扎萨克②之上，皆西藏人，语言不通。其后为太平兴国寺，西庑供杨五郎像，盖其出家之地也。所用铁棒，重八十一斤，庋置座旁。《宋史》："杨业战死朔州，其子延玉亦没焉。事闻，官其六子，其后延昭袭父职，护北边二十余年，多战功，边人号为杨六郎。延昭有子曰文广。"并与盲词③、小说相合，惟不载五郎出家事。或者延玉没蕃未殊死，遁而栖禅于此耶？中国所谓正史者，不过一姓谱牒，及首从之谀墓④文而已。其诬罔疏漏不足信，正与盲词、小说相等，又乌得以其所不载者，斥为子虚乌有哉？太平兴国寺后，为般若寺。寺倚山东岩，有洞号金刚窟，藏佛牙及佛手足印。然谛审之，手足印雕刻之迹显然，佛牙颇似大兽骨，大抵皆僧徒所伪为，借以哄动流俗者也。观毕，下山经碧山寺，已颓败。乃过涧登大罗顶⑤，盖东台之支阜也。有寺屋三重，中供五台神像，山颇高，可望见中、南、北三台顶尖。

初二日晨，由菩萨顶之西，往西北，历数坡，抵雨花池⑥。中

---

① 章嘉佛：即章嘉呼图克图，是清代内蒙古地区藏传佛教格鲁派最大转世活佛。清代章嘉活佛驻锡五台山镇海寺，另辖有善财洞、广化寺、普乐院、文殊寺和金刚窟五寺，俗称为"佛爷五处"。

② 扎萨克：即札萨克，官名，蒙古语"执政官"的意思。清代在五台山设"钦命管理五台山喇嘛事务掌印札萨克大喇嘛"僧官，驻菩萨顶，管理五台山藏传佛教事务，而菩庙事务亦可节制。第一任至第五任札萨克大喇嘛由清廷委派，自第六任起改由西藏达赖喇嘛选派堪布充任，报经中央批准后就任。

③ 盲词：旧时一种民间的说唱文学。

④ 谀墓：为人作墓志而称誉不实。

⑤ 大罗顶：即黛螺顶。

⑥ 雨花池：即玉华池、玉花池，亦名玉华寺，古称万寿寺。

供罗汉数万尊①，地又冷于山下，人皆衣绵，僧房煨火。喇嘛云："山地苦寒，八月已雪，至次年四月始消，山顶、山后仍不能释也。"喇嘛亦多蒙古人，然操汉语颇熟，故此间诸寺题额，皆满汉文并列，碑碣则纯用蒙文、唐古特②文，其用汉文者不过十之一二而已。市贾亦能通蒙文，操蒙语，大率代州人。

初三日，天将明，即闻雨声淋瑯③，彻④晓未已，僧窗静坐，阅《清凉山志》以遣闷。《志》明人所修，乾隆中刊于吾淮，颇杂乱无例，不足观也。且今昔异势，与《志》不合者颇多。以余所目验，五台之雄伟，实不及泰岱，特以地势积高，四五百里间，磅礴而起，五峰环列，已并载于高墟之上。就海平线言之，固当与泰山相伯仲。然水气特为充足，流泉交注，滋润百芳，自顶至麓皆翠色蒙戎⑤；黄花紫草，碧宇琳宫，遍布于重冈叠阜之间。宜乎五台为四大名山之一。僧徒朝谒，不远万里而来，莫不视等梵天⑥，尊为圣地。比之燕晋诸山，椎鲁⑦黝黯了无生气者，固大有仙凡之别矣。山石皆水成岩，层理完整可剖为板片，层中夹土可

---

① 玉花池铁罗汉塑像今在显通寺无量殿内。
② 唐古特：清初文献中对青藏地区及当地藏族的称谓，亦译"唐古忒"。唐古特文：藏文。
③ 淋瑯：亦作"琳琅"，指清脆美妙的声音。
④ 《地学杂志》版作"澈"，《新游记汇刊续编》版作"彻"，据之改。
⑤ 蒙戎：蓬松；杂乱。《诗经·邶风·旄丘》："狐裘蒙戎，匪车不东。"毛传："蒙戎，以言乱也。"
⑥ 梵天：佛教术语，指色界诸天。
⑦ 椎鲁：愚钝；鲁钝。［北宋］苏轼《六国论》："其力耕以奉上，皆椎鲁无能为者，虽欲怨叛，而莫为之先，此其所以少安而不即亡也。"

耕获。陂陀^①高下，郁郁葱葱，半陇亩也，所种燕麦、黍、稷颇蕃茂，菌属、药草野生者，遍地有之。以故物聚民繁，山岩涧阿^②间，时成墟落。台怀一村，居然成镇成市，且杨^③林、营坊两街，相继而起，日用粗备，无缺乏者。惟山少树木，以点缀风景。其街道又嶔崎^④不治，而牛溲^⑤、马勃^⑥、猪矢^⑦、人遗淫溢闾巷，延及楼观，阶除^⑧、廊庑、庖厨所至，污秽扑鼻。幸而僧房寂静，天气清凉，蝇蚊蜚^⑨蚤皆绝迹，日不挥扇，夜得安眠，此夏日旅行中所最难得者。清凉真趣，当于此领略之。

午后小晴，出寺外游眺，访之居人，虽近处山下，有终身未登台顶者。适遇一游僧，询之为扬州人，五台之顶皆朝遍，为余指示路径，甚悉。乃商之阴君，决意于次日往登北台顶，晚复雷雨大作。

初四日，天气放晴，阴君备马二头，巡兵二名，翼之而往。遂由菩萨顶东山涧，迤逦向西北行，过农村两处，白杨成围，水

---

① 陂陀：亦作"陂阤"，倾斜不平。[唐]李华《含元殿赋》："靡迤秦山，陂陀汉陵。"

② 涧阿：山涧弯曲处。[北宋]黄庭坚《筇竹颂》："郭子遗我，扶余涧阿。"

③ 原文作"相"，应为"杨"，讹误。

④ 嶔崎：亦作"嵚奇"，指不平。

⑤ 牛溲：牛尿。

⑥ 马勃：马尿。

⑦ 猪矢：猪屎，"矢"古同"屎"。

⑧ 阶除：台阶。[东汉]蔡邕《伤故栗赋》："树遐方之嘉木兮，于灵宇之前庭。通二门以征行兮，夹阶除而列生。"

⑨ 蜚：臭虫。[清]蒲松龄《聊斋志异·小猎犬》："苦室中蜚虫蚊蚤甚多，竟夜不成寝。"

声淙淙，景色颇佳。久之涧尽登坡，坡上遍生芸草，黄花香气扑鼻。至岭巅，陡觉北风拂面而来，寒气中人如深冬，绵夹衣两层，皆吹透，气咽体颤，几不能支，乃急帕首^①循坡南向阳处而东。又三四里，则及北台极顶矣。顶上广平，周约三四百亩。石多深成，与中下两层迥别。细草如茵，蒙戒土石间，足迹践之，含水啷啷然上沸，顷之履舄^②皆侵透。中起石室三间，头陀^③二人守之，盖以待各地朝山之僧者。初冬雪降，则人迹俱灭矣。室中供石佛七尊，水气蒸之，汗出如潘^④。临崖四望，但觉云气茫茫，目迷千里。东北一峰挺出，高入云端，疑为北岳恒山。山之下蜿蜒盘伏，或出或没者，殆古长城也。北下则滹沱河回绕作浅红色。其外则万山盘郁^⑤，土石斑剥，现枯槁状，盖宛然塞上风景矣。考之碑文，知北台与中台相去极近，只十二里。东、南两台，亦隐约可见。西有长山颇高远，头陀指言，即西台也。四山支阜旁陀下迤，皆至台怀而伏，而北面特围接如大圆然。故五台以北台为最高，观于气压，则低至四十九粉一糎，气温仅五十九度。时适有满州人，

---

①　帕首：裹头。［唐］韩愈《送郑尚书序》："大府帅或道过其府，府帅必戎服，左握刀，右属弓矢，帕首袴鞲，迎郊。"
②　履舄：鞋。《史记·滑稽列传》："男女同席，履舄交错，杯盘狼藉，堂上烛灭。"
③　头陀：梵语，原意为抖擞浣洗烦恼，佛教僧侣所修的苦行。后世也用以指行脚乞食的僧人。
④　潘：汁。
⑤　盘郁：曲折幽深貌。［唐］司空图《泽州灵泉院记》："其北川壑会流，盘郁浓粹，自高平西顾，以至灵泉，极矣。"

蹀躞①而来，自谓欲见万年冰，遍觅五顶皆不获，始无佛气致然，言之极为懊丧。不知台顶上气温虽低，其去冰点，犹差十五度也。所谓万年冰者，当于阴崖深壑中求之，阳光不至，冰花自结，亦何关于佛气耶！然彼颇厌闻吾言，且视其额上，暴起如椎，盖礼佛叩头所致也。知其迷信已深，非立谈所能醒悟，遂不与语而别。当余之将抵台顶也，见西北黑云如墨，雨脚纷垂，幸由中台斜掠而过。余恐雨复至，乃急觅捷径南下，极近极陡，不复可骑，掖之而下。行一时三刻余钟，已抵山麓。又两小时，至塔院寺，雨果大至。

寺后方丈有仁公者，隐闭禅关，平时不轻见人。余以明日将去，特投刺②谒之，顷之肃入。顾其年，已七十余矣，睫毛纷披，如俗所谓长眉佛者，古貌婆娑③，道气盎然。作礼毕，乃问余所从来，余历告之。公曰："老僧庚子前曾住北京，继知世将乱，大劫方临，乃飞锡而归。"余谓师能前知，殆具有大神通者。公曰："此易知者耳。老僧居北京时，每件茶寮酒肆中，欢声雷动，彻④昼夜不休。王公贵人之门，又车马喧阗⑤，往来如织，以此知人心之

---

① 蹀躞：小步走路。[唐] 权德舆《从叔将军宅蔷薇花开太府韦卿有题壁长句因以和作》诗："环列从容蹀躞归，光风骀荡发红薇。"
② 投刺：投递名帖。刺：指名片或名帖。《后汉书·文苑列传·祢衡》："始达颍川，乃阴怀一刺，既而无所之适，至于刺字漫灭。"
③ 婆娑：形容盘旋舞动的样子。《诗经·陈风·东门之枌》："子仲之子，婆娑其下。"毛传："婆娑，舞也。"
④ 《地学杂志》版作"澈"，《新游记汇刊续编》版作"彻"，据之改。
⑤ 喧阗：喧哗；热闹。[唐] 杜甫《盐井》诗："君子慎止足，小人苦喧阗。"

尘浊①甚矣。夫世间之治乱兴衰，皆由人心酝酿而成者也。人虽机务纷乘，必有时焉，登高临水，俯仰千秋，或徜徉②寺观，瞻礼法相，则庄严肃穆之气以生，而批郤导窾③之智慧以出。发之政令，一朝清明之治象成焉。若奔走执着于名位势利之场，无明之火，益以劳薪，一人如是，十人如是，积之百千万人，无不如是。乱气既伏，人世之劫运，乃不可逃矣。以此验之，百不失一。"言毕，复转问余北京现时如何。余答以不知，唯就报章观之，或较庚子④前为甚焉。公乃闭目不言，泪沉沉外溅矣。余亦逡巡⑤辞出，乃料理行装，作归计。

初五日，由牛君代赁架窝，早起即行。顺道过南山极乐寺、镇海院⑥，皆巨刹。极乐院中，藏有佛牙一具，与前日所见者无以异。又有德人假寓焉，盖为调查地质而来者。南行折而东北，经

---

① 尘浊：尘世；凡俗。[东汉] 班固《汉武帝内传》："是故我发阆宫，暂舍尘浊，既欲坚其仙志，又欲令向化不惑也。"

② 徜徉：犹徘徊。盘旋往返。[西汉] 刘安《淮南子·人间训》："翱翔乎忽荒之上，徜徉乎虹蜺之间。"

③ 原文作"批却导窍"，应为"批郤导窾"，讹误。批郤导窾：谓在骨节空隙处运刀，牛体自然迎刃而分解；比喻处理事情善于从关键处入手，因而顺利解决。亦作"批隙导窾"。

④ 庚子：即庚子国难。清光绪二十六年（1900）八国联军侵华，镇压国内义和团及反帝爱国力量。

⑤ 逡巡：因有所顾虑而徘徊不前或退却。[西汉] 贾谊《过秦论》："秦人开关延敌，九国之师，逡巡而不敢进。"

⑥ 镇海院：即镇海寺。

石铺[1]、射虎川[2]、铁铺[3]诸站，又东过长城岭，为燕晋两省之界，去台怀六十里矣。长城高踞岭巅，南北蜿蜒，基身完固，所坍毁者，只雉堞[4]耳。关楼一座，横当衢路，上层虽仆，而墙壁及两崖烟墩，亦皆完整如故。且观其砖石构造形式，决非千年以上之物。

近人记载，乃皆以为秦城，真瞀说[5]也。顾自古国际纷争，以此为巨防者，不少概见。《日知录·长城考》至隋而止，由唐迄明，皆略而不举，即其所举者，亦未尝及此也。以是学者愈欲考之，而愈不得其详。余尝北出居庸，历张家口、喜峰口，考其碑志，知皆明代物也。有明一代，边防最为逼迫，雁门、宁武、偏头，其外三关也；紫荆、倒马、居庸，其内三关也。盖自东胜[6]既废，套[7]寇凭陵[8]，边患直中于腹心矣。正德以后，俺答诸部尤强横，常三犯山西，晋阳南北烟火萧然[9]，兵锋所指，直达沁、潞、襄垣、长子皆为残破。其不至东向以窥京师者，恃有太行之防也。此地距紫荆、倒马既近，而龙泉、井陉、固关诸处之筑城置戍，

---

① 石铺：即今石咀村，为五台山景区石咀镇政府所在地。
② 射虎川：即今射虎川村，为五台山景区石咀镇下辖村。
③ 铁铺：即今铁堡村，为五台山景区石咀镇下辖村。
④ 雉堞：古代城墙上矮而短的墙。
⑤ 瞀说：胡说。《汉书·谷永杜邺传·谷永》："此欲以政事过差丞相父子，中尚书宦官，槛塞大异，皆瞀说欺天者也。"
⑥ 东胜：东胜州、卫。元代设东胜州。明代洪武、永乐年间曾设东胜卫，后内迁废弃。
⑦ 套：内蒙古河套一带。
⑧ 凭陵：侵扰。《左传·襄公二十五年》："今陈忘周之大德，蔑我大惠，弃我姻亲，介恃楚众，以凭陵我敝邑，不可亿逞。"
⑨ 萧然：空寂；萧条。[东晋]陶渊明《五柳先生传》："环堵萧然，不蔽风日。"

又数数见于弘治、正统、嘉靖诸朝。验以今所目见，其为明人所筑，殆无疑议矣。

过长城岭而东，则石路萦回，陡下数千尺，回望长城，则渺然①出于天半。盖五台之墟，至此尽矣。又行三十里，晚住龙泉关②，阜平县属也。气候陡热，禾稼加茂，而妇女缠足之风亦视岭西为愈，殆天然之分界线矣。龙泉关，有砖城，南负山冈，北临溪涧，颇据形胜③。惟城中居民寥落，满目皆败瓦颓垣也。有都司驻守之，铺户约三百家，皆倚城北河岸。河水清涟④，与滹沱之浑浊不同，盖由石间流出，与五台之山多杂土者，又迥异也。

初六日，由龙泉关东行三十里，至西下关⑤，山间涧路渐宽。七十里至阜平县，居人云官站名为七十里，实在九十三里也。阜平南临北流河，铺户过千家。县署距西北平冈上，无城，筑土堡围之。按阜平置县，始于金之明昌，清顺治中废，康熙二十一年西巡，居民遮诉⑥，遂于次年复置。亭林⑦先生尝谓："所见天下州

---

① 渺然：渺茫，不见踪影。

② 龙泉关：即龙泉上关，建于明景泰二年（1451），系明代在山西内长城设置的重要关隘，在今阜平县龙泉关镇龙泉关村。

③ 形胜：地理位置优越，地势险要。

④ 清涟：水清而有微波貌。[北宋]周敦颐《爱莲说》："出淤泥而不染，濯清涟而不妖。"

⑤ 西下关：即龙泉下关，建于明正统二年（1437），在今阜平县天生桥镇西下关村。

⑥ 遮诉：拦路诉讼。[明]邓氏《读岳武穆王传》诗："中原父老空遮诉，南渡君臣不耻和。"

⑦ 亭林：顾炎武（1613～1682），本名顾绛，字宁人，人称亭林先生，江苏昆山人。明末清初"四大启蒙思想家"之一。著有《日知录》《天下郡国利病书》《亭林诗集》等书。

之为唐旧治者，其城郭必皆宽大，街道必皆平直；廨宇之为唐旧创者，其基址必皆宏廓。宋以下所置，时弥近者制弥陋。以为人情之苟，百倍前代。"①阜平复县，已二百余年，乃并城垣而无之，今虽无裨实用，而其他之百物废弛，亦概可想见矣。自阜平而东，河流渐阔，沿岸之民，知引水分渠，以资灌溉，禾稻甚茂。是日共行一百二十里，晚住西庄村②。

初七日早遇雨，七点钟始行。三十里至王快③，仍阜县属，亦一大镇也。居民近千家，停骖打尖④，食内含砂极多，不堪下咽。又东过党城村⑤，始出河滨。越一巨岭⑥，皆顽石，道颇险恶。四望童然，不见寸木。共行七十里，晚住口南村⑦，入曲阳县境矣。

初八日早行三十里，至曲阳县城。小山散布如置棋，东望则纯属平原，村落蕃盛。惟路多深陷，积水成潭，人马皆践禾而过。又行六十里，三点钟抵定州。自太原东北斜行，至五台，由五台东行至定州，行程迟滞，食宿颇苦。每见道旁村店，大书其墙壁曰"米面俱全"，及卸装而入，乃殊不然，多有不堪举火者。而村落皆大，外环以城堡，俨然营垒也。盖皆前代所筑以御北族之侵

---

① 出自《日知录》卷十二《馆舍》，非原文。
② 西庄村：即今西庄村，为阜平县王林口镇下辖村。
③ 王快：即今王快村，为阜平县平阳镇下辖村。
④ 打尖：旅途中休息下来吃点东西。
⑤ 党城村：即今党城村，为曲阳县党城乡政府所在地。
⑥ 即漫石岭，又名满石岭，位于今党城乡齐古庄村漫石道。
⑦ 口南村：今有东、西口南村之分，为曲阳县孝墓镇下辖村。据其他游记所载行程推测，此处应指东口南村。

轶①者。凭吊遗墟，乃不胜今昔盛衰之感。

　　自周秦以来，胡汉凌轧，其祸最烈，中土文明之破坏亦最亟。然破坏之际，愈以助文明之传播者，固亦有之。一为拓跋魏，晋室南迁，五胡云扰，自拓跋氏兴，民乃息肩，衣冠文物，垺②于南朝。周齐隋唐，皆袭其旧业以兴，而唐初将相之世系，亦大半出于代北。由是而胡汉混合，两柯相接，乃成异果。中土之文治武功，因而冠绝前古。求其根源，莫不自魏氏创之。例之欧史，诚东方之法兰克也。一为契丹，赵宋以苟安为国，治化殆无一足观。耶律氏起于临潢，值五季之乱，多得汉民，制度一法汉家，北而漠外，西而中亚，随其力之所至，莫不间接以被隋唐之文化焉。观于元初诸人之行记，汉民蕃殖于塞外之状况可想。宜乎俄人至今犹称中国为契丹也。一为满州，西之戎羌，北之胡虏，历代侵扰中土，殆虎狼之伺羊也。自满洲兴，而以强力驭天下，合满、蒙、回、羌殊种异族，同隶于一主权之下。于是亚东之种祸以平，而长于农商之汉人，因之而大为发展。天山南北，大漠内外，黑水之滨，白山之麓，莫非中土之殖民地也。此皆事实之彰彰表著者，惜乎是数族者，既入中土以后，久之遂与汉民同化，而怯懦

---

① 侵轶：侵犯袭击。《左传·隐公九年》："北戎侵郑。郑伯御之，患戎师，曰：'彼徒我车，惧其侵轶我也。'"
② 垺：等同。《史记·平准书》："故吴诸侯也，以即山铸钱，富垺天子，其后卒以叛逆。"

瞀①姁②乃加甚焉。以视欧美日耳曼人，破坏罗马之文明，能发挥
光大，以几今日之富盛者，不能无愧矣。然其所以致然之故，可
味也。观于是数家者，皆出于东陲之通古斯族，而内陆之匈奴、
突厥诸族不与焉。试取其所从出之地理对比观之，则二族之所以
为优劣者可见。推之而亚洲北族所以不及欧洲北族之故，亦可恍
然矣。

初九日早，乘汽车回津，天气极热。回忆游五台时，炎凉殊
途，不啻如隔世矣。③

此篇游记最先刊载于《地学杂志》1912 年第 3 卷第 1 期、第
2 期，之后《南园丛稿》卷四《游记》（中国地学会，1929 年）、
《新游记汇刊续编》卷十《山西》（中华书局，1922 年）将其收录
在内。另外，《南园丛稿》卷六《南园诗存》收录有张相文在晋所
作的 17 首诗④。崔正森选注《五台山游记选注》（山西人民出版社，
1989 年）亦将其收录。本文以《地学杂志》版为底本进行校注。

---

① 瞀：愚昧无知貌。《荀子·非十二子》："世俗之沟犹瞀儒，嚾嚾然不知其所
　非也。"
② 姁：喜悦自得貌。《吕氏春秋·有始览·谕大》："父子兄弟相与比周于一国，
　姁姁焉相乐也，"
③ 以上内容刊载于《地学杂志》1912 年第 3 卷第 2 期。
④ 分别是《定州遇雨》《太原览古（二首）》《新店镇遇雨》《青龙镇晚宿口占》
　《过东冶镇有怀徐松龛中丞》《忻州纪行》《豆村即事》《晓行》《留云村望五台
　山》《赠五台令牛克勤（二首）》《积雨遣闷》《题杨五郎祠堂（在五台山麓）》
　《北台顶远眺》《将别五台山怅然有作》《龙泉关感事》。

游五台山记

（1917 年）

超尘，生平不详，河北承德人。游记题名下署有"超尘"字样，末尾有"滦阳王与九稿"字样。

1917 年 4 月 28 日，超尘乘正太铁路火车至太原。次日，换乘骡车北行，取道忻州、定襄、五台等地，路行五日，于 5 月 4 日行抵五台山，宿于太平街客店。5 月 4 日，与客店主人步行游览显通寺、塔院寺、菩萨顶、罗睺寺、黛螺顶等台内寺庙。5 日至 10 日间，又与客店主人骑骡遍游五顶。11 日，经由原路返回，路行四日至太原。此游记系作者根据回忆整理而成，文辞优美，内容丰富，详记其在沿途及五台山的见闻、观感。

匡庐①写真，泰岱②摄影，嘉陵传道子③之画，孤山④吊和靖⑤之居，或则一经品题，游人丛集，或则一遇高隐，声价倍增。从未有不经品题，未遇高隐，而大好名山堪出诸山之右者。有之，如五台山是。

予于客岁⑥初夏，由正太路赴晋。一入南横口⑦，见其山峰层出，山脉蜿蜒。睹盘石、测石之崎岖，观南峪、北峪之险峻。爰乃语人曰："晋地崇山峻岭，毋乃无过于此者欤。"客人曰："否，否。子不闻五台山乎？高侪嵩岳，峻比华峰，北枕长城，东连恒岱。以此山与之较，不过丘垤⑧之于泰山耳。"予乃讶然惊，恍然悟，兴览胜之怀，动登台之念焉。已而车抵太原，小住泰安旅馆，予游览心胜，无暇问及他事。

次日八时早起，遂雇骡车一辆，携轻便行李，北游五台焉。方车之初行也，晓风扑面，旭日怡人，眼前佳景，助予游兴者不

---

① 匡庐：指江西庐山。相传殷周之际有匡俗兄弟七人结庐于此，故称。
② 泰岱：即泰山。泰山又名岱宗，故称。
③ 道子：唐代画家吴道子，本名吴道玄，字道子。这里指游人因吴道子画过嘉陵山水而造访。
④ 孤山：即浙江孤山。
⑤ 和靖：即和靖先生，北宋著名隐逸诗人林逋（967～1028）。林逋隐居西湖孤山，终生不仕不娶，惟喜植梅养鹤，人称"梅妻鹤子"。此句与下文"一遇高隐声价倍增"呼应。
⑥ 客岁：去年。本文指民国六年（1917）。
⑦ 南横口：即今南横口村，为井陉县秀林镇下辖村。
⑧ 丘垤：小山丘、小土堆。

少。俄顷，过十里铺①及新店②，而至皇后茔③。见夫残碑倒卧，字迹模糊，问之土人，据云是唐李渊夫人之遗冢也。予于是有感焉：彼富贵冠宫帏，仆婢盈左右，固一时之盛也，而今安在哉！④

　　正在反覆思维，踌躇凭吊，车夫进而告曰："前至青龙镇尚有二十余里，舍此间无卖饭者，请速升车赶路，以便到此朝食也。"于是载驰载驱，如组如舞。转过阳曲湾⑤，直抵青龙镇。见夫车门半旧，茅屋数间，车夫曰："此世远栈也。"入其室，则器虽旧而洁，人虽野而朴，茶虽淡而止渴，饭虽粗而适口。俄而食已毕，马已秣，帐已付，车已驾。如轩如轾，不疾不徐，北至黄土寨⑥，转过马坡头⑦，又由大盂镇⑧进趋三和店⑨。斯时也，夕阳在山，牧童驱犊而返；人影在地，猎马带禽而归。予亦停车而止宿焉。

　　次早梦醒即起，天犹未明。茅店鸡声，唤出一轮明月；板桥人迹，留存几点霜痕。爰乃由朝而午，由午而夕，约行九十余里，而止宿于定襄县南关复盛源客店之内。见夫人山人海，盈巷满街。据店家云："此城隍⑩庙大会也，盍往观乎？"予乃亦趋亦步，载行

---

① 原文作"玻"，应为"铺"。十里铺：在今太原市尖草坪区十里铺街。
② 新店：即今新店村。
③ 皇后茔：即今皇后园村，为太原市尖草坪区阳曲镇下辖村。
④ 以上内容刊载于《大公报（天津版）》1918 年 3 月 8 日第 11 版。
⑤ 阳曲湾：即今阳曲湾，为太原市尖草坪区阳曲镇下辖村。
⑥ 黄土寨：即今黄寨村，为阳曲县黄寨镇政府所在地。
⑦ 马坡头：即今马坡村，为阳曲县高村乡下辖村。
⑧ 原文作"孟"，应为"盂"。大盂镇：即今大盂村，为阳曲县大盂镇政府所在地。
⑨ 三和店：即今南高庄村，为阳曲县大盂镇下辖村。
⑩ 原文作"皇"，应为"隍"，讹误。

载瞻。戏演数齣，居然喜笑怒骂；商排两面，半多酒肆茶楼。其热噪虽不及省垣，然亦一时之盛举也。予乘兴而往者，亦兴尽而返。店主肃饭毕，予亦就寝焉。此阳历五月一号①也。

次晨六时甫起，灌漱②毕，七时始首途。八里至王进村③，又四里至四家湾④，又八里至蒋村⑤，再二十里至河边村⑥。该村一水护田，两山排闼。驻军操演，则步武整齐；岗警值班，则守望严肃。同是村也，何以他村则腐败如故，此村则改变一新。予异而问之，车夫答曰："此现在山西督军阎伯川⑦之村也。"噫！作一督军，而不思御外侮，靖国难，而独于一己所居之村加意严防，毋乃私而忘公，家而忘国乎？然国内诸大老甚于此者比比也，于阎伯川又乌足以深责。⑧爰乃穿曲迳，涉横溪，走建安⑨，过东冶，约行五十余里，而宿五台县焉。

五台地据山隅⑩，南路微平，北路极险，杳无车轨，只可骑行。遂于次早，雇骡一匹，乘之北上。跟骡人原系土著，又略知文字，

---

① 此处时间有误，按本文所载时间及行程计算，是日应为阳历 4 月 30 号。
② 灌漱：洗漱。
③ 王进村：即今王进村，为定襄县晋昌镇下辖村。
④ 四家湾：即今师家湾村，为定襄县神山乡下辖村。
⑤ 蒋村：即今蒋村，为定襄县蒋村乡政府所在地。
⑥ 河边村：即今河边，为定襄县河边镇政府所在地。
⑦ 阎伯川：即阎锡山（1883～1960），字百川、伯川，号龙池，山西五台县河边村（今属定襄）人。民国时期重要政治、军事人物，晋系军阀首领。
⑧ 以上内容刊载于《大公报（天津版）》1918 年 3 月 9 日第 11 版。
⑨ 建安：即今建安，为五台县建安镇政府所在地，与定襄县河边镇接壤，是进出五台县的南大门。
⑩ 山隅：山角；山曲。[西汉] 司马相如《美人赋》："防火水中，避溺山隅。"

行路之际，或与谈该地习惯，或藉问该处风景，颇不寂寞。正在
畅谈之际，忽见危峰矗立，剑阁遥横。问之骡夫，则云："此名阁
道岭①，又名牧虎关②，近今各舞台所演《高旺过关》③一剧，其关即
此关也。"相与扶骡而行，攀岭而上，穿过四五烟村，走约三十余
里，忽见一溪，流水汤汤，澈我心怀，半壁青山隐隐，状如烟雨。
骡夫曰："此五台县八景之一④也。"予乃赏心娱目，不忍舍去者。
久之，骡夫前而告曰："日已夕兮，望勿流连于此，致误行程也。
迤北上杨村⑤，不远伊迩⑥，曷弗前而投宿焉？"此阳历五月二号也。
　　次晨七时，予乘骡出上杨村，缓行至柳院村⑦，又至瓦场村⑧。
该村迤东现出一带峻岭，或峰或峦，岩如壁立，亦凹亦凸，直与
天齐。予质诸骡夫曰："该山如此险峻，或即五台之一峰乎？"骡
夫曰："未也，此名瓦场岭⑨，此岭之东尤有蛇沟岭⑩二起，跋过蛇
沟岭，再行十余里，始抵台山云。"方予之过瓦场岭也，该岭之北
面雪深约数尺余。予方疑该处近降大雪，及问之骡夫。据云，该

---

① 阁道岭：又名阁子岭。位于五台县城东北十里处。光绪《五台县志》卷二《山水》载："阁岭山，在县治东北一十里，为通京师大路。山凹建阁，下为门，每云起穿门而过，望之如涌絮。故旧邑以'阁道穿云'为八景之一。"
② 牧虎关：即牧护关。此处有误，将阁子岭和牧虎关混为一谈。
③ 《高旺过关》：京剧《黑风帕》，又名《牧虎关》《背鞭认子》，描写宋代名将高怀德的后代高旺，原在杨家将帐下，因遭奸臣陷害，贬在雅志府为民的故事。
④ 即龙湾烟雨。
⑤ 上杨村：即今上阳村，为五台县豆村镇下辖村。
⑥ 伊迩：将近；不远。《诗经·邶风·谷风》："不远伊迩，薄送我畿。"
⑦ 柳院村：今有东、西、下柳院村，此处所指不详。
⑧ 瓦场村：即瓦厂村，今有东、西瓦厂村之分，为五台县豆村镇下辖村。
⑨ 瓦场岭：即瓦厂梁。
⑩ 蛇沟岭：即金阁寺至龙泉寺间之山岭。蛇沟：又名车沟，若车箱形。

雪实降自去冬，缘此处较之平原，顿高千仞，兼以谷风之习习，故非届六月，其雪不消。且中台之北岭，积有千年雪。虽经六月，亦不消化焉。已而跋过瓦场岭，见北岭之南建有新寺一所，名曰日照寺。面积约十余亩，尚未工竣。据该工人云，此寺系浙江某富绅布施巨款而修筑者。噫！有此巨资而不振兴实业，赈济贫民，乃于数千里之外，兴此浩大工程，其迷信抑何深欤。[1]

予正与工人谈，适有二人乘驴由南而至，相与略叙寒暄，始悉为学界中人。遂乘骡与之偕行，或指何处为某山，或论何山有某景，遂不觉跋山之劳，倏已至台山之地矣。乃与二人拜别，留住于太平街聚盛店焉。台山四街，太平街其一也。北有营房街，南有杨林街，再南有台怀街，分其地为四大街，总其名曰台怀镇。闻之该镇自行新政以来，逐逐进化。教育则有小学堂，内容极其完善；守望则有警察所，外表极壮观瞻。各种铺户约有一百余家，大小客店计共三十余处。虽不如商埠之繁盛，抑亦桃源中之胜境也。聚盛店在太平街北首，坐西朝东。店主人李姓，系代县人也。观其貌则温文尔雅[2]，闻其言则落落大方；入其室则图书满架，观其字则笔迹惊人。虽未细询其履历，约亦羲皇之伴侣，贤哲之流亚欤？予用膳毕，呼骡夫至，给钱而遣之。时已日暮矣。

予因连日旅行，疲乏已甚，不觉一梦初醒，东窗晓日已上三竿。用早点毕，店主人邀予到街一游。出门不远，绕路向西，有

---

① 以上内容刊载于《大公报（天津版）》1918 年 3 月 10 日第 11 版。
② 原文作"温温尔雅"，应为"温文尔雅"，讹误。

寺院一所，门上匾额大书"显通寺"三字，不问而知为显通寺也。予与店主人缓步而入，则见前后正殿、东西配殿约有数百间，僧众往来、游客出入不下数百人。店主人偕予西往，穿入圆门，迎面有铜殿一座，门窗俱备，高宽各二丈余，外则各种花样，内则各尊佛像，均用青铜铸成。旁有铜塔，亦以青铜铸之，格式则处处新奇，神佛则样样俱备。其尤异者，塔之半腰，有一土地像，高约半寸许。清康熙帝游台山至此，见其像极其藐小，问曰："此何神也？"该庙祝①答曰："此山西土地也。"康熙反讶之曰："好大山西土地！"其铜像乃应之曰："敬谢皇恩。"因是，游人来此者，无不以一睹为快焉。②

　　已而步出圆门，有二僧邀入客室，烟茶俱备。予与店主人皆俭德，会中人从不吸烟。饮茶之际，与二僧共话。一操蜀音，一操浙音，谈吐颇雅，其殆儒而僧者欤？问之，操蜀音者来自峨眉山也，操浙音者来自普陀山也。盖佛教于中华有四大名山，五台其一也，余三山一名峨眉③，一名普陀，一名九华④。凡僧人不周游四大名山，不得为名僧，犹之道家不参访白云观、太清宫及玄妙观，不得为名道焉。谈约一时之久，予与店主人告辞而出。

　　向南行不数武⑤，远望一塔，高大过他塔数倍。店主人曰："此

①　庙祝：寺庙中管香火的人。
②　以上内容刊载于《大公报（天津版）》1918 年 3 月 11 日第 11 版。
③　原文作"蛾眉"，应为"峨眉"，讹误。
④　原文作"鸠化"，应为"九华"，讹误。
⑤　武：半步，泛指脚步。《国语·周语下》："夫目之察度也，不过步武尺寸之间。"

塔院寺也，工程颇称完善，庙貌极其精严，盍往观乎？"方畅谈间，不觉已入寺门矣，则见该寺住持均系喇嘛，寺院之大虽逊于显通寺，而洁净整齐则有过之而无不及。予方顾盼^①间，店主人谓予曰："其他无足观也，该寺最可观者，莫如此塔。"其上级覆以金顶，则极其宝贵焉。其中间饰以五彩，则极其炫耀焉。至其下级，四面有门，门外有廊，廊宽可容数人并行。廊下制有牟尼环绕，尤他塔之所未有也。君不见，形如椭圆，涂以藏文，左右最易转旋，上下各有袜轴者，此牟尼也。蒙谚有云：转牟尼一周，胜似读藏经口^②遍。以故蒙族之人陆续来转，日以为常者，不可胜数焉。予乃如梦初觉，如醉初醒。前者予游晋北至归绥一带，偕友人毅庐^③闲游大召（喇嘛谓寺曰召），正殿后有牟尼一架，来往之蒙人辄净心而数转焉。予问诸其人，皆云转此可以得福，吾斯之未能信。证以店主人之言，蒙人之迷信益可见矣。^④

　　说犹未竟，适有蒙古男女数人鱼贯而至，各手携念珠一串，到一殿则拜一次，拜一次则口内呢喃数语。细聆之，一语不能解，以其皆蒙古语也。店主人告予曰："此皆由口外特来求福者。"盖蒙古习惯，各家各户，无论男女，每年来求福一次。自民国成立以来，道路梗塞，蒙人屡被路劫，其求福之念较前渐减，而喇嘛各寺亦较前渐贫。追溯前清时代，蒙人来此求福，多有将己身银钱

① 顾盼：左顾右盼。［北宋］司马光《观试骑射》诗："扬鞭秋云高，顾盼有余锐。"
② 此字漫漶，疑为"千"字。
③ 毅庐：生平不详。
④ 以上内容刊载于《大公报（天津版）》1918年3月12日第11版。

尽行布施于喇嘛，甚至衣轻乘肥而来，步行乞食而返者，往往①有之。此盖蒙古之旧习，无足为蒙人深责也。未几，有一少年喇嘛出，肃②蒙人入室。予与店主人亦缓步而出。

　　绕路北行，遥望营房街以西突出一山，其上有寺一所，规模宏敞③，修宇毗连。店主人曰："此菩萨顶也，喇嘛各寺以此为最，曷弗往而观乎？"爰循显通寺之西，偕手而行，转过圆照寺，已距菩萨顶不远矣。则见重重阶台，其白如玉，层层石磴，其次如鳞。予方赞赏之不置，已不觉由阶而升矣。方未入寺门也，一水萦回，南向而东折，其声潺潺焉，视之其流溶溶④焉。自寺外以观，较之显通、塔院二寺，已有天渊之判。及已入寺门也，楼外有楼，阁外有阁，廊腰缦回⑤，檐牙⑥高啄，洵他寺所不及也。方极目游观，不觉已抵后殿。见其旁灶台二处，虽高不满四尺，而宽可丈余。视之则上着铜釜，一则上有铁锅。予方异之，店主人告予曰："此锅各可下米三石，惟腊八用以做粥，取其足供寺内喇嘛一齐同餐之义，寻常莫之用也。"噫，该寺喇嘛如此之多，其香火抑何盛欤。⑦

　　继而步出后殿，缓步向左。甫入东圆门，则见器具格外整齐，

---

① 原文作"住往"，应为"往往"，讹误。
② 肃：恭敬地引进。《礼记·曲礼上》："客固辞，主人肃客而入。"
③ 原文作"厰"，应为"敞"。宏敞：高大宽敞。
④ 溶溶：河水流动的样子。
⑤ 廊腰缦回：宫殿之间的走廊像绸带一样蜿蜒曲折。
⑥ 檐牙：檐际翘出如牙的部分。
⑦ 以上内容刊载于《大公报（天津版）》1918年3月13日第11版。

人役非常严肃。左设架屋（俗名骡轿①），右列伞旗，影壁前横，中贴当朝一品，官厅以外列有站班数人。予方谓："非政府诸大老来游，即清室各皇族驻此者。"店主人曰："非也，住此者，该寺大喇嘛也。"盖寺内大喇嘛，在前清时代即秩膺二品，为该寺众喇嘛之首，民国未之改也。每岁去京一次或数次，不特与各权要相交结，即极峰②亦时有往来。吁！古人以非由正途得官者，讥为终南捷径，予方疑其言之过苛，即今以观，若该喇嘛者其殆以五台为捷径欤。

方惊异间，适一喇嘛从旁而至，向店主人寒暄数语，并向余点头而致意焉。予与略通数语，知为本地汉人而充当喇嘛者。未几，邀予二人到伊寺一谈。予方拟却之，店主人曰："不妨，此予至友罗睺寺喇嘛，法号金全也"。予方偕伊二人往。已而到罗睺寺，入客室。茶毕，喇嘛遂引予与店主人到各处参阅。其寺不甚宽敞，而整洁一如他寺。方以为不过如此，别无佳境也。偶又至一殿，见一金身菩萨，顶上戴有一物，状如未开莲花。忽闻机关一响，则莲瓣大开，千佛毕现。予异而问之，喇嘛曰："此开花现佛也"。正艳羡间，忽来一少年喇嘛，请用午餐。予见店主人不辞，亦同而入座焉。则见白酒数樽，素菜盈席，虽无珍错③之陈，而喇嘛则奉劝殷殷焉。已而食毕，有人来邀喇嘛甚急，见其状如

---

① 原文作"骄"，应为"轿"，讹误。
② 极峰：山脉中的最高峰。旧称地方行政长官。
③ 珍错："山珍海错"之简称。泛指珍异食品。

有要事者，予遂与店主人谢别，而喇嘛亦不深留焉。[1]

　　甫出寺门，向东而北绕，见一山峰尖圆，其状如塔，其翠如滴。宫殿则参差各异，碑塔则隐约传奇。予羡而问之，店主人曰："此黛螺顶也，吾与子盍偕往焉。"于是一过太平街，再过营房街，直抵东坡村。即见树林深处，突出小寺二所，其一在山凹，其一在山凸，一矮一高，相距约半里许。虽无雄壮之可言，而风景宜人则他寺之所不及也。尤足奇者，下寺殿后有洞一座，屈曲直达上寺，踪迹甚显，一若常有人行走者。予问之曰："此何洞也？"店主人曰："此善财洞也。"寺以洞得名，而洞又相连，故寺二面名一也。俄而穿过二寺，或攀葛而登，或携手而上。回首则山村半隐，举步则曲径通幽，犹走兴之未阑[2]，而已陟彼极峰矣。予乃倚石而立，极目以观。见夫自南自北，自西自东，非庙即寺，非殿即宫，远峰插天外，危岫隐云中。店主人告予曰："子欲见五台乎？其西南一峰，岩崖壁立，望之而林木蔚然者，南台也。西北二十余里，隐隐有层峦叠翠，突出于两峰之间者，西台也。峰回路转，遥遥有双峰对峙，一在正北，一则偏西者，北台、中台也。极目东望，山外重山，峰外重峰，远接青天，孑然高耸者，非他山，即东台也。"予始而闻之，不禁为五台惜，又不禁为五台幸。所惜者，五台不在通衢要路，得常来游人骚客之题咏，实属有负此佳山也。所幸者，五台虽在僻壤遐陬[3]，有如许寺院楼台之点染，尚

---

① 以上内容刊载于《大公报（天津版）》1918年3月15日第11版。

② 未阑：未尽。

③ 遐陬：边远一隅。《宋书·谢灵运传》："内匡衮表，外清遐陬。"

未为埋没此名山也。①

正在辗转思维，踌躇顾盼，忽一僧由下而至，邀予二人到寺，遂与偕往。见寺门高悬一匾，上书"黛螺顶"三字，盖寺以峰名也。甫入寺，则殿宇、碑塔，色色新奇，较山下各寺，多具一种特别风景，有不能以笔墨传述者。该僧引予二人游转一周，彼时日已将斜，僧人虽款留甚殷，予二人急于言旋，遂谢别而出，由旧路而归店矣。已而用饭毕，与店主人略谈数语。时已九时半，店主人遂辞而出，予亦就寝焉。

不觉缓步而行，与店主人过一峻岭，见一山峰陡然突出，峰之西大河前横，隐然有沙鸟风帆，烟云竹树，再远则景致尤胜，而模糊不可辨焉。予与店主人遂起舍山观水之念，走未里许，骤闻瀑布之声愈流愈急。举首一望，见其旁有一古寺，虽无高楼层阁，而数间茅屋，清雅异常。内一道士，被鹤氅衣②，戴华阳巾③，手执《老子》一卷，焚香默坐。予二人恐俗气逼人，未敢仓卒而入。方欲转而西行，忽一道童由后而呼言："伊师有请"。予与店主人入室，拜见毕，道人遂谈些世外风景，道家方略，不觉尘念尽消，隐心乍起。方兴味之正浓，忽霹雳一声，猛然惊醒。适闻喇嘛寺鸣钟击鼓，时东窗日已微红矣。方知夜来所见者，非真也，梦也；梦中所惊者，非雷也，鼓也。④

① 以上内容刊载于《大公报（天津版）》1918年3月16日第11版。
② 鹤氅衣：鹤氅是汉服中的一种。仙鹤是道教常用的图案，此处指道士服装。
③ 华阳巾：道士所戴的一种帽子。[北宋]王禹偁《黄州新建小竹楼记》："公退之暇，披鹤氅，戴华阳巾，手执《周易》一卷，焚香默坐，消遣世虑。"
④ 以上内容刊载于《大公报（天津版）》1918年3月17日第11版。

　　俄顷盥漱毕，店主人亦至，谓予曰："今日天气和暖，正好游台。"予曰："先游何台？"店主人曰："以次序言，则东台可先游也。"予应之曰："唯唯①。"店主人一面呼厨备饭，一面遣仆雇骡。未几，饭已用毕，骡夫已牵骡二匹候诸门外矣。店主人与予各乘一骡，缓缓出太平街而至营房街，走未里许，有寺一所。门墙不整，殿宇半颓，店主人曰："此光华寺②也。"迤东则龙王庙也，再东则七佛寺、混群寺③也。由东而北折，则窑子村也，村之东则北山寺④、光明寺也。再东则西湾村也，村之东南则东台沟村、红门雁⑤岭也。过其岭而东望，则东台也。予与店主人，或傍山而行，或越崖而走，一问一答，不疾不徐。行约二十余里，而东台已在面前矣。则见无数山峰周围环抱，中间陡起一峰，形如鹤立，高与天齐。予窃谓乘骡难上，拟下骡步行，方呼役以牵骡，店主人曰："无妨也，该地之骡最熟于登山。"其尤妙者，一遇奇峰峭壁，人不能登者，骡则陟之晏如⑥也。盖骡之登山，如蛇之行路然，或左行而右转，或右行而左转，以故虽遇直峰，无不可湾转⑦而登焉。予乃与店主人乘骡直上，见夫峰峦之奇，岩崖之险，林木之美，花草之异，不特见所未见，亦闻所未闻焉。正行之际，见一

----

① 唯唯：恭敬的应答声。［战国·楚］宋玉《高唐赋·序》："王曰：'试为寡人赋之。'玉曰：'唯唯。'"
② 光华寺：即广化寺。
③ 混群寺：今五台山并无此寺，疑系方言发音。按方位推测为集福寺。
④ 北山寺：即碧山寺。
⑤ 红门雁：即鸿门岩，由繁峙县太平沟村向东南上岭。
⑥ 晏如：安定；安宁。《史记·司马相如列传》："及臻厥成，天下晏如也。"
⑦ 湾转：探索；寻觅。指事情须费时周折。

物由前而过，其形如鼠，其毛较长，转瞬间已不知何去矣。店主人曰："此鼠之一种也，名曰鼺（音葛）镧（音令）。"言犹未已，则见正东崖际窜出二兽，大如戏狗，形如山羊。其角长而有叉，其毛花而似梅。予谓店主人曰："此非梅花鹿乎？"店主人曰："然也。"已而东北有数兽一齐奔出，其形不一，跃行甚速，闻枪声忽发，而兽已无踪矣。予细视之，放枪者则骡夫也。盖山中兽类不齐，性情各异，且虎豹豺狼时出而逞其野心。骡夫恐其伤人，每一登山，辄携枪以备险焉。①

予与店主人方觅径而上，忽见群石矗立，威如猛虎，或如蟠龙，或形同斧钺，或迹似鼓旗，百怪千奇，屈指难计。兼以碧草敷荣②，奇花竞秀，令人顾此失彼。俨如华阴道上，有迎接不暇之势。忽一小人乘马而过，高约寸许，转瞬之间，已不可见。方欲觅迹追踪，忽见石崖之旁白色一片，近视之则草蘑也。盖草蘑种类甚繁，而优劣亦各异，近人论蘑者，往往以西口者为第一，东口者次之，岂知台山之蘑，较口蘑为尤美。惜每岁所产无多，故鲜有知之者。

正观玩之际，忽一六七尺长蛇由北飏头如飞而至，予与店主人速下骡避于崖内。已而徐徐起视，而蛇已不见矣。予方拟乘骡前行，店主人曰："崖北有一古洞，名曰洞天紫府。相传内有三径，一西通昆仑，一北通岩下，余一者名风穴，即此洞正门也。昔宝

---

① 以上内容刊载于《大公报（天津版）》1918 年 3 月 18 日第 11 版。
② 敷荣：指开花。[唐] 许敬宗《掖庭山赋应诏》："于时百卉敷荣，六合清朗。"

历二年^①，燕人李球者，误入其内，洞仙饮以琼浆，送之出洞，行年九十，而状如三十许人，后遂仙去。该洞距此匪遥，欲与子偕观焉。"爰乃步行而前，则见碧崖对面，半敞洞门，虽无奇景可观，而山风尖劲，清凉逼人，较他处为尤甚。已而骡夫牵骡而至，予二人遂乘而上升焉。于是或速或迟，时左时右。仰^②观则举头日近，俯视则足底云生。

方情逸而兴豪，而身已至其巅矣。则见古寺一所，门上书"望海寺"三字。及推门而入，见二僧打坐^③诵经。予二人遂顾而之他。未几，僧人课毕，邀予二人入室，烹茶毕，并备斋饭焉。二僧一面肃饭，一面共话。该僧一名方道，余一名未露法号。细问之，方知为太原人，曾在山西大学毕业，而姓名卒不吐焉。听其语，一如宗社党人，据云不日即去四川矣。吁，其殆不得志而隐者欤。

已而谢别二僧，乘骡东转，见一洞门在悬崖之下。方怅望间，忽见石室一间，荒芜已久，惟壁间有诗一首，字迹尚显。细阅之，一若印入石内者。予因而记诗曰："隐居三十载，石室东台巅。静夜玩明月，明朝饮碧泉。樵人歌垄上，谷鸟戏岩前。乐矣不知老，都忘甲子年。"该诗清新飘逸，约非凡俗所题者。追想仙踪，良殷

---

① 宝历二年：即公元 826 年。"宝历"为唐敬宗李湛年号。
② 原文作"仰仰"，应为"仰"，衍误。
③ 原文作"打座"，应为"打坐"。

企慕。虽然，窥庭既已萧索①，纵对壁踌躇，无益也。②由是舍此之他，见峰北一蹊③，介然成路。其岩壁之层出，景物之浩繁，恨不能更上一层而穷千里也。

方拟乘兴进游，忽大风骤起，沙石高风。骡夫前而告曰："天已变矣，胡不归？"予与店主人曰："归欤，归欤。"于是催骑下山。由花月岭④之东，绕过碧枝崖⑤，遂寻旧路而返店矣。时方午后三时也。已而大风渐息，密云漫天。未几而细雨如丝矣，未几而庭霰⑥已落矣。正在无聊，忽店主人携而至，谓予曰："我有斗酒，藏之久矣，若不与子痛饮，如此天寒何？"已而菜已备，酒已温，不觉各贪数杯，瞑然而醉。

迨酒力甫醒而清晨，古寺已日照高楼矣。未几，骡夫牵骡而至，店主人俗务毕，遂与予乘骡而行。则见南山当户，格外分明，于是径游南台焉。当已出太平街也，直穿杨林、台怀二街，继越大蛇⑦、南山各寺，沐浴堂北转，过明月仙池、观音洞，南又抵镇海古⑧寺。走约二十余里，见北山之腰丛林一带，隐隐然露出红

---

① 萧索：衰败。《史记·天官书》："若烟非烟，若云非云，郁郁纷纷，萧索轮囷，是谓卿云。"
② 以上内容刊载于《大公报（天津版）》1918年3月19日第11版。
③ 蹊：小路。[东汉] 张衡《思玄赋》："出石密之暗野兮，不识蹊之所由。"
④ 花月岭：即华严岭，又名花岩岭。
⑤ 碧枝崖：即柏枝岩。
⑥ 庭霰：落在庭院里的雪花。[唐] 宋之问《苑中遇雪应制》诗："不知庭霰今朝落，疑是林花昨夜开。"
⑦ 大蛇：所指不详，今大车沟内有寺院众多。
⑧ 原文作"吉"，应为"古"，讹误。

墙。山下一溪，水声甚急，遥闻之如洪涛巨浪然，已而渐近，则飞泉下流也。方西行里许，陡起一峰，直达天际，不觉西山朝爽[1]，扑人眉宇。窃谓已到南台矣，店主人曰："此名千佛洞。"前面晴峦叠翠，怪石惊人，高出西南诸峰之上者，则南台也。

爰乃再接再厉，亦步亦趋，跋一岭复陟一岭，越一峰又登一峰，方在乐而忘倦，而已陟彼南台矣。[2] 则见古树数株，高数丈或数十丈不等。旁有巨石壁立，石南有旧院一，初尚荒凉，渐入较佳。虽无楼阁，而花木鲜秀，似非人境。内一道人，举止清雅，仪貌奇特，飘飘然有出尘之概。入与相谈，知为四川宿儒，因前清屡举未第，隐居于此者。已而话别西行，见一普济寺，规模虽小，而景致则雅俗共赏。予二人游览心胜，方拟过门不入。忽一僧名觉善者，邀请甚殷，遂与入寺。谈未数语，而茶饭俱备，盘餐虽无兼味，而洁净则足堪一饱焉。已而食毕，予问曰："此寺何佛？"答曰："智慧文殊也。"

盖五台之峰，皆文殊菩萨胜境。然文殊虽一，而到处变像，故名亦异之。东台望海寺则聪明文殊也，南台普济寺则智慧文殊也，西台法雷寺则狮子吼文殊也，北台灵应寺则无垢文殊也，中台翠岩寺[3] 则儒童文殊也。然不惟寺异其名也，而台亦异其称焉。所谓望海峰者东台也，锦绣峰者南台也，挂月峰者西台也，北斗

---

① 朝爽：早晨明朗开豁的景象。
② 以上内容刊载于《大公报（天津版）》1918 年 3 月 20 日第 11 版。
③ 翠岩寺：今名演教寺。

峰、涌翠峰者北台①、中台②也。不特此也，五峰之上，皆有四海奇宝，以镇峰顶。东峰有离岳火球，南峰有洞光珠树，西峰有丽农瑶室，北峰有玉涧琼芝，中峰有自明之金、环光之碧。每积阴将散，久暑将雨，即众宝交光，照灼岩岭，此五峰之所以胜于他峰者也。

　　适谈到佳境，忽千佛寺③来信招僧，若欲其速去者，僧人方行色匆匆，予二人遂致谢而出。④极目四望，见西南各峰，独一峰超出其上，而高耸奇秀，若与南台相伯仲者。予方疑之，店主人曰："此古南台也。"遂乘骡觅径，由西而南向，约五里许，已至古南台之峰。则见寺宇已颓，基址尚在。旁有一泉，俗名海子者，面积不过数丈，而水深莫测，望之毛骨悚然，或云内有独角龙在焉。其西有古树一株，高仅丈余，而枝叶深长，四围各三丈许。下有石棋局，一迹甚显，一若常有人对弈者。然又西则下临深涧，窥之莫测其底。腰际一古塔，相距十余丈，人迹罕到，俗传为鲁班所造者，殆亦无稽之说耳。由是循涧北行，转过数岭，遥闻犬吠声，视之则白云深处一带杏林，隐隐露出房屋。行渐近，则四五人家也。斯时也，红日依山，钩月挂岭。杏帘一幅，大书"闻香下马"四字，不问而知为旅店也。予与店主人遂入而止宿焉。睡方酣，忽枪声数发，猛然惊醒。急出问之，方知有小窃盗骡者。

---

① 北台：今北台顶名叶斗峰。
② 中台：今中台顶名翠岩峰。
③ 千佛寺：即千佛洞，俗称佛母洞。
④ 以上内容刊载于《大公报（天津版）》1918 年 3 月 21 日第 11 版。

查骡夫极其机警，方未睡之先，曾于骡棚门系一铜铃，及睡梦中闻铃一响，遽急起直追，兼发数枪，故骡出门得复遇故主焉。吁，亦险矣哉。[1]

次晨，予二人乘骡北上。遇一山峰，下有古洞，门半掩。传闻数百年前，有一土人在此掘药，至数丈，其根大如瓮。土人掘之不已，渐深五六丈，而地陷不止，沉至十余丈。视穴口如星，大分必死矣。忽旁见一穴，匍匐而进，甫数步，渐觉微明。再行里许，出一洞口，洞前水阔数十步，见对岸村落桑柘，花物草木，如暮春然。村人惊问来由，土人以实告。遂渡过彼岸，食以胡麻柏子，觉身渐轻。过数日，思家心切，村人指以迷路而归。至家，子孙已三世矣。所闻如是，姑志之，以待证实焉。

于是循路西转，行约二十余里，见两山之间夹一羊肠小道，行人不断。店主人曰："此通代县小路也。"又转向西北，横越数岭，见一峻峰，形如鹄立，较他峰高出数倍。店主人曰："此西台挂月[2]峰也。"问答方殷，忽一僧人以铁禅杖挑一小包，缓步而下。近视之，则店主人旧友佛侬也，遂下骡，道故者久之。未几话别，予二人复乘骡而上。走约三句钟[3]，始抵台顶焉。则见法雷寺之东，有一扁圆形巨石，俗名为牛心石。寺北有溪一渠，俗名为八德功水。视之则天光云影尽在其中，其微波潋滟[4]，如一幅画图然。方

---

① 以上内容刊载于《大公报（天津版）》1918 年 3 月 22 日第 11 版。
② 原文为"目"，应为"月"，讹误。
③ 三句钟：旧称，即三点钟。
④ 潋滟：水波荡漾貌。［西晋］木华《海赋》："尔其为状也，则乃浟湙潋滟，浮天无岸。"李善注："潋滟，相连之貌。"

在贪观之际，忽一少年僧揖请入寺，并款以茶饭焉。已而饭毕，谈约二时之久，遂谢别而出。时已晚五点矣。①

爱乃乘骡，由东坡而下。行未二里，见一怪石壁立。石旁有洞，内风声甚急，闻之如波涛澎湃然。洞北有一石碑，已半就倾颓，字迹已模糊难辨。方欲进行，忽黑云乍起，雪花乱飞。店主人曰："无伤也。"于是觅径而下，行未数里，天晴如初。日色已瞑，四无烟火，一片云山。月色则半明半暗，石径则或浅或深。约二十余里，遥见树林一带，隐隐现出燎火。未几而钟声渐近，又未几而犬吠相闻。行未及二里，而古寺一所，已在面前矣。予问之曰："此何寺也？"店主人曰："一名清凉桥，或曰吉祥寺也。"予二人甫下骡，见门外一僧若有事外出者。细视之，则店主人之故友警愚也。于是邀入客室。茶饭毕，略叙数分钟，即各归寝。时已晚十时也。

次早，僧人又备朝餐。食罢，时已九时半。予二人谢别，遂北游中台焉。方甫出寺门也，一水横流，两山排闼。乱山一带，乔木数株。前有石桥，虽非浩大工程，而极其精美。北有小径，虽未尽行茅塞②，已半就荒芜。前行五里许，则危崖一带，路径渺茫不可辨。正踌躇间，忽见一片荒田，半壁破屋，若无人烟焉。及入，则编棘为篱，篱内有一草亭，下有石桌石凳，布置整齐。再入，则竹篱茅舍，雅洁无比。篱内一工人适汲水浇园。问之，

---

① 以上内容刊载于《大公报（天津版）》1918 年 3 月 23 日第 11 版。
② 茅塞：为茅草所堵塞。《孟子·尽心下》："山径之蹊间，介然用之而成路；为间不用，则茅塞之矣。今茅塞子之心矣。"

据云伊主人于二日前去访殊像寺长老，至今未回也。[①]

予二人遂辞而出，复觅径北上。见翠屏对峙，丹嶂半开，远远现出一峰，形似青莲吐蕊，色如碧草敷荣。店主人曰："此中台涌翠峰也。"方指顾未竟，忽一带悬崖，一石峰立于其上，围仅丈许，高可数仞，旁一大石如扇，倚崖而立。传闻内系仙人所居，此石系借以掩洞门者。适畅观幽景，忽一兽大如犊，由西向东而去。方惊惶无措，忽闻连响数枪，该兽高窜丈余，转如飞，向西而逃。已而猎者至，问之，知适所窜者，乃豹也。猎者既行，予二人亦催骑直上。初行尚易，及走十余里，山势甚直，骑行太险，不得已而下骒步行。爰乃手扪藤葛，足履嵌岩[②]，直至筋疲力竭，始至峰巅焉。则见翠岩古寺，山门半掩，画壁一新。进院则碑塔如林，入室则经卷盈架。与僧人方共话片刻，即请用午餐，予二人正在腹饥，遂食焉。

已而食毕，方欲谢别，忽一道人手携包裹而入，致意甚殷，问之，知由终南山而来者。观其衣服极单，行李甚少，予讶之。道曰："以此过冬，亦以此过夏，去南省如此，来北方亦如此。如是者已数易寒暑矣，初不觉冷与热也。"予又问曰："得毋致病乎？"道曰："遇店宿店，遇野宿野，遇餐则食，无餐则止，如是者已二十余年矣，初不觉病来侵也。"店主人曰："然则吾子其仙矣乎？"道曰："不过健吾有用之身耳，何敢云仙。盖德不足不得为

---

① 以上内容刊载于《大公报（天津版）》1918 年 3 月 25 日第 11 版。

② 嵌岩：指险峻的山岩。[唐]孟郊《吊卢殷》诗："磨一片嵌岩，书千古光辉。"

仙，功不成亦不得为仙。必也德行修逾八百，功行积满三千，兼以九转丹成，而后得升仙籍也。"予曰："然则健身之术何如？"道曰："儒家之主静，释迦之止观，老氏之抱一^①，命名虽异，要皆健身不二之良方也。"予不觉恍然大悟，始知朱子^②之半日静坐，程子^③之瞑目而坐，其殆儒家之主静乎，惜后世未之传也。^④谈甫止，时已晚五时。予二人恐前途险阻，遂于该寺下榻焉。

次早黎明即起，与寺僧拜别，遂由北坡而下。斯时也，重雾漫天，浓烟锁岭。山行六七里，忽闻犬吠之声。视之则四围云树^⑤，小隐山庄，几处炊烟，居然别墅。方行之际，忽街北有一旅店，缘入而朝餐焉。餐毕，时已早十时矣。已而云消雾散，天朗风清，遂出店寻径北行。遥见西北三峰，形如鼎峙，中间树林阴翳，半露红墙。近视之，则一古寺也。峰东有一小路，来往者颇多。路之上有亭一座，翼然与山相对。再东则一深涧，水流甚急，其声冬冬^⑥然如鼓响。予二人甫过小桥，见迤北山峰无数，路甚崎岖。正观望之际，见峰前有向西一径，予二人遂循之而行。约里许，见一向北小路，略觉微平，又循之北行。约三里余，见前面

---

① 抱一：见于《道德经》，有与真理合一的意思。《老子·第二二章》："曲则全，枉则直。洼则盈，敝则新。少则得，多则惑。是以圣人抱一为天下式。"

② 朱子：即朱熹（1130～1200），字元晦，号晦庵，继承程颢、程颐的理学，与二程合称"程朱学派"，是宋代理学的集大成者。

③ 程子：宋代理学家程颢、程颐的尊称。

④ 以上内容刊载于《大公报（天津版）》1918年3月26日第11版。

⑤ 云树：指云和树。[南朝·梁] 刘孝威《和皇太子春林晚雨》诗："云树交为密，雨日共成虹。"

⑥ 冬冬：象声词，常指击鼓声。

一峰，高大逾中台数倍。店主人曰："此北台也。"于是由西南坡
而上，行未数里，见一山隙，深不见底，而长可百丈，中间有青
泥流出，细腻如髓。传闻此泥可制玩物，状如青石，击之如铜声
然。[①] 转而东望，则有五峰排立。中峰较高，余峰则依次稍低，状
如手之五指然。传闻系五老冢，因年年渐长，故日久如五峰焉。
又东则一带悬崖，崖旁一金色古塔，高约四丈许，圆仅丈余。上
有宋体古字，已不能辨其迹。传闻杨令公（俗称杨继业）之死，
恐番人掘其尸，筑有七十二疑冢，该塔即冢之一。然此种无根之
谈，未足信也。由是转而北上，见路旁一石，如卧虎状，额上有
箭镞痕，或云系杨令公之子六郎所射者。再上则遗迹弥多，不可
胜载。适清风徐至，飘飘吹衣，予二人之游兴由此益增数倍。正
行之际，忽路旁有一大石，方可数十丈，其下空浮，寄他石之上，
四围均有藏文。骡夫云："此石一人推之则动，人多则屹然震矣。"
又旁有一池，水清而深，每大雨则水涌如注，俗名海眼，传闻其
源出于北海云。方逐逐进行，忽一带峭石壁立于前，骑行险极，
乃下骡援葛而登。约行五里许，已至北台巅矣。

　　该台四围较高，中间微低。台之正中有寺一所，曰灵应寺。
寺后一塔，名灵峰塔。其工程完善，绘画精美，均为他塔所不及。
东有一台，名说法台，俗传为无垢文殊说法处。旁有二池，一名
黑龙池，一名澡浴池。黑龙池，其水极黑，深不见底，俗传昔有
黑龙居此，故名。澡浴池，一名温泉水，可沐浴。俗传清康熙帝

---

① 　以上内容刊载于《大公报（天津版）》1918年3月27日第11版。

来游，闻该地风俗不纯，欲洗平之。及到北台，又见男女各一，同时在池沐浴，帝以有关风化，遂以金铋^①箭射之。倏已不见，后寻血迹至显寺正殿，见佛臂中箭，且有血迹，视之即金铋箭也。帝由是恐怖，洗地之议遂寝焉。^②

　　方到处游览，忽俯视山腰，见烟雾迷漫，众峰皆冥杳^③莫辨，并隐隐闻有雷声，知山下雷雨交作也。未几，烟雾渐消，见山下一片汪洋，桑田几同沧海。及观四围诸峰，苍翠欲滴，倍呈环抱之状，譬如北辰居其所，而众星拱向然。方畅观佳景，忽有二僧来谈，并请到寺用饭。已而饭毕，与谈各处名山胜迹，几于无一不知，无处不到者。盖二僧一名静福，年约四十许，系北京海淀^④北黄庄龙王庙悟乘之徒。一名秋凝，年约五十，系汴京相国寺出家。二僧于二十年前结伴云游，几遍中国。于民国初年，见南北兵戈扰攘^⑤，几无宁土，故暂避居于此焉。噫，我国近年来内忧已深，外患日迫，当此之时，维持乏术，补救需人，热心诸君子即数日偷闲，以远游名胜，犹觉抱歉于心。二僧竟入山必深，入林必密，其殆随光之伴侣，巢许^⑥之流亚^⑦欤。畅谈许久，见日已向

---

① 铋：箭镞。
② 以上内容刊载于《大公报（天津版）》1918 年 3 月 28 日第 11 版。
③ 冥杳：冥、杳二字同义，都表示昏暗不明、看不清的意思。［南朝·梁］沈约《佛记序》："事涉杳冥，取验无所，亦皆靡载，同之阙疑。"
④ 原文作"绽"，应为"淀"，讹误。
⑤ 扰攘：混乱；纷乱。《汉书·律历志上》："战国扰攘，秦兼天下。"
⑥ 巢许：亦作"巢由"，是巢父和许由的合称，他们都是上古传说时代的隐逸之士，后成为隐士的代称。
⑦ 流亚：同一类人或物。

西，予二人方拟下山。缘寺僧挽留甚切，故止宿于此焉。

　　次晨早饭毕，与二僧谢别。遂由东南坡而下，则见山势较西南坡微平，而路程则远逾二倍。方乘骡行二十余里，骡夫驱而前曰："正西崖际古迹甚多，盍一观焉？"予与店主人至其地，则见岸下一洞，门极小，非伛偻不得入。洞旁一井，大可三丈许，水面距井口约五丈，水清而深，观之如有泉涌出者然。井北一碑，字已不可辨。碑西有石大如缶，击之若铜响。再西则一巨钟覆地，高约丈余，撼之不能动。旁有三石架一铜锅，提之不下。石间隐隐有红迹，俗称某仙丹成升天，而锅遂遗于此焉。[①]

　　方欲前行，忽有乱石横路，大者如虎如牛，小者或猪或羊，或狗或鸡，形状不可胜计。茫茫前途，到处皆是，不得已下骡踉跄[②]而行。约走十余里，路微平，方乘骡进行。忽一道人，背负一包，由后而来，前行甚速。予二人方走里余，而道人已在五里之外矣。予异之，店主人曰："世有一种道者，遨游各处，专练行走，日可行数百里，此道殆其侪类[③]欤。"方惊异间，忽前面飞泉下流，波涛汹涌，有若决江河，沛然[④]莫御之状。予二人傍泉而行，走约数里，已抵台下。见泉水愈流愈急，直向东南而去。予二人遂循

---

①　以上内容刊载于《大公报（天津版）》1918 年 3 月 30 日第 11 版。

②　踉跄：亦作"踉跄"，形容跌跌撞撞，行步歪斜貌。

③　侪类：指同类人或物。[西晋] 嵇康《与山巨源绝交书》："又纵逸来久，情意傲散。简与礼相背，懒与慢相成，而为侪类见宽，不攻其过。"

④　沛然：盛大貌。《孟子·梁惠王上》："天油然作云，沛然下雨，则苗浡然兴之矣。"

宝华寺①，直抵草隆里②，再过曲脚坡③。见东北两峰中夹一寺，名五郎庙④。旁有一沟，名五郎沟。俗传杨令公之子五郎者，出家北山寺，坐化于该沟，故沟以五郎名，且于此建庙焉。予二人方过此沟，见前面寺宇如林，或大或小，或新或旧，或为僧人所住，或系喇嘛所居，种类甚繁，难以指数。方穿山越寺，行约五里余，见一铜铺，有数工人共铸一红铜古佛。围可七寸，高约尺余，五官百骸渐渐俱备。问之，据云系某善人定铸，将供诸某寺，借以还愿者。噫，人铸之而已，敬之媚神耶，抑渎神耶，是则人所不解已。

当予二人初至铜铺，店主人悬念店务，已先行回店。予正与铜匠谈，适店役来请。予遂乘骡随之而行，走未及半里，不觉已至客店矣。⑤则见店内骡马盈院，甚形拥挤，据云皆系游台山者。予问之曰："游山者固如是之多乎？"店主人曰："尚不及庙会时十分之一耳。"盖旧历六月，自月初至月终，为台山庙会之期。四方来游者接踵而至，因之各店各寺常有人满之患焉。是以近年来工商各业，无不日见起色。试观绸缎庄十余家，资本皆二三万元以上。铜铺十余家，资本皆五六千元之谱。木货铺二十余家，资本各千余元。米面鞋布杂货各铺共八十余家，资本多至六千元，少至数百元不等。以故每年进口货常在数十万元以上。至货物之消

---

① 宝华寺：古名杂花庵。
② 草隆里：即今草地村，为五台山风景区台怀镇下辖村。
③ 曲脚坡：即今曲吉坡村，为五台山风景区台怀镇下辖村。
④ 五郎庙：即太平兴国寺。
⑤ 以上内容刊载于《大公报（天津版）》1918 年 3 月 31 日第 11 版。

路^①，售于土著者十之一二，售于游人者则十之八九焉。独惜商人来货，半多运现而回，不特运费太重，中途亦诸多危险。若于此地设一银行汇兑所，一便于商家汇款，以免运输之烦，一便于游人汇款，以免携带之累。如是则四方游者将日见增加，各种商业将愈形发达，安见荒僻之地不变为繁盛之区乎。噫，当局者盍亦筹及此耶。适闲谈之际，饭已备齐。予与店主人用饭后，呼骡夫至，付脚力毕，遂食以晚餐而遣焉。时已下午六时矣。^②

已而店主人理事毕，仍复来谈。予问之曰："俗传清顺治帝曾至五台为僧，后不知所终。及阅轶闻^③小史，所言大略相同，未悉果在何寺？"店主人曰："前未来五台之先，我亦云然，及至溯其遗迹，竟无知者。"或云顺治实去南海普陀山为僧，来五台之说实属不确。或又云顺治深居寝宫，被暗杀党所杀，其刃敷以最烈之毒，顷刻化为脓水，次晨寻无踪影，惟床前清水一片。若据实发表，诚恐骇人听闻，乃隐其实事，而以去五台为名，故后人以讹传焉。二说未知孰是。查清帝游台者三：（一）康熙来游二次^④；（二）乾隆三次^⑤；（三）嘉庆二次^⑥。曾于太平街北扎营，故太平街之北名为营房街。又于杨林街南修皇城一所，城南有桥，皆汉玉制成。现虽残毁，基址尚存。盖前清之季，皇城尚完全存在。及

---

① 　消路：即销路，指货物销售的出路。
② 　以上内容刊载于《大公报（天津版）》1918年4月3日第11版。
③ 　轶闻：指不见于正式记载的传说。
④ 　此处有误，康熙实际巡幸五台山五次。
⑤ 　此处有误，乾隆实际巡幸五台山六次。
⑥ 　此处有误，嘉庆实际巡幸五台山一次。

革命军起，其党羽曾率一军到五台索款，声言若不交款，即踏为平地。各住持不得已，共凑款三万与之。方革命之来也，见寺即毁，以故由太原至五台，一路寺宇多有残破者。此不足惜也，所惜者皇城，工程极坚，其柱基阶台皆白玉砌成者，乃一旦以恨皇室之心，遂移而毁其遗址，不特五台去一佳境，而革军亦增一污点矣。谈至三更，予与店主人甫就寝焉。

次日早起，予因为事所迫，不得久稽时日。遂与店主人拜别，由旧路而回。路行四日，即抵太原矣，时阳历五月十四号也。予原拟俟诸异日，托著作家以传奇之笔制成一编，俾台山真面目，描写尽致，庶无憾焉。惟旷日持久，诚恐过而辄忘，致增遗漏之悔，故于课余之暇，援笔而记之。

滦阳①王与九稿。②

此游记刊载于《大公报（天津版）》，于 1918 年 3 月 8 日至 4 月 4 日间连载，共分二十三小篇，洋洋洒洒，共计一万二千余字。

---

① 滦阳：河北承德别称，因在滦河之北，故名。
② 以上内容刊载于《大公报（天津版）》1918 年 4 月 4 日第 11 版。

五台山游记

（1919 年）

汪定安，生平不详。

1919 年 4 月 20 日（农历三月二十日），汪定安跟随九华山东岩寺心坚法师一行人朝礼五台山，动身后先到南京，再乘火车至天津、北京，于 25 日乘火车回驶至定县。26 日，在定县雇佣架窝前往五台山，路行四日，于 29 日抵达五台山，宿于塔院寺。30 日，未出游，在塔院寺拈香。5 月 1 日至 3 日，自东而西，遍历五顶。4 日，未出游，在塔院寺做法事。5 日，赴黛螺顶、显通寺、罗睺寺、太平兴国寺、金刚窟等寺院游览。6 日，由原路返回，兼程前进，路行三日，于 8 日抵定县，并于当日乘夜班火车南归。

己未①春三月，兴致萧索，百感交集，适有大九华山东岩寺僧

---

① 己未：即民国八年，公元 1919 年。

心坚大师，与本地诸优婆夷[1]、优婆塞[2]等，作五台之行。乃请于母前，许同往，藉扩眼界，除烦恼、洗清净身也。

于二十日晨六时动身，计同行者约十人，咸以路程不熟，依心坚大师命，乃先到南京，当日宿于下关复兴街之观音寺。

次早，冒雨过江，至浦口，乘早班津浦[3]快车，沿途无可记。惟蚌埠大火余烬，所有繁华市场，顿成一片焦土，触目惊心，令人生今昔之感耳。车行两日一夜，到天津老站，改乘京奉[4]慢车，六小时抵北京前门，寓于西河沿栈房。

越日，复乘京汉[5]快车，回驶至定县（按：定县在《禹贡》为冀州，春秋鲜虞国地，战国为中山国地，汉置卢奴县，魏天兴时改名定州，隋为高阳，唐为博陵，宋为中山府，元属正定路，明初复名定州，前清因之）。雇骡轿（土人称之曰架窠子[6]，以两巨木札以绳，人坐绳上，状如绳床，上遮以芦席，以避烈日狂风。由定县到五台山各处游览，往返约二十二三元之谱，人畜食料概行在内）前进，经过直隶省辖之曲阳县（五岳中北岳在焉）、阜平县，出龙泉关，即为山西省辖之五台县境。越二十里长蛇岭[7]，复行四十余里，始到五台山脚。

---

① 优婆夷：在家中奉佛的女子，即女居士。
② 优婆塞：在家中奉佛的男子，即男居士。
③ 津浦：即津浦铁路，又称津浦线，是天津至南京浦口的铁路干线。
④ 京奉：即京奉铁路，又称京奉线，是北京至奉天（今辽宁沈阳）的铁路干线。
⑤ 京汉：即京汉铁路，是北京至汉口间的南北铁路干线。原称卢汉铁路，于1898年开工，1906年竣工后改称京汉铁路。
⑥ 《民国山西读本·旅行集》版作"架窝子"。
⑦ 长蛇岭：应为长城岭，讹误。

途中，由定县起，黄沙白草，风景与江南迥异矣。然人民朴实，颇饶古风，房屋用具，亦甚简陋，生活程度，较南地为低。而新学昌明，庙宇有改作学校者。五台山麓，且有僧侣学校、半日学校、女学校等。山镇仅有街市一道，号曰杨林，设警佐以辖之。丛林寺院，多在山半，以十大寺院为最著。每年轮值出纳，公举一人为会长，综理一切。内中分青衣僧、红衣僧两派，各不相涉。所有庙产，亦每年公举一人，以经理之。盖青衣僧为茹素之和尚，红衣僧为嗜荤之喇嘛。其间所称大施主，以关东人为最，山西人次之，蒙古人又次之，然以蒙古人为最多。近年江南香客稍有往者，盖迩时①交通，较昔为便也。香市期，以二月至五月最盛，过时则山洪暴发，骄阳逼人，天时地利，均不便行旅。迨至八九月间，即风雪载途，行路更难矣。但山巅，则四时瑞雪常飘。故五台山亦有称之为清凉山者，诚洞天福地，修真养道之所也。其间灵迹颇多，阅《清凉山志》，即知其梗概。山中昔时，古木参天，惜为人盗伐尽净，牛山濯濯②，翳谁之过。近稍有树艺者，而大可合围之树，几成凤毛麟角。有前清行宫数座，颇壮观瞻，大都为康乾间所建筑者。读吴梅村《清凉山赞佛诗》，乃知其中盖亦有隐情在焉。然当时讳莫如深，盖处于专制政体之下，其势有不得不然者。民国肇建③，诸家杂说，有谓清世祖实逃禅于此，而匿

---

① 迩时：近时。［明］王世贞《艺苑卮言》："迩时李献吉，气谊高世，亦不免狂简之讥。"

② 牛山濯濯：形容寸草不生的荒山。

③ 肇建：创建；始创。［魏晋］应贞《晋武帝华林园集诗》："悠悠太上，民之厥初。皇极肇建，彝伦攸敷。"

剑帷灯^①，莫可究竟，蛛丝马迹，兼有可寻。观喇嘛讽经，八旗人绕塔，益信之矣。

　　山有五高峰，即所谓五台者是也。成众星垂拱之势，亦五岳之小模型。东西相距约三十余里，南北相距约九十余里，而以北峰为最高，距平地约有四十里，距海面约一千七百余里。中峰、西峰次之，东峰、南峰又次之，其间异草奇葩，兼有所遇。盖山川灵气，有以蕴蓄之也。猛兽虽无，狼狐时见，山石嶙嶙^②，状如恶鬼，令人望之，毛发悚然。石壁间，间有镌佛像及各种陀罗尼^③者，矿苗遍地，有铜、锡、石英、铅、铝、煤、铁等项，金、银矿闻亦有之。饮料为本山泉水，尚称清洁，但输运不易耳，较之道中饮土井水，奚啻^④天壤。宿僧舍中，每当风清月白之宵，闻远寺钟声，与浮图^⑤间铃声相唱和，颇饶清趣，如闻天籁矣。令人不觉具超然出世之想，脱却尘寰^⑥之思。时忽有僧人吹笙、吹竽者，其音幽而扬，其韵清以越，赤壁洞箫，想不是过。

---

① 匣剑帷灯：帷，帐幕。匣里的宝剑，帐里的明灯，剑气灯光，若隐若现，比喻事情无法掩藏，或故意露出消息引人注意。
② 嶙嶙：山势起伏不平貌。［北宋］欧阳修《盘车图》诗："浅山嶙嶙，乱石矗矗，山石硗聱车碌碌。"
③ 陀罗尼：译为总持、能持、能遮，此处各指种种长咒。
④ 奚啻：何止，岂止，也作"奚翅"。
⑤ 浮图：梵语"Buddha"音译，亦作"浮屠"。原指佛教的创始人释迦牟尼，后又称佛塔为浮屠。
⑥ 尘寰：尘世；人世间。［唐］权德舆《送李城门罢官归嵩阳》诗："归去尘寰外，春山桂树丛。"

计由定县乘骡轿行四日（第一日，宿东口南^①；第二日，午至
王恒镇^②稍憩，夜宿阜平县之锦泰店中；第三日，午至山岩镇^③稍
憩，夜宿龙泉关，然以第一日之口南为最不能住），计凡三百六十
里，至五台山。

在山中塔院寺（十大寺院之一，详《清凉山志》），凡七宿。
第一日，为本寺拈香。第二日即朝台（游览五峰），当日首登东
台（望海峰），次西而北、而中，遇大风雪，奇冷异常（按：西台
亦称挂月，北台号为叶斗，中台又名翠岩，命名所在，各具奇观，
阅《清凉志》知之，故不赘述。又东台相传有神钟一口，击之，
到北台必遇风雪，此次伴中好事者误扣之，果遇风雪，虽曰偶然，
亦奇矣）。乃至清凉石寺以避之，破屋数椽，仅能栖息。日间因受
风寒过剧，病魔侵入，于是裹被眠。隔宿似稍痊，可啖麻胡饭少
许。听鹳雀鸣（古寺敝椽内栖有鹳雀，闻击磬声，即吱吱鸣），野
趣横生。又仆仆^④往古清凉胜境（即清凉桥）。是日风雪稍止，休
息一宿。次晨，朝南台（锦绣峰）。天气晴朗，心旷神怡，复游千
佛洞^⑤（俗称父母洞）等处，乃寻道回。计此行凡三日，历尽艰辛，

① 东口南：即今东口南村。
② 王恒镇：应为王快，讹误，即今王快村。
③ 山岩镇：按其他游记所载行程推测，此处应为栗元铺，既今阜平县天生桥镇南
栗元铺村。
④ 仆仆：奔走劳顿貌。［南宋］范成大《酹江月·严子陵钓台》词："富贵功名皆
由命，何必区区仆仆。"
⑤ 千佛洞：又称佛母洞。

盖道路之崎岖、风雪之逼人、寒燠①之失时（昼披葛而夕拥裘，山中气候与平地迥异）、糇粮②之不足，种种困难，诚非楮墨③所可形容于万一也。

返塔院寺，适逢会期（四月初四日为文殊圣诞），每岁一次，迓④圣像也（山有金铸像一尊，计高尺余大，称是每年轮值供奉，本岁为塔院寺班）。旗旄导前，笙箫盈耳，颇为热闹。一班之善男子、善女人踟蹰⑤道旁，舆前跪祷，其信仰之诚，莫可比拟。余亦随班行礼，瞻仰圣容。乃一佝偻老人，倚于青狮子背上，左手持杖，右手执书，须眉皆白，面带愁容，说者称之是文殊师利菩萨修真时之像也。并放斋一日，凡山前、山后诸僧侣及信士皆到场。越日礼毕，即为吾辈设斋布施做佛事之期，一昼夜圆满。次日游于左近之黛螺顶、香炉峰⑥、显通寺、罗睺⑦寺、太平兴国寺（即杨五郎祠，祠内有铁棍一根，相传为五郎遗物，计重八十一斤，旁有碑，镌有诗云："弃却干戈披衲衣，个中争

---

① 寒燠：冷热。《汉书·天文志》："故日进为暑，退为寒。若日之南北失节，暑过而长为常寒，退而短为常燠。此寒燠之表也，故曰为寒暑。"
② 糇粮：干粮。《诗经·大雅·公刘》："乃裹糇粮，于橐于囊。"糇，餱的异体字。
③ 楮墨：纸和墨。[唐]刘知几《史通·暗惑》："无礼如彼，至性如此，猖狂生态，正复跃见楮墨间。"
④ 迓：迎接。《左传·成公十三年》："迓晋侯于新楚。"
⑤ 踟蹰：徘徊不前。[东汉]佚名《孔雀东南飞》："踟蹰青骢马，流苏金镂鞍。"
⑥ 香炉峰：具体位置不详，疑为梵仙山。
⑦ 原文作"睺"，应为"睺"，讹误。

许几人窥。只今惟有台山月，夜夜空临杨老祠。"祠为喇嘛主持）、金刚窟等处，兴尽归来。骡轿夫役，催促再四，乃于次晨由原道进关，兼程以进，三日即抵定县，随乘午班京汉快车南旋。

　　此篇游记刊载于《新游记汇刊》卷 16（中华书局印行，1921 年）。苏华、何远编《民国山西读本·旅行集》（三晋出版社，2013 年）亦将其收录。

| 袁希涛

游五台山记

（1919年）

　　袁希涛（1866～1930），字观澜，又名鹤龄，江苏宝山（今上海）人。清光绪举人，清末民初教育家。

　　1919年6月13日，袁希涛在游览恒山完毕之后，乘驾窝从浑源县城出发前往五台山游览，路行三日，于15日抵达五台山，宿于显通寺。16日，雇架窝游览西台、中台、北台，因途中遇雨，遂取道返回显通寺，东台、南台未往游。17日，在显通寺僧人陪同之下，游览碧山寺、金刚窟、五郎祠、菩萨顶等寺院。18日，乘驾窝起程离台，路行五日，于22日抵达太原。袁希涛在五台山游览期间，特别留意五台山地形、地质、气候、宗教之状况，使得此游记兼具学术考察之性质。

中华民国八年①六月十二日，余既揽恒岳之胜②。翌日发浑源，更为五台之游，乘驾窝一（以两骡架双木杠，缚绳为舆，圈蒻蓬为盖，豫晋陕一带称"架窝子"）。四十五里度枪锋岭③，气压六十粉四糎，气温华氏表八十度，计高出浑源城平地五百六十密达④，合营造尺一千七百五十尺。加以浑源城高出海面三千七百三十尺，计共高出海面五千四百八十尺（以下所列各高度，均略去测算时以浑源城为最低点之距离数，但通计高出海面之营造尺数）。岭北水北流入浑河，逾岭则水南流，经灵丘县入卫河，岭其分水之脊也。晚宿大柯枝⑤，是日行八十里。

翌晨行，经西壶口⑥，旧有边墙接雁门关，今多颓毁，惟尚有城垒墩台之迹。又度驼橡岭⑦，高度视枪锋岭相差无几。下坡乱石崎岖，势极峻峭。既下，豁然为一大平谷，乃横截⑧此平谷而过，抵大营堡⑨，繁峙县属之市集也。晚至东山底⑩宿，凡行一百里。

---

① 即公元 1919 年。
② 1919 年 6 月 7 日至 12 日间，袁希涛先后游览大同云冈石窟、浑源北岳恒山，所作《大同云冈石窟佛像记》《游北岳恒山记》均刊载于《东方杂志》1920 年第 17 卷第 4 期。
③ 枪锋岭：即抢风岭，位于山西浑源县恒山东南。
④ 密达：法语 "mètre" 的音译，即 "米"。
⑤ 大柯枝：即今下达枝村，为浑源县王庄堡镇下辖村。
⑥ 西壶口：即今西河口村，为浑源县王庄堡镇下辖村。
⑦ 驼橡岭：即沱川岭，具体位置不详。光绪《繁峙县志》卷首《乡都图》载沱川岭在上孤庄村北。
⑧ 横截：横穿；横插。[西汉] 扬雄《雍州牧箴》："黑水、西河，横截昆仑。"
⑨ 大营堡：即今大营村，为繁峙县大营镇政府所在地。
⑩ 东山底：即今东山底村，为繁峙县东山乡政府所在地，位于羊眼河出山口处。

又翌晨，溯山沟而上，山石崎岖碍骡足。经狮子坪①、太平沟②，过高岭曰红门堰③。盘旋曲折而上，岭顶即东台与华严岭④联属之山脊，气压五十五粉四糎，气温七十四度，计高出海面七千五百四十尺。过岭即见五台诸寺，参差错落，掩护⑤于山坳林薄⑥间。岭势极陡削⑦，盘旋曲折而下，达于岭底之山沟。复行十里，达显通寺，即假寓⑧焉。是日所历多巉岩⑨峻坂⑩，号六十里，历九小时而始达。即五台诸寺萃集之地，所谓清凉胜境者是也。显通寺地面气压五十九粉九糎，气温六十六度，计高出海面五千六百七十尺。

佛教入中国，其梵行高卓⑪，得证果于域内者凡四。浙之普陀，为观音大士修道地。皖之九华，为地藏菩萨修道地。蜀之峨嵋，为普贤尊者修道地。与此五台，以文殊修道，同为佛教圣迹。魏隋以后，累代崇奉不绝。有清以黄教柔服蒙古，五台地近边塞，

---

① 狮子坪：即今狮子坪村，为繁峙县东山乡下辖村，位于羊眼河谷地。
② 太平沟：即今太平沟村，为繁峙县东山乡下辖村，位于五台山北台北坡。
③ 红门堰：即鸿门岩。
④ 华严岭：即花岩岭。
⑤ 掩护：遮盖。
⑥ 林薄：草木生长茂密之处。《楚辞·九章·涉江》："露申辛夷，死林薄兮。"王逸注："丛木曰林，草木交错曰薄。"
⑦ 陡削：山势陡峭，像用刀削过一样。
⑧ 假寓：暂时寄住。
⑨ 巉岩：高而险的山岩。[唐]李白《北上行》诗："磴道盘且峻，巉岩凌穹苍。"
⑩ 峻坂：亦作"峻阪"，陡坡。《史记·袁盎晁错列传》："文帝从霸陵上，欲西驰下峻阪。"
⑪ 高卓：高超卓越的人物。[东汉]王充《论衡·答佞》："太史公记功，故高来祀，记录成则著效明验。揽载高卓，以仪秦功美，故列其状。"

于蒙藏入边顶礼尤为便利。康乾全盛，屡驻清跸①。蒙藏活佛及大喇嘛，卓锡②膺封，名位显赫。内外蒙王公台吉，驱驼马牛羊数千里，倾诚贡献者，不绝于道。而内地清修梵行之僧徒，朝山受戒，亦以五台为圣地。故奉佛大众，不分蒙汉，竞礼名山，而五台之胜，益擅盛名矣。

五台之僧分两派，曰青衣僧，即旧时内地缁流③；曰黄衣僧，则为蒙藏喇嘛。所奉寺刹各别。据《清凉山志》，旧时寺院凡一百有一，今亦尚有数十所。其著名者显通、塔院、圆照、广宗、殊像、碧山、南山、凤林、金阁、灵境等，为青衣僧十大寺。菩萨顶、玉花池、金刚窟、镇海、罗睺、普安、三泉、七佛、寿宁、台麓等，为黄衣僧十大寺。余所住显通寺，佛殿七进，有无梁殿及铜殿、铜塔等，皆构造精奇，负建筑上之重大价值。其旁院轩畅华美，额刻御诗，曾经清代先皇卧憩。全寺僧人一百数十人，为青衣僧寺之巨擘④。其黄衣僧寺以菩萨顶之真容院为最巨，有喇嘛三百余人。全台僧众，据寺僧所述，青衣僧约近千人，黄衣僧千人以外。青衣僧以僧会会长管辖之（旧设都纲司，民国成立后裁撤，改为僧会）。黄衣僧则西藏达赖喇嘛派有扎萨克驻台管辖。

---

① 清跸：帝王的车辇。［唐］沉佺期《奉和圣制幸礼部尚书窦希玠宅》诗："不知行漏晚，清跸尚裴徊。"

② 卓锡：谓僧人居留。［元］张伯淳《楞伽古木》诗："道林卓锡旧种此，髟鬈于今八百年。"

③ 缁流：僧徒。［唐］卢纶《秋夜同畅当宿藏公院》诗："将祈竟何得，灭踪在缁流。"

④ 巨擘：大拇指，比喻杰出的人物。《孟子·滕文公下》："于齐国之士，吾必以仲子为巨擘焉。"赵岐注："巨擘，大指也。"

而章嘉活佛一年中亦恒驻台若干月，以为喇嘛表率焉。喇嘛中亦有茹蔬持戒者，但属甚少，多数肉食，且不严绝色戒。青衣僧则非幼龄为僧徒，各寺不得收容，无中年披剃而入五台佛寺者。惟蒙人为青衣僧，或汉人为喇嘛，则时亦有之。

翌日，雇架窝登台顶。所历多陂陀^①，无峻峭之磴级。十里经玉花池，又二十里至西台顶。顶宽广逾一二百亩，石室三间，额曰"法雷寺"，有僧二三人焚修其中。今添构数楹，方兴土木。测验气压五十三粉八糎，气温六十度，计高出海面八千三百七十尺。西望群峰皆伏，惟东北峰岚重叠。中台、北台迢遥在望，乃指中台进行。冈峦联属，不觉升降之劳，凡八里而抵中台顶。平广略如西台，有石屋额曰"翠岩峰"。其前有塔，隆然矗立，亦以石构成之。视气压低至五十二粉五糎，气温亦降至五十六度，计高出海面八千九百七十尺矣。又东北行十二里，直达北台，为五台之最高顶。气压五十粉三糎，气温五十度，计高出海面一万零五十尺。群山俯首，皆出其下。北眺峰峦复杂，中有翘然特出之山顶，厥状颇似恒岳，又其一盖龙山也。又北烟云叆叇^②，一望无际。时东南隅浓云如墨，雷声殷然起，渐掠中台而去。余恐雨至，促御者速行。北台距东台顶二十五里。有蒙古人朝台者，男妇子女共

---

① 陂陀：亦作"陂陁"，倾斜不平貌。[唐]李华《含元殿赋》："靡迤秦山，陂陀汉陵。"

② 叆叇：云盛貌。[西晋]潘尼《逸民吟》："朝云叆叇，行露未晞。"

十余人，二人乘马，余均步行。自中台至北台，与余行相参错^①。更望东台去，不以雨将至而止。依回寺大道，无论绕东台顶与否，均须取道红门堰。余行未数里，雨阵已至，冰雹纷堕。又数里雨倾盆骤下，红门堰路陡不能行，乃觅小径曲折下趋，约二十里始达山沟，又十里回显通寺。行具多透湿。时已下午五时，天亦开霁^②矣。南台相距四十里，且在五台中为最低，余因不往游。

　　自河朔东迄卢龙，山多峭崿^③枯槁，雨量不足，草木不滋茂，此北方诸山之恒态也。独五台环峙晋北，周三四百里，山不露骨，石皆戴土，陂陀四出，状态浑含^④。无锋锷^⑤峭厉^⑥岩谷幽险之致，细草蒙茸^⑦，遍山如绣，土性润泽，雨量亦因而增加。今山腰以上，驱牛羊就牧者，所在多有。山腰以下，虽乏森林，而松杉白杨厥性皆无不宜。故林牧之业，将来当无不可日辟。此又言地利者，所宜注意也。

---

① 参错：参差交错。[西汉] 董仲舒《春秋繁露·玉杯》："《春秋》论十二世之事，人道浃而王道备，法布二百四十二年之中，相为左右，以成文采。其居参错，非袭古也。"

② 霁：雨后或雪后转晴。[唐] 杜牧《阿房宫赋》："复道行空，不霁何虹？"

③ 峭崿：高峰；高崖。[东晋] 孙绰《游天台山赋》："披荒榛之蒙茏，陟峭崿之峥嵘。"

④ 浑含：含蓄。[明] 杨慎《升庵诗话·崔涂王维诗》："崔涂《旅中》诗：'渐与骨肉远，转于僮仆亲'，诗话亟称之；然王维《郑州》诗：'他乡绝俦侣，孤客亲僮仆'，已先道之矣。但王语浑含胜崔。"

⑤ 锋锷：物体的尖突部分。[清] 魏源《太行诸谷》诗之二："影光倒射处，千厓失锋锷。"

⑥ 峭厉：陡峻。[清] 姚鼐《观披雪瀑记》："山林之幽邃，水石之峭厉，若故为诡愕以相变焉者，是吾邑之奇也。"

⑦ 蒙茸：指葱茏丛生的草木。[北宋] 苏轼《后赤壁赋》："履巉岩，披蒙茸。"

五台地质，余自东北入台经太平沟，即见粗粒黑云母花岗岩，及过红门堰并登西、中、北三台顶，皆细粒花岗岩所构成。惟石多蚀解，无结合成峰，未经化蚀之迹。视泰岱以片麻岩为主要，华岳①则花岗裸露，几于有石无土者，其构成时代，当更以五台为先矣。至近山麓，有云母片岩。

又翌日，寺中主僧嘱一僧为导，游览诸寺。五台寺既多，不胜游亦不胜纪，乃择其较有名迹者，一往观览。先至华岩谷之碧山寺，已渐衰败。中有清康熙中苏州寒山寺沙门所写字塔二，高二丈有奇，宽六尺，绘宝塔状，而以蝇头细字写佛经。余观其一系《华严经》全部，又一轴云系四大部经，未启观。次游金刚窟②，距碧山寺半里许。窟口今以石砌，仅露半尺余宽之小孔，躯干短窄者尚能入之，一小石洞也。石版刻佛之足迹与手印，拜佛者以纸印其痕迹持以归。有佛牙，高三四寸，长八寸，宽二寸余。佛亦人类，何以有此巨齿。惜余未深究动物学，不能辨其为何齿也。又观五郎祠③，祀宋杨五郎像，著僧衣。座左有铁棍重八十一斤，云系五郎遗物。五郎为僧不见正史，然亦未必为事实所决无。及归登菩萨顶，观真容院文殊像。相传唐时僧法云创寺塑像，祷求菩萨示真像，俄而文殊示像云中，遂成斯法相。清康熙时盖以黄琉璃瓦，益著庄严。然寺址不甚宽广，虽居崖巅，而殿宇颇乏

---

① 华岳：即华山。
② 金刚窟：即般若寺。
③ 五郎祠：即太平兴国寺。

宏畅之致，不及显通寺之规制崇闳也。又经圆照寺回寓所，天复
大雨。

　　距佛寺萃集之地约一二里有台怀镇，店铺二三十家，街衢不
洁，贸易亦不盛。各寺附近，别有杨林、营坊两市，多以蒙人习
用之木碗、铜器及佛像、念珠等，与蒙古人为贸易。至五台住民，
除寺僧外，大抵为承种寺种之佃户。附近二三十里小村土屋，
率皆此辈。其经商营业者，仅寥寥若干家耳。近年设学筹款，
分三股摊捐，一为黄衣僧寺，一为青衣僧寺，一为佃户。旧有
国民学校，今添设高等小学，并有儒释合设之洗心社，为开通
社会之演说。

　　寺中退院老僧诒谆，今为全台僧会会长者，出与余谈，谓昔
受戒于京师法源寺，前清时曾数至京，入民国后久未一往矣。询
近今政况及各省兵事后情形，盖颇注意中外大势者，深以世道隳^①
落为虞，亦佛教中之有心人也。

　　余留五台二日，所欲考求之高度、地质、气候及宗教上之状
况，已略得大概，乃决意启行，取道太原而归。翌日晨，别寺僧，
乘架窝南行，盖六月十八日也。循山沟而下，两崖有露石壁处，
多刻书佛像及梵文。四十里清凉寺，为入台第一刹，亦渐凋败矣。
中有清凉石，围三四丈，一二人撼之可动，余未入观。过此为瓦

---

① 隳：毁坏；崩毁。[西汉] 贾谊《过秦论》："一夫作难而七庙隳，身死人手，
　为天下笑者，何也？"

陀梁，山势陡削，道石嵯岈^①，曲折下趋。仆夫瘏^②瘁，急雨骤下，冒雨行尖于上柳院^③。雨霁复行，晚宿于豆村。是日行八十里。豆村气压六十四粉六糎，气温七十四度，计高出海面四千四百八十尺。

翌日行，四十里过五台县城，又三十里东冶镇，渡滹沱河。又十五里宿河边村。共行八十五里。豆村以上麦苗高三四寸，如南方二三月气象。及渡滹沱河，陇麦已黄，相距百余里而气候不同如此，则地面高下迥异，有以使之然也（滹沱河滨高度已不及三千尺）。又翌日行八十里，经定襄县达忻县^④宿。又翌日行九十里，宿于阳曲县属之青龙镇。又翌日行五十里，达太原省城。自瓦陀梁以下，间陟小岭，皆类康庄，不觉跋涉之况瘁^⑤矣。

此篇游记刊载于《东方杂志》1920年第17卷第23期。崔正森选注《五台山游记选注》（山西人民出版社，1989年）亦将其收录。

---

① 嵯岈：错杂不齐貌。[明]王世贞《过故陆虞郭第有感》诗："此梅十亩阴，老龙吐嵯岈。"
② 瘏：疲劳致病。《诗经·周南·卷耳》："陟彼砠矣，我马瘏矣。我仆痡矣，云何吁矣。"毛传："瘏，病也。"
③ 上柳院：即今西柳院村。
④ 忻县：即今忻州。
⑤ 况瘁：憔悴；劳累。《诗经·小雅·出车》："忧心悄悄，仆夫况瘁。"

| 罗 杰

五台山礼佛日记

（1920年）

罗杰（1866～？），原名罗寿昌，字峙云，号唾荽，佛教居士。著有《唾荽诗集》《唾荽年谱》等书。

1920年6月17日（农历五月初二日），罗杰从北京启程前往五台山朝圣，先乘火车至定州，次日换乘架窝，路行四日，于21日抵达五台山，宿于碧山寺。22日，游览碧山寺、集福寺、太平兴国寺。23日，坐架窝朝礼东台、北台、中台、西台，宿于清凉桥。24日，经狮子窝、清凉石至南台，之后经千佛洞、白云寺返回碧山寺。25日，因雨未出游，与寺内僧人交谈。26日，步行游览菩萨顶、广宗寺、圆照寺、显通寺、塔院寺、罗睺寺、殊像寺七处大庙。27日，乘架窝沿原路返回，路行四日，于30日抵达定州。次日，乘火车返回北京。此游往返共费时十五日。

　　五台雄据雁代，蟠郁①四五百里，为山西巨障，言形势者所必资也。《大华严经》及《宝藏陀罗尼经》则谓东北有处名清凉山，或谓东北方有国名大震那，其中有山名曰五顶，皆略言文殊菩萨于中止住而演说佛法②。世传朝者必获殊异，或忏罪过而起悲悯，或断贪嗔痴而行证超妙，往往有焉。盖文殊菩萨固摄受③出世之缁素④，即向之谤佛毁佛、不信因果轮回、倒行逆旅之凡俗，一游其宇者，未始⑤不感之迁善，而减少杀盗淫妄诸业，其有裨于政治大矣。又闻顶皆平广，一气互通，上无树木，背春度夏，碧草流芳，峰光⑥若海。余欲往之⑦久矣，或闻政而不得暇，或挂冠⑧后多暇而体不适，或病愈而气候奇寒，积雨封径，将行矣而不克成。

　　民国庚申夏历⑨三月，余自浙旅京。越月闻长沙典兵者，庚

---

① 蟠郁：盘曲起伏。[唐] 司空图《与王驾评诗书》："然河汾蟠郁之气，宜继有人。"

② 《地学杂志》和《海潮音》版作 "演说法"。

③ 摄受：佛教语。谓佛以慈悲心收取和护持众生。[南朝·梁] 萧纲《大爱敬寺刹下铭》："应此一千，现兹权实，随方摄受，孰能弘济。"

④ 缁素：指僧俗。僧徒衣缁，俗众服素，故称。[北魏] 郦道元《水经注·颍水》："水中有立石，高十余丈，广二十许步，上甚平整，缁素之士，多泛舟升陟，取畅幽情。"

⑤ 未始：犹没有。[唐] 韩愈《与于襄阳书》："莫为之前，虽美而不彰；莫为之后，虽盛而不传。是二人者，未始不相须也。"

⑥ 《地学杂志》版作 "祥光"。

⑦ 《地学杂志》版作 "往游"。

⑧ 挂冠：辞去官职。[南朝·梁] 沈约《和左丞庚杲之移病》诗："挂冠若东都，山林宁复出。"

⑨ 《地学杂志》版作 "庚申夏历"，《海潮音》版作 "夏历"。庚申：即民国九年，公元 1920 年。

子①弃城遁，南军翌日至。时家书久不达，寂居僧寺，决然启行②。
五月丙午③，乘车发京④，抵定州，寓双盛店。主人王某，遇朝五台
山僧最贫者，薄取其旅资，不足则假以振，游者闻其为人，故多
止焉。⑤已而⑥遇华严大学监督应慈大师⑦，如旧相识，以天亲菩萨
《发菩提心文》嘱序。

　　丁未晨，坐架窝行，风砂击目，山枯⑧路涩⑨，六十里至曲阳
县，又三十里至口南宿。曲阳县店壁条幅⑩，写诗⑪一绝云："路入
千峰一线通，陆离长剑⑫立天风。五年岩客题名处，正入孤云乱石
中。"⑬书者为松轩陈朝栋⑭，昔宰是邑。其诗颇肖游近邑诸山所作，

---

① 《地学杂志》版作"以庚子"。
② 《地学杂志》版作"西行"。
③ 五月丙午：即五月初二日，公元 1920 年 6 月 17 日。
④ 《地学杂志》版作"京师"。
⑤ 《地学杂志》版作"主人王姓，遇朝山僧最贫者，薄取其值，或贷以资，迩近
　　闻其为人，多往止焉"。
⑥ 《地学杂志》版无"已而"二字。
⑦ 应慈大师：俗姓余，名铎，号振卿，法名应慈，安徽歙县人。一生四次朝拜五
　　台山，寻师问法。
⑧ 山枯：山中草木枯萎。[东汉] 严遵《道德指归论·善为道者篇》："阴阳失序，
　　万物尽伤，山枯谷竭，赤地数千。"
⑨ 路涩：道路艰险难行。[唐] 辛常伯《军中行路难（与骆宾王同作）》诗："途
　　危紫盖峰，路涩青泥坂。"
⑩ 《地学杂志》版作"张条幅"。
⑪ 《地学杂志》版无"诗"字。
⑫ 《地学杂志》版作"长创"，讹误。
⑬ 此诗出自南宋诗人范成大的《白云岭》，并将"五年领客题诗处"改成"五年岩客
　　题名处"。
⑭ 陈朝栋（1884 ～ 1943）：又名孙梁，号基斋，安溪县感德里桃舟乡（今桃舟
　　村）人。

清逸可诵，未卜录他人、抑自撰①。燕民饮食、衣服、居处皆极俭朴，其为人勤苦而强劲，与晋民略同。行者往朝五台，道旁男女及三尺童子②，咸知合掌念佛，环而求针，亦奇俗也。

戊申，自口南至王快，亦曰王槐，约已行四十里。又五十里，宿阜平县南关外。日中所经，揭水而过，桥梁不治，行者所苦。驴夫云："明日又明日皆如之。"①县无城，南临河，潺潺有声，岸上树影交横，下有数古石可坐。同游某僧云："昔年河在对岸，此地桃树极多，户口亦众，近日山水暴涨，突徙于此，人庐漂溺无算。"

己酉，行十余里，至雁子岭④，岭有一道，敛奥可守。闻清两宫西狩，洋兵追击至此而却。⑤又三十里，至栗园铺⑥，一曰李园铺，铺外古树数百年物，绿阴覆地可憩。又五十里，西望一山蔚然，寺跨壁腹。又西，小城横峙，曰龙泉关，前清设⑦都司驻守，民国二年废。从雁子岭至龙泉关，口占五律一首。

庚戌，步而登，叠巘凌空，约十余里，越长城岭，燕晋界也。长城非秦时工筑，殆宋时或宋以后所建。⑧遥见一楼悬大古钟，闻

---

① 《地学杂志》版作"未知录他人作，抑自撰也"。
② 《地学杂志》版作"道旁男女及三尺童子，遇朝山者"。
① 《地学杂志》版无此句。
④ 雁子岭：即今鞍子岭，位于阜平县天生桥镇不老树村以东。
⑤ 《地学杂志》版作"当庚子之役，八国联军追击至此而却"。
⑥ 栗园铺：即今南栗元铺村。
⑦ 《地学杂志》版作"昔设"。
⑧ 《地学杂志》版作"此长城非秦时土筑，殆后人所建"。

警时用①。迤西行三十里，至石嘴②，甫逾岭，平畴内开，燕麦万顷，
不知其恒在诸岭间也。再迤西，名蓝③古刹，相望于道，入交口
岭④，两山苍翠欲滴，间缀古松，超然入画。远睇⑤路穷，及至，一
缝忽显，幽窕⑥若世外。长溪如带，风吹作声，口占五古一首⑦。
过白云寺，石壁对立，均镌佛像。寺右一道，朝千佛洞及南台者，
可从此上，距石嘴约三十里。又西二十里许，经明月池、极乐寺，
道台怀镇，造碧山寺侧广济茅蓬止焉。

茅蓬为北台山顶下院，主僧为乘参、恒修、果定、朗云四上
人，民国二年至⑧，以苦行所感，募资营建，游者多喜投此⑨。乘上
人后归⑩，三上人自为侍者，备极诚优⑪，有宾至如家之概。是夜，
梦文殊菩萨如寻常僧状，指首极圆，三十岁许，僧曰"将来茅蓬
是僧接住"。梦中所见所闻，大半为平日习气种子所熏，有感而
现。此何为者，待征他日。⑫

辛亥，疲极，礼寺内诸佛，院内紫芍药盛放，春意满阶。山

---

① 《地学杂志》版作"盖警钟也"。
② 石嘴：即今石咀村。
③ 名蓝：即名寺，有名的伽蓝。[清]赵翼《将入云栖修篁夹路》诗："名蓝访
　　云栖，一径入深竹。"
④ 交口岭：按行程推测，应指今石咀村北之山岭。
⑤ 《地学杂志》版作"梯"，讹误。
⑥ 幽窕：幽深；曲折。
⑦ 《地学杂志》版无"口占五古一首"六字。
⑧ 《地学杂志》版作"至此"。
⑨ 《地学杂志》版作"投止"。
⑩ 《地学杂志》版作"予至时乘上人尚未归"。
⑪ 《地学杂志》版作"诚款"。
⑫ 《地学杂志》版无"是夜，……待征他日"句。

后红泉寺^①，昔为章嘉活佛所居。再入为太平兴国寺，宋杨五郎祝发^②于此。日披棉衲，夜卧无蚊，洵清凉世界也。

壬子，坐架窝从茅蓬左道登岭，既而循脊迤西行，折而东北，约三十里至顶。《志》云："高约三十八里，地平如掌，周可数里。"顶有寺曰望海，供文殊，是为东台^③。窝中见崎岖可惮，口念佛号，求睹文殊圣相，欲有所凭依。已而眼闭，或半启，见美好如玉菩萨，横骑狻猊，在眉睫前久之。乞放金光^④，面遂金^⑤。奉佛者^⑥，固以离思绝相为上乘，然凡夫俗眼不敢自谓亲见文殊，例以作观得睹慈容，亦云幸矣。台顶细草蒙茸，奇花红白相间，乱石塞路，或言毒龙所翻。春气满天，恍惚江南二三月风景。四顾诸顶峻媚^⑦，高下环抱。

反稍经故道，迤北骑颠行，千艰万险，得一峰^⑧屹立，近北台道也。循是愈上愈削，约三十余里，遂诣其顶。茅蓬诸主僧，以北台寺僧专心修习，不耐款客，嘱果上人及法上人，越岭先至，

① 红泉寺：即集福寺。
② 祝发：断发、削发为出家为僧尼。《新唐书·杨元琰传》："敬晖等为武三思所构，元琰知祸未已，乃诡计请祝发事浮屠，悉还官封。"
③ 《地学杂志》版无"是为东台"四字。
④ 《海潮音》版作"乞放光"。
⑤ 《地学杂志》版作"面遂现黄金色"。
⑥ 《世界佛教居士林林刊》版作"奉佛室者"，《地学杂志》和《海潮音》版作"奉佛者"，据之改。
⑦ 峻媚："险峻媚秀"之简称。媚秀：娇美秀丽。［南朝·宋］谢灵运《山居赋》："萝蔓延以攀援，花芬薰而媚秀。"
⑧ 《世界佛教居士林林刊》版作"得一"，《地学杂志》和《海潮音》版作"得一峰"，据之改。

具食^①。及至，突见此二僧^②，情可念也。是顶为五台最高处，东瞰渤海，西挹摩笄，南俯太原，北枕沙漠。恒岳峨峨，挺出左臂。五溪诸流，导源于此，二流左注清河，其余右径^③西台，下出峨谷，入滹沱河。余虽衰弱，气为之壮。寺僧待余，亦极恳挚^④，导之再北，往灵应寺，石屋三间，东室积雪尚伏^⑤。僧云旧寺，前明隆庆^⑥初圆广、明来二师所构，颓废已久，灵应亦极难居，因建今寺。西寮尚结严冰，非覆铁瓦莫抗风力。又告^⑦稍东为文殊发塔，再东为东台，山顶隐隐可辨。南望特起一峰，是为^⑧南台。西望远山深窝，白痕一片，为万年冰。过万年冰山侧，稍北一岭，是为中台。由此西瞩一顶，即为西台。

餐毕，循南檐而西，陂陀十余里，遂^⑨抵中台。中台有寺，曰演教，又曰翠岩峰。李唐时所建，明弘治间重葺，粤人王某醵金^⑩拓之。寺前为文殊说法台。濒行，一鹿自西而东，忽不见^⑪。

---

① 《地学杂志》版作"为具食饮，予不知也"。
② 《地学杂志》版作"比及至，突见此二僧先在"。
③ 《地学杂志》和《海潮音》版作"经"。
④ 恳挚：非常真诚恳切。
⑤ 《地学杂志》版作"未消"。
⑥ 《地学杂志》版作"庆隆"，倒误。
⑦ 《地学杂志》版无"又告"二字。
⑧ 《地学杂志》和《海潮音》版作"是谓"。
⑨ 《地学杂志》和《海潮音》版无"遂"字。
⑩ 醵金：集资；凑钱。[明]陶宗仪《南村辍耕录·暖屋》："今之入宅与迁居者，邻里醵金治具，过主人饮，谓曰暖屋，或曰暖房。"
⑪ 《地学杂志》版无"濒行，一鹿自西而东，忽不见"句。

迤西①，过莲花石。石嵌奇②历落③有致，高五六尺，阔丈余，上可眺远。再折而西，约八里，至西台。西台一名挂月峰，寺曰法雷，亦唐建，后池清浅可濯。僧出迎，年少，静朴人也。复经莲花石，迤南行，悬崖线路，盘云捹④石。喘汗移时，乃下陡道，驴脚拘拳⑤，不能成步，任其勇奔⑥。约十里许⑦，有凭岩古刹，迥绝人境。右倚乔木，新绿浸天。左挟澄泉，流响逸发。若迓余者，清凉桥也，用止⑧宿焉。寺名吉祥，藏文殊牙及衲履。中院塔影亭亭，外环矮墙，对拱一峰，两山交抱，幽遂难状。夜半梦有人来告，谓子欲睹佛瑞，速起求之。觉即出祷，已而矮墙外，云里金红光，欲上未上。时明月在天，树影荡地，诸僧静卧，驴啮有声。忽有蝙蝠二，从西檐掠而过，不复现，遂寝。⑨

癸丑，发寺前左山，羊肠细路，展阖从容，较昨稍逸。迤南十余里过狮子窝⑩，十三层古塔，高矗云霄，貌佛黄砖，光光古朴。

① 《世界佛教居士林林刊》和《海潮音》版作"西迤"，《地学杂志》版作"迤西"，据之改。
② 嵌奇：亦作"嵌崎"，此处指险峻。［东汉］王延寿《王孙赋》："生深山之茂林，处崭岩之嵌崎。"
③ 历落：参差不齐。［北魏］郦道元《水经注·河水四》："轻崖秀举，百有余丈。峰次青松，岩悬赪石，于中历落，有翠柏生焉。"
④ 捹：扭转。
⑤ 拘拳：拘挛拳曲。［南宋］张九成《秋兴》诗："我生本闲放，胡为此拘拳。"
⑥ 《地学杂志》版无"任其勇奔"四字。
⑦ 《地学杂志》版作"竭蹶约十里许"。
⑧ 《地学杂志》和《海潮音》版无"用止"二字。
⑨ 《地学杂志》版无"夜半梦有人来告，……遂寝"句。
⑩ 狮子窝：位于五台山西台顶东南方狮子岭之上，有寺名曰大护国文殊寺。

《志》言：文殊师利，骑狮授法莅 [①] 此，故名。西南行数里，至清凉石。昔有人见异僧趺坐石上，琅琅说法，就之不见，谓即文殊，故又号曼殊床。闻是石与普陀山之盘陀石颇类，彼不可转，此可以肩承而转之，却病 [②]。余惜驴徒步 [③]，径阻履滑，中道而 [④] 返。下视翠竹参差，深锁古寺，澹 [⑤] 绿弥山，幽净可掬。再西南行，驴夫欲急会伙伴所期地，不得路而陟，重蟠叠屈，约十五里而达南台。将至，向阳一带，麦畦鳞接，香气扑衣。顶有寺，曰圣寿，头陀 [⑥] 古霞，澄然道气 [⑦]。寺侧有普贤塔，敬绕一匝。自是驴子下峭道岭，逸不能止。蜿蜒十五里，远远一刹，横立峦腰，山光树色，浓青欲唾。询之，即千佛洞。已而僧导登，外稍阔，供佛数尊，可容数十人。内洞极狭，微露一罅 [⑧]，宽尺余，高不盈尺，非一手抱顶，一手伸贴其二足，不得入。将入，见右侧有琉璃影人，首圆，年

---

① 《世界佛教居士林林刊》和《海潮音》版作"庈"，《地学杂志》版作"莅"，据之改。
② 却病：消除病痛。[清] 曾国藩《与李眉生书》："申夫新刻之《聪训斋语》，与吴漕帅所刻之《庭训格言》，不特可以进德，可以居业，并可以惜福，可以养身却病。"
③ 《地学杂志》版作"余惜驴力，徒步而行"。
④ 《地学杂志》和《海潮音》版无"而"字。
⑤ 澹：淡薄；浅淡。[唐] 杜甫《两当县吴十侍御江上宅》诗："寒城朝烟澹，山谷落叶赤。"
⑥ 头陀：梵语，原意为抖擞浣洗烦恼，佛教僧侣所修的苦行。后世也用以指行脚乞食的僧人。
⑦ 道气：超凡脱俗的气质。[唐] 杜甫《过南邻朱山人水亭》诗："看君多道气，从此数追随。"
⑧ 罅：裂缝；缝隙。[北宋] 苏轼《石钟山记》："徐而察之，则山下皆石穴罅，不知其浅深。"

约三十许，及入不见①。左侧一童，侍佛香火，貌雅不肖②。中供佛像，或曰文殊，或曰佛母。礼毕，摩③所谓石生成心肝脾肺肾者，融光④如所经小鳞，匪一朝一夕也。余既习驴脚善骋，无所畏，自寺降行十余里，折过白云寺，道坦。圣相遂不复睹，趣⑤来时路归。

甲庚，雨，与岫云法师⑥言五台险绝，弘昌佛法，以修路便行为首务。伊遂任募，而以启嘱余。上人为⑦谛闲法师⑧高弟，能传师说，每岁来台讲经，听者日众。已而一⑨喇嘛陈姓来五台，为岫云及余言："蒙古活佛圆寂后，西藏达赖喇嘛入定⑩，即知此活佛已降生某家。此活佛不住胎而生，生而能言，蒙古执事迹此再世活佛，问前生为谁，答某活佛。一一以某活佛前世所用物在何处考之，不爽⑪，则信而奉焉。此轮回之证，有助于控制蒙古而晏然⑫数

---

① 《地学杂志》版作"及入忽不见"。
② 《地学杂志》版作"貌又不肖"。
③ 摩：抚摸。
④ 融光：明亮的光。[唐]沈亚之《湘中怨》："醉融光兮渺渺弥弥，迷千里兮涵烟眉。"
⑤ 趣：趋向。《诗经·大雅·棫朴》："济济辟王，左右趣之。"
⑥ 岫云法师：生平不详。
⑦ 《地学杂志》和《海潮音》版作"师为"。
⑧ 谛闲法师：俗姓朱，字谛闲，法名古虚，浙江黄岩人。
⑨ 《地学杂志》版作"有一"。
⑩ 入定：佛教语。入于禅定，僧人修行的一种方法。[唐]白居易《在家出家》诗："中宵入定跏趺坐，女唤妻呼多不应。"
⑪ 《地学杂志》版作"不异"。
⑫ 晏然：安宁；安定。《庄子·山木》："人之不能有天，性也，圣人晏然体逝而终矣。"

百年者①。"悟空②、妙空与言，宗下了达③人也。诸僧多苦习静虑④，而以恒禅师称最。禅师年已六十，趺坐达旦，观心⑤或持名⑥，以止妄念，教理亦圆融无碍，茅蓬将来能了生死者，莫之先也。

乙卯，从茅蓬右道，登菩萨顶，中台东南支阜⑦也。越数十级，谒真容院。台怀诸山，罗伏几席，清崇黄教，以章嘉活佛领青黄衣僧，扎萨克佐之。扎萨克今驻是院，凤传顺治帝卓锡五台即此⑧。僧言唐僧法云初建⑨，塑像时，与塑士安生求文殊一见，越七日光中现文殊像，遂模焉。旁为广宗寺，即古铜瓦殿。下为圆照寺，又下为显通寺。汉明帝时，腾、兰二师，以此山乃文殊住处，形若天竺灵鹫，奏请命名，建寺度僧。唐改名大⑩华严寺，观国师⑪造疏其中，明太宗更名显通。最下为塔院寺，塔高甚，下二层环以活铜轮，上刻梵文佛语。绕塔者口念佛号，手递转此轮。最下一层铜

---

① 《地学杂志》版无"有助于控制蒙古而晏然数百年者"句。

② 《地学杂志》版作"又悟空"。

③ 了达：佛教语。彻悟；通晓。[唐]顾况《从江西至彭蠡入浙西淮南界道中寄齐相公》诗："能依二谛法，了达三轮空。"

④ 《地学杂志》版作"诸僧多善行习静"。

⑤ 观心：观察心性。[清]龚自珍《观心》诗："结习真难尽，观心屏见闻。"

⑥ 持名：谓受持佛菩萨之名号。

⑦ 支阜：山的支脉。

⑧ 《地学杂志》版作"世传顺治帝于此披剃"。

⑨ 《地学杂志》版作"建寺"。

⑩ 《世界佛教居士林林刊》版作"太"，《地学杂志》和《海潮音》版作"大"，据之改。

⑪ 观国师：澄观国师。澄观（737～838），唐代高僧，被尊为华严宗四祖。俗姓夏侯氏，字大休，越州山阴（今浙江绍兴）人。年十一，依宝林寺霈禅师出家。元和中，住太原府大崇福寺，后住清凉山大华严寺。开成三年（838）卒，谥清凉国师。

轮，三倍其大。①余绕一匝而出。迤东②为罗睺③寺，即宋张天觉④
夜睹智慧灯处。殿中制大铜盘，衔以环道，造礼佛诸色人像，颇
小。盘内造稍大佛像数尊⑤，安立其上，周掩大莲花瓣，柱贯中心，
旋之则莲瓣顿开，缝漏诸像⑥，谓之"花开见佛"，极其工巧⑦。迤
西⑧为殊像寺，僧言塑者求似不可得，有僧来寺，丸面为首，则之
遂美好乃尔。文殊像甚多，以此最巨，其下⑨惟仰见狮首。殿后忽
闻清香，得未曾有⑩。

　　归⑪，蜀僧法空，述⑫其师门眷属四人，共诣⑬某寺乞单。其⑭
典客⑮僧留三人，其一人稍明儒学者拒之⑯；请给水火单⑰，又拒之；

① 《地学杂志》版作"最下一层轮，大三倍许"。
② 原文作"迤西"，应为"迤东"，据实际方位改。
③ 原文作"喉"，应为"睺"，讹误。
④ 张天觉：即张商英（1043～1121），字天觉，号无尽居士，蜀州新津县（今四
　 川省成都）人。北宋后期宰相、书法家。曾四次造访五台山，著有《续清凉
　 传》《护法论》等书。
⑤ 《地学杂志》版作"盘内造佛像数尊，稍大"。
⑥ 《地学杂志》版无"缝漏诸像"四字。
⑦ 《世界佛教居士林林刊》和《海潮音》版无"极其工巧"四字，据《地学杂志》
　 版补。
⑧ 原文作"迤东"，应为"迤西"，据实际方位改。
⑨ 《地学杂志》版作"人立其下"。
⑩ 《地学杂志》和《海潮音》版作"世未曾有"。
⑪ 《地学杂志》版作"是夕"。
⑫ 《地学杂志》版作"为予述"。
⑬ 《地学杂志》版作"昔共诣"。
⑭ 《地学杂志》版无"其"字。
⑮ 典客：亦作"知客"，掌寺院中迎送与应接宾客之职。
⑯ 《地学杂志》版作"则拒之"。
⑰ 水火单：挂单的一种。挂单分赶斋、一宿两夕、三天单、水火单与海单。

请宿大殿，亦拒之。不得已，请告近有何寺可投，不答，遂出。甫出，大雨如注，栖止檐下，典客心知必在此，启①逐之。是僧倚②寺外壁达旦，夜梦伽蓝神③，谓曰："汝勿烦恼典客，与彼④有夙业⑤，汝前生为人㸒室⑥，所以见待⑦如此。"法空宗说兼通⑧。解人也。

　　丙辰，别五台，将度长城岭，遇雨步而过⑨。已而雨渐息，经拥翠峰，山水绝⑩佳处⑪。架窝者，络直木二，而被两驴背，覆以卷芦。到⑫吉祥寺，遇行脚⑬瑞、月二上人，疲病，不能返，愿更番⑭并坐，俱道定州。

　　丁巳，自龙泉关至铁堡铺⑮，亦小聚落，夜宿阜平县。锦泰

---

① 《地学杂志》版作"启关"。

② 《地学杂志》版作"竟倚"。

③ 伽蓝神：梵语"僧伽蓝摩"的简称，是佛教寺院守护神的通称。

④ 《地学杂志》版无"彼"字。

⑤ 夙业：前世的罪业、冤孽。

⑥ 㸒室：㸒奔。

⑦ 《地学杂志》版作"因缘"。

⑧ 宗说兼通：佛教语，即宗说俱通，禅门自悟彻底曰宗通，说法自在曰说通，宗说俱通为大宗师。

⑨ 《地学杂志》版作"遇雨步行"。

⑩ 《世界佛教居士林林刊》版作"统"，《地学杂志》和《海潮音》版作"绝"，据之改。

⑪ 《地学杂志》版作"处之"。

⑫ 《世界佛教居士林林刊》和《海潮音》版作"道"，《地学杂志》版作"到"，据之改。

⑬ 行脚：即行脚僧，指游方之僧人。[金]赵元《宿少林寺》诗："个中有佳处，行脚恨不早。"

⑭ 更番：轮流替换。[唐]王建《霓裳词十首》诗之三："自直梨园得出稀，更番上曲不教归。"

⑮ 铁堡铺：具体位置不详。

店主人王姓，能相人，闻同游僧云，余久已弃官奉佛，叹息久
之。述及乃父读书，求吏于京^①，不得，客死，泪涔涔下，性厚
人也^②。

戊午，去阜平，距口南十里而宿。暮忽见东方紫金幢涌出云
际^③，向下渐渐沉落。前游北台，有喇嘛数人宿灵应寺，夜半见宝
焰浮空，初疑为塔院寺^④灯光反映。是时大雾不能烛远，果上人谓
智慧灯。余之所见与彼同不同，未可知也。寓宁波七塔寺时，首
座溥常禅师^⑤云，昔朝峨眉，夜见天半灯火荡漾，渐上渐逼，开窗
纳一灯入，闭而留之。明日入视，一蜡树叶置案上，殆金光摄叶
四射，以显普贤菩萨之行愿度世耶。然则溥常所见，喇嘛及余所
见同不同，又未可知也。

己未，入定州，热酷不能堪，宿故寓。垂晚^⑥行，明晨抵京。
览朝报，直皖军战机已兆。回念畴昔^⑦所闻，诸胜历历，躬阅万

---

① 《地学杂志》版作"入京求名"。
② 《地学杂志》版作"情性敦厚人也"。
③ 《地学杂志》和《海潮音》版作"暮忽见东方金红光长炬一巨束涌出云际"。
④ 《世界佛教居士林林刊》版作"塔院院"，《地学杂志》和《海潮音》版作
　"塔院寺"，据之改。
⑤ 溥常禅师（1866～？），俗姓曹，法名宏铢，别字梦忍行者，湖南湘乡人。在
　住持七塔寺期间，先后主持编纂《七塔寺志》，编修《七塔报恩寺宗谱》《七塔
　报恩佛学院院刊》。
⑥ 《世界佛教居士林林刊》和《海潮音》版作"垂晓"，《地学杂志》版作"垂
　晚"，据语意改。垂晚：傍晚。
⑦ 畴昔：往日；从前。《礼记·檀弓上》："予畴昔之夜，梦坐奠于两楹之间。"

缘，放下微尘 ^① 不侵，有出世 ^② 之别矣。

此篇游记先后刊载于《海潮音》1920 年第 12 期、《地学杂志》1920 年第 10 期、《世界佛教居士林林刊》1924 年第 4 期，并附诗四首 ^③。崔正森选注《五台山游记选注》（山西人民出版社，1989 年）亦有收录，但存在删减情况。本文以《世界佛教居士林林刊》版为底本进行校注。

---

① 微尘：佛教语。色体的极小者称为极尘，七倍极尘谓之微尘，常指极细小的物质。[北齐]颜之推《颜氏家训·归心》："何故信凡人之臆说，迷大圣之妙旨，而欲必无恒沙世界、微尘数劫也。"

② 《地学杂志》版作"有入世出世"，《海潮音》版作"有世出世"。

③ 分别是《从阜平县雁子岭至龙泉关》《从石嘴至五台山经览诸胜》《登五台山顶礼文殊师利》《果法二上人闻余将礼北台越岭先至备斋感谢一绝》。

| 〔日〕小野玄妙 述　黄子献 译

五台山记

（1922 年）

小野玄妙（1883～1939），俗名金次郎，日本横滨人，文学博士。13 岁时入镰仓光明寺，成为净土宗的僧人，改名玄妙。毕业于净土宗宗教大学（现大正大学）。日本近代佛教学者，曾多次到朝鲜、中国各地考察搜集佛教资料。译者黄子献，广东南海人，出身岭南书香之家。其叔父黄元蔚曾赴日本留学，回国后出任民国政府高官，叔母康同荷又系清末维新派领袖康有为之侄女。

1922 年 9 月 5 日，小野玄妙一行人由北京出发赴五台山参拜和调查佛教造像，他们取道石家庄、太原、忻县、定襄、五台等地，路行六日，于 10 日行抵佛光寺。11 日至 15 日间，依据圆仁、成寻所撰巡礼记的记载，先后造访法华寺、灵境寺、金阁寺、清凉寺、清凉石、竹林寺、东台、千佛洞等处寺院。16 日，从石嘴踏上返程，东出龙泉关，取道阜平、曲阳等地，路行四日，于 19 日晚

行抵定县。20 日，乘火车回至北京。此次五台山之行往返
共费时十六日。

一、名称与位置

五台山，一名清凉山，其名既见于《华严经》中，古来称为
文殊菩萨之净土，东方大乘佛教徒多尊崇之。近自中国，远至印
度，皆闻名诣此山巡礼。相传唐高宗仪凤元年①，北印度之佛陀波
利三藏来此山时，途中遇一化人，依其训示，折回印度，携《佛
顶尊胜陀罗尼》②之梵本而来入此山。此为中国佛教史上最有名之
事迹。现在五台山之古寺，皆建立此佛顶尊胜陀罗尼经幢。其后
西自印度、西域，东自朝鲜、日本，群诣此山。观敦煌千佛洞之
唐末五代所画《五台山图》，可以证之。朝鲜之慈藏法师，模拟五
台山，建立台山月精寺③。日本高僧之曾参诣④五台者，有兴福寺之

---

① 仪凤元年：公元 676 年，仪凤为唐高宗李治的年号。
② 《佛顶尊胜陀罗尼》：即《佛顶尊胜陀罗尼经》，尊胜佛顶尊之陀罗尼也。讲述
　善住天子命终之后，将受七度畜生恶道之苦，帝释天怜悯其业因，于是到佛陀
　那儿，恳请佛陀救济善住天子，佛陀对他们宣说《佛顶尊胜陀罗尼经》并持诵
　功德。
③ 台山月精寺：韩国五台山，朝鲜太白山脉主峰之一；月精是其中著名的寺
　庙，由前文所提及慈藏法师修建，已有一千四百多年的历史。
④ 参诣：犹谒见。《晋书·王嘉传》："苻坚累征不起，公侯已下咸躬往参诣，好
　尚之士无不师宗之。"

灵仙三藏①、延历寺之慈觉大师圆仁②、大云寺之善慧大师成寻③等。

五台山在中国山西省五台县，交通极不便。虽不论从东、西、南、北何路皆可来，然若达其山麓，须登降三百里以上之山路。中国自昔谓登五台山则必得道，盖一生参诣一遍亦不容易也。

登五台山凡有四路。其一由南方，经太原，过忻县、定襄县，达五台县，由此向东北而登山，此是古时从洛阳来参诣之路，实为正路。由五台县直上至大贤岭④，其顶有楼门，题曰"清凉境地"，此为五台山之入口。其二由北方，从大同南下，经雁门关，出代州，沿北台，向东南而登山。其三由东北方，从北京出易州，经广昌、灵丘等县，过平型关⑤，自沙涧驿⑥向南而登山。其四由东南方，从保定、定州或新乐、正定等，出王快镇⑦，过阜平县，越

---

① 灵仙三藏：日本著名入唐求法学问僧。唐元和五年（810），灵仙三藏在长安同般若三藏等翻译佛经，是唯一参与唐朝译经事业的日本僧人。元和十一年（816）九月，灵仙三藏至五台山参拜，瞻礼大华严寺等著名寺院，先后于金阁寺、铁勒兰若、七佛教诫院卓锡，最后移住灵境寺，并圆寂于此。

② 圆仁（793～864）：日本天台宗僧人，延历寺第三世座主。俗姓壬生，下野国都贺郡（今栃木县）人。唐开成四年（839），圆仁至五台山巡礼，从大华严寺名僧志远等习天台教义，抄写天台典籍，并受五会念佛法等。著有《入唐求法巡礼记》等。

③ 成寻（1011～1081）：日本天台宗僧人。宋神宗熙宁五年（1072），成寻同其弟子巡礼五台山，沿途受到官府礼遇。著有《参天台五台山记》等。

④ 大贤岭：即阁道岭，又名阁子岭。

⑤ 原文作"平荆关"，应为"平型关"，讹误。平型关：位于山西省繁峙县与灵丘县交界的平型岭上，系明代山西内长城上的重要关隘。

⑥ 沙涧驿：即今砂河，为繁峙县砂河镇政府所在地。

⑦ 王快镇，即今王快村。

龙泉关，出石嘴，自此向西北，至南台、东台之间而登山。慈觉
大师来五台时，从第四路入，出第一路而向长安。善慧大师从洛
阳方面来，然由太原、忻州，折北而自沙涧驿附近往返。参诣者
无论经何路，皆不容易。慈觉大师之《入唐求法巡礼记》有云：

> 二十八日入平谷，西行三十里，巳时到停点普通院，始
> 望见中台顶。此即文殊师利所居清凉山五台之中台也。伏地
> 遥礼，不觉雨泪。自今月二十三日入山，至于今日，每日入
> 山谷，行经六日，始到此五台。

观此可知其行程，今日道路之难与昔同，盖未经开辟孔道也。

二、由北京首途至五台县

九月五日，由北京首途①，乘京汉铁路夜车。至六日朝八时半，
到石家庄。由此转乘正太路早车，抵太原站，已入夜八时矣。自
石家庄入太原之路，须越长城岭，殊不容易。然今有火车之便，
仅一日行程。沿途之人家皆凿山为室，架石为门，尚不脱原始时
代穴居之状。由此观之，则可知太原附近及大同之石窟寺②，于或
时代非单为模仿印度之造像而设，殆凿之以为实际居住也。是夜

---

① 首途：上路，启程，出发。
② 石窟寺：即云冈石窟。

宿于太原。

七日朝，拟乘汽车至五台县。据人云，今春本可通汽车，嗣因雨降，道路难行，仅至距百二十里之忻县而止。遂于七时由太原北门外乘汽车，向忻县出发，十二时到县城。午膳毕，又雇轿车①。行四十里，至定襄县，已过晡时②，投宿旅店。

八日早，乘轿车出发，因昨日雨③降，泥泞甚恶，驾轿之马不进。中途又复增加一马，始能行。考《巡礼记》④云："八日斋后，向西南行三十里，到忻州⑤定襄县七岩寺⑥宿。"可知慈觉大师亦曾过访于此，县之东南十八里，尚有大师留宿之七岩寺遗存。本拟即往观，嗣因行程匆促不果。十二时，已行四十里。至一村，午膳毕，更策马向东北。初行之路尚平坦，迨近滹沱河⑦之际，路渐险。沿河之流域而下，颇难行，乱流过河，水及马腹，自此渐入山路。行三十里，至东冶镇，时已向晚。由镇至五台县，尚距二十里。本拟在镇投宿，然因急欲到五台县，遂饬⑧马夫速进。路愈险，仅足通车。沿溪攀岭，幽峭纡回⑨。同来之定襄县卫兵荷枪警

---

① 轿车：指带车棚的马车。
② 晡时：即申时，指下午3时正至下午5时正。
③ 原文作"两"，应为"雨"，讹误。
④ 《巡礼记》：即上文所提及《入唐求法巡礼行记》，日本高僧圆仁法师所著。
⑤ 原文作"忻县"，《入唐求法巡礼行记校注》（白化文等校，花山文艺出版社，2007年）作"忻州"，据之改。
⑥ 七岩寺：即今定襄县七岩山。
⑦ 原文作"净沱河"，应为"滹沱河"，讹误。
⑧ 饬：命令。
⑨ 纡回：曲折。［东汉］班彪《北征赋》："涉长路之绵绵兮，远纡回以樛流。"

卫，然不携灯烛，悄逐月光，转登羊肠之道，风景凄绝①。八时半，达岭上之小村。由此村下至五台县，仅三五里。唯坡道斜倾，危险不可言状。及抵县城，已过十时，人家皆睡。县城狭小，唯自古为名胜地，其衢市纯为旧式。

三、越大贤岭向佛光寺

九日朝十一时，由县城出发。因前程皆险道，须乘骆驼、马，或系屋②，即为游山之大轿，可容二人，前后以马驾之。余即乘此，向东北行五里许，直抵阁子岭③。此慈觉大师《巡礼记》所称大贤岭也。途中忽遇雨，马行艰涩④，马夫竭全力驱马而登，遂达岭上。屹立一楼门，其额题曰"清凉境地"，为五台之第一入口。此楼门，慈觉大师时已建之。据《巡礼记》云：

> 从思阳岭⑤西南行十三里，到大贤岭，于普通院断中。路从岭上过，当岭头有重山门楼，此乃五台南山门也。斋后向西南行五里许，到代州所管五台县。

---

① 凄绝：谓极度凄凉。［清］刘易《关山月》诗："征夫一长望，凄绝故园情。"
② 系屋：即架窝。
③ 阁子岭：即阁道岭。
④ 艰涩：道路阻滞难行。《三国志·魏书·韩崔高孙王传》："会靖卒于西州，时道路艰涩，兵寇纵横。"
⑤ 思阳岭：即虒阳岭。

本拟在此门楼摄影，因雨降不敢下轿。遂趋坂^①下。出南大贤村^②，更越小岩^③，抵智家村^④。此日豫定^⑤到佛光寺（距县城四十五里）投宿，然因雨中过岭，非常困难，仅行二十里。至智家村，时已近申刻，雨仍不断。若由此前进，须越思阳岭之大山，料非人力所及。遂决意投宿此村保卫团之房舍，蝇与虱极繁衍，终夜袭人。

十日朝雨晴，七时半出智家村，越思阳岭。此岭在五台历史上为有名之遗迹，传说佛陀波利三藏初诣五台山时，于此岭遇化人，遂依其命，再返印度，赍《佛顶^⑥尊胜陀罗尼》之梵本而来云云。慈觉大师过岭时，其上已有记此事之碑。据《巡礼记》云：

> 六日早发，向西南行五里许（中略）。向西南行七里许，到思阳岭。昔仪凤元年，西天梵僧佛陀波利来到此处，雨泪遥礼台山，感得大圣化为老人，约令却回天竺取佛顶之处。今见建宝幢^⑦，幢上《万佛顶陀罗尼及序》，便题波利遇老人之事。

---

① 坂：山坡，斜坡。
② 南大贤村：即今南大贤村，为五台县茹村乡下辖村。
③ 小岩：即慕姑岭，又名牧虎岭。
④ 智家村：即今智家村，为五台县茹村乡下辖村。
⑤ 豫定：事先决定。
⑥ 原文作"预"，应为"顶"，讹误。
⑦ 此幢即北宋天圣四年（1026）《佛顶尊胜陀罗尼之幢》，现存于尊胜寺内。

　　由思阳岭之旧道，过稍向西之新道，行二十里，出豆镇岭[①]。此岭攀登时，虽不如大贤岭之难，然下降时，则比之更险，因其坂路斜而促也。豆镇[②]在三大岭之围绕中，为一小低地，然四面展望颇广。到镇已十一时，午膳后，再行入川原之路。进北方约五里，抵佛光寺，已二时半。据《巡礼记》云：

　　　　四日斋后，向西南入谷。踰岭行十五里，到大历法华寺（中略）。从法华寺西北十五里，有佛光寺。五日斋后，西南行三里，到上房普通院。

　　由此考之，则慈觉大师未曾参拜诣此佛光寺。然五台山中以此为最有名大寺之一，是后魏孝文皇帝所建。隋[③]昭果寺解脱禅师重修之。唐宋以来，多数高僧栖止此寺。据《古清凉传》云：

　　　　南台灵境寂寞，故人罕经焉。台西有佛光山，下有佛光寺，孝文所立。有佛堂三间，僧室十余间，尊仪肃穆，林泉清茂。昔有大隋开运，正教重兴。凡是伽蓝，并任复修。时五台县昭果寺解脱禅师，于是有终焉之志，遂再加修理。

---

① 豆镇岭：即窦村岭。光绪《五台县志》卷二《山水》载："汉岭，俗名窦村岭，在虒阳岭西北三十五里龙王堂村之北，南面迤逦而上，不觉其高，北面盘折而下，高五里，至趾即大小窦村，通五台山之大路也。"
② 豆镇：即今豆村。
③ 原文作"随"，应为"隋"，讹误。

法照禅师于开创大圣竹林寺之前，亦栖止此寺。据宋《高僧传》二十一[①]云：

> 大历五年四月五日，到五台县遥见佛光寺南数道白光，六日到佛光寺。

又同传二十七[②]载：

> 释法兴，于此寺内建三层七间之弥勒大阁，高九十五尺，置七十二位尊像于其中。

由是可知于唐代此寺非常兴隆也。今日犹为大寺，基址广大，佛殿庄严。正殿之中央，置释迦、二声闻[③]、二胁侍菩萨，其右置西方阿弥陀佛及四胁侍菩萨，其左置弥勒佛及四胁侍菩萨。又阿弥陀佛前之右，置文殊菩萨及胁侍。弥勒佛前之左，置普贤菩萨及胁侍。此外奉安供卷、菩萨及二天等诸尊。其中央之三尊佛高一丈六尺，胁侍高一丈，全部为塑像。因经重修，故各像之面皆涂抹成近代式。其三尊佛像之姿态为坐相，菩萨像之姿态特长身而屈曲。唯观其衣纹之襞，则尚可推知为唐代物。佛殿外之建筑

---

① 原文作"唐"，应为"宋"，讹误，即〔北宋〕释赞宁等撰《宋高僧传》卷二十一《唐五台山竹林寺法照传》。
② 即《宋高僧传》卷二十七《唐五台山佛光寺法兴传》。
③ 声闻：指听闻佛陀声教而证悟之出家弟子。

皆新，奉安之尊像亦无足取。唯山门入口之庭中，有尊胜陀罗尼幢二座。一铭云唐乾符四年七月造建，一铭云唐大中一年十月造建。是日，栖止此寺。同行之平田君摄寺内全景，余拓唐经幢。因幢大不能全拓，只择其有年号之处而拓之。夜得住持悟定和尚之款待，寝于客堂。

四、经法华寺向灵境寺

十一日^①朝八时，出佛光寺，取道东南，更向北方而进。若由此循直线，即赴金阁寺，一日可至。然余来五台之心愿，在于参拜与搜索石佛，及寻灵仙三藏、法照禅之遗迹，故必须参诣灵境寺与七佛教诫院迹。遂向东北寻间道，至灵境寺，由佛光寺来此约四十里。既游灵境寺，又思诣法华寺^②，再觅路而行。法华寺距佛光寺之东二十五里，载程颇远，马夫厌倦。遂从间道登法华寺所在之清凉岭，更从岭上趋下一百八十丈之溪涧。十二时，始抵寺门。《巡礼记》载法华寺之事云：

　　四日斋后，向西南入谷，踰岭行十五里，到大历法华寺。重阁于峻崖上建立^③，四方崖面尽是花楼宝殿。随地高低，堂舍比栉。经像宝物，绝妙难言。巡观诸院，次入法花院，见

---

① 原文作"十日"，应为"十一日"，脱误。
② 法华寺：位于五台县豆村镇法华村北1公里处。
③ 原文作"定"，应为"立"，讹误。

神道和尚影。此和尚在生，依天台法花三昧行法修行，长念《法花经》。四十三年不出院，感得六根清净，迁化数年矣。其影及所持《法花经》及三昧行法，并证得三昧坐处大椅子，今并见在。

案：唐开元四年六月中旬，神英和尚自南岳来此山，于此地感灵异，遂结庵栖止，复乃营构法华寺。然今已不见其影，从其溪谷之地势而观，则《巡礼记》所写之状，尚可想象之。旧日殿堂皆荒废，亦无住僧。其库房之残部，为贫民所居。当时因藏《华严经》而建立之砖塔，殆全朽坏。唐末所镌之尊胜陀罗尼石幢，亦已倾倒。其砖塔中剩有嵌入之石一方，刻《志公菩萨十二时歌》①，是宋元祐中所造。

出法华寺，越岭向东北，下溪谷。行五六里，至灵境寺。《巡礼记》阅于此寺之记事云：

南行三里许，到大历灵境寺。向老宿问灵仙三藏亡处，乃云："灵仙三藏先曾多在铁勒兰若②及七佛教诫院。后来此寺，住浴室院。被人药杀，中毒而亡过。弟子等埋殡，未知何处。"云云。于寺三门两边，有圣金刚菩萨像。昔者于太原、幽、郑等三节度府，皆现金刚身。自云："我是楼至佛身，

---

① 即宋元祐四年（1089）《梁朝志公菩萨十二时歌》碑。
② 铁勒兰若：即今铁勤寺，位于五台县豆村镇铁庆村旧村。

作神护佛法。埋在地中，积年成尘。再出现，今在台山灵境寺三门内。"三州①节度使惊怪，具录相貌，各遣使令访。有二金刚在寺门左右，其形貌体气似本州所现体色同。其使却到本道报之，遂三州发使来，特修旧像，多有灵验。具如碑文。写之在别。近三门侧乾角有山榆树，根底空豁成窟，名曰圣钟窟。窟中时时发钟响，响发之时，山谷振动。相传云："斯是大圣文殊所化也。"相传呼为圣钟谷。

案：灵仙三藏在此其寺之浴室院被毒杀。灵仙于延历末年，与传教大师、弘法大师共入唐。其后传教、弘法两大师皆肆日本，而灵仙独留居中国，研究佛教。元和十五年，翻译《般若三藏经》，灵仙列入译者之首。由此可知，灵仙学问之高及其在中国之德望，殆驾传教、弘法两大师之上也。现存之灵境寺，重建于明清以后，无从寻浴室院之遗迹。惟据古制而想像，则此寺之规模甚大，其浴室院亦必庄严。然今与昔异，并金刚力士亦无存，圣钟窟之迹已不见，只缅怀古贤于废墟中而已。据《巡礼记》谓，距此寺之东十里，有宝石山，常发见宝石。今在此附近之川原中，散见黄白色之玉石，是与《巡礼记》所说符合。其中以白石为最多。是夕宿于此寺之客堂，与住持能升和尚畅谈。此寺在南台之麓，参谒者极罕，日本人到此者绝无。自慈觉大师以来，唯我辈始来此灵仙三藏示寂之地。此日为余亡儿四十九日忌，更生无限感慨矣。

---

① 原文作"县"，《入唐求法巡礼行记校注》作"州"，据之改。

五、七佛教诫院、清凉寺及金阁寺

十二日早，摄灵境寺之全景。八时半，由此向北行川原中，约三四里，到七佛教诫院。此亦灵仙三藏曾住之遗迹也。今呼为七佛洞，在于沼川原之崖内，广约六尺许，高不满六尺，前面有狭小之麦垅。据《巡礼记》云：

> 从台顶向南下，行十七里许，于谷里有一院。屋舍破落，无人在焉，名为七佛教诫院。院额题云"八地超兰若"。日本僧灵仙曾居此处，身亡。渤海僧贞素《哭灵仙上人》诗，书于板上，钉在壁间。

窟洞内绝无一物。唯全被熏黑，想必避风雪之人曾在此焚火取暖也。渤海僧贞素之诗板，今已不见。由此洞向北沿川原[①]约十里，陟谷攀峰，达于顶上，其处与金阁岭相衔接。向东南可到南台，由此缘磴道上台顶，仅八里许，此时诣南台最为顺路。然我辈拟日中先游清凉寺，夜间投宿金阁寺。遂急觅路，左折出金阁岭，行山腰约七里，至金阁寺。时仅过未刻，再往距五里之清凉寺一游。由金阁寺之西，越峰至溪谷之对岸，即清凉寺所在。据

---

① 川原：河流与原野。[唐] 陈子昂《晚次乐乡县》诗："川原迷旧国，道路入边城。"

《巡礼记》云：

　　"从金阁寺西，去寺五里有清凉寺。今管南台。此五台山都号清凉山，山中造寺，此地最初[①]，故号清凉寺，寺中有清凉石"云云。

案：此寺即为五台山之根元[②]道场也。据《广清凉传》云：

　　清凉寺，依山立名，托居[③]岩侧，前通涧壑，上接云霓。长安二年五月十五日，建安王[④]仕并州刺史[⑤]，奏重修茸。敕大德感[⑥]法师，亲谒五台山，以七月二十日登台之顶。僧俗一千余人，同见五色云中现佛手相，白狐、白鹿驯狎[⑦]于前。梵响随风，流亮山谷，异香芬馥[⑧]，远近袭人。又见大僧，身紫金色，面前而立。复见菩萨身带璎珞，西峰出现。法师乃图画闻奏，帝大悦，遂封法师昌平县开国公，食邑一千户，请充清禅寺主，掌京国僧尼事。仍敕左庶子侯知一、御史大夫魏

---

① 《入唐求法巡礼行记校注》作"此寺最初"。
② 根元：根源，根本。
③ 托居：寄身；栖止。〔唐〕戴叔伦《古意》诗："念我平生欢，托居在东里。"
④ 建安王：武则天之侄武攸宜。
⑤ 原文作"长史"，《广清凉传》作"刺史"，据之改。
⑥ 大德感法师：德感，姓侯氏，太原人。武则天时，征为翻经大德，入义净译场。
⑦ 驯狎：驯顺。
⑧ 原文作"蓝馥"，《广清凉传》作"芬馥"，据之改。芬馥：香气浓郁。

元忠，命工琢玉御容，入五台山礼拜菩萨。至长安三载，遂
向清凉山安置。于是倾国僧尼，奏乞送之，帝不许，以雁门
地连猃狁，但留御容于太原崇福寺大殿中间供养，于五台山
造塔建碑，设斋供养。是知真境，菩萨所居，帝王日万机之
务，犹造玉身来礼大圣。矧^①余凡庶，岂不从风。一游净域，
累劫殃消。暂陟灵峰，多生障灭者矣。

唐长安年中，重修此寺。然今日寺塔全废，我辈拟渡桥寻其
残迹，已不复见。只有明代砖造之颓垣而已。据明正德元年乔宇
撰之《五台山记》云：

> 过竹林寺，又过岭，曰金阁殿。唐太宗所立，今已废。
> 下岭为清凉寺，远望宫殿，缀付半岩，俨如图画。^②

由此可知明正德时，金阁寺已废，唯清凉寺今仅遗存耳。过
此数步，有石幢三座，其一已毁，其二略完全。更行七十余丈，
至过罗汉洞。此洞阔仅十八尺，为一小禅窟。内有禅床，且安置
数躯罗汉像。由此洞更行数步，即称为本殿之残迹，今已废为
田垄。亦中尚剩有颇巨之石础^③二三，确为佛殿之迹，但其规模

---

① 矧：何况。
② 明代何镗辑《古今游名山记》（明嘉靖四十四年庐陵吴炳刻本）所收乔宇之
《游五台山记》载："唐太宗所建，今已废。下岭为清凉寺，远望宫殿，缀附半
岩，俨若图画"。
③ 础：垫在柱下的石磉。

大小，今难推测。于瓦砾中见有一尺许之石佛破片，殆为大佛之肩，仅存衣襞①之一部分而已。我辈以其零碎，弃而不顾。至今思之，犹可惜也。由此渡溪，即达有名之清凉石。挟溪而合两处，此石亦载算在清凉寺之境内。敦煌千佛洞壁所画之《五台山图》，其溪谷多架大桥，桥上有庄严之拟宝珠栏干，今皆不见矣。清凉石既于《巡礼记》。原为耸立峻崖上之坐禅石。明乔宇之《记》云：

> 南有清凉石，幅员数丈，重层复级而上，俗传可坐千人。

今拓崖之腹部小平地，围此石而建伽蓝。然此石实非绝大之石，其傍有明万历十四年建立之《梦感重修清凉佛》石偈。余方拓其字，忽遇雨降，遂匆匆就归路。八时返金阁寺。

金阁寺之沿革，相传唐开元中，僧道义于此地感见灵异。后至大历初，代宗始敕建此寺，时印度那兰僧寺纯陀监督工程。及寺成，以赐不空三藏。《宋高僧传》第二十一②记其事云：

> 释道义，江东衢州人也。开元中至台山，于清凉寺粥院居止。典座普请运柴，负重登高，颇有难色。义将竹鞋一纳转贸人荷担，因披三事纳衣。东北而行可五里，来于楞伽山

---

① 襞：衣服上的褶子。
② 即《宋高僧传》卷二十一《唐五台山清凉寺道义传》。

下。逢一老僧，其貌古陋，引一童子，名字觉一。老僧前行，童子呼请义东边寺内啜茶去。乃相随入寺，遍礼诸院。见大阁三层，上下九间，总如金色，闪烁其目①。老僧令遣义早还所止，山寒难住。唯诺，辞出寺，行及百步，回顾唯是山林，乃知化寺也。却回长安。大历元载，具此事由奏宝应元圣文武皇帝（案：此为代宗之徽号），蒙敕置金阁寺，宣十节度助缘。遂召盖造都料（案：此为建筑材料统管），一僧名纯陀，为度土木，造金阁寺。陀元是西域那烂陀寺喜鹊院僧。寺成后，敕赐不空三藏焉。义不测其终。

慈觉大师《巡礼记》述当时此寺之规模云：

从竹林寺前，向西南踰一高岭，到保磨镇国金阁寺坚固菩萨院宿。遍台供养主僧义圆亦归汾州去，今日从花岩寺②续后来同院宿。院僧茶语云"日本国灵仙三藏昔住此院二年，其后移向七佛教诫院亡过。彼三藏自剥手皮，长四寸，阔三寸，画佛像，造金铜塔安置。今见在当寺金阁下，长③供养"云云。二日，其义圆供主等及寺中数僧开金阁，礼大圣文殊菩萨，骑青毛师子，圣像金色，颜貌端严，不可比喻。又见

---

① 原文作"闪烁中其目"，《宋高僧传》作"闪烁其目"，据之改。
② 《入唐求法巡礼记》作"花严寺"。
③ 《入唐求法巡礼记》作"长年"。

灵仙圣人手皮佛像及金铜塔，又见辟支佛牙、佛肉身舍利①。当菩萨顶悬七宝伞盖，是敕施之物。阁九间，三层，高百尺余。壁檐椽柱，无处不画。内外庄严，尽世珍异，颙然独出杉林之表。白云自在下而暧䨼，碧层超然而高显。次上第二层，礼金刚顶瑜伽五佛像，斯乃②不空三藏③为国所造，依天竺那兰陀寺样作。每佛各有二胁士，并于板坛上列置。次登第三层，礼顶轮王瑜伽会五佛金像，每佛各一胁士菩萨。二菩萨作合掌像在佛前面，向南立。佛菩萨手印容貌，与第二层像各异。粉壁内面画诸尊曼荼罗，填色未了，是亦不空三藏为国所造。瞻礼已毕，下阁到普贤道场，见经藏阁。《大藏经》六千余卷，总是绀碧纸，金银字，白檀④玉牙之轴，看愿主题云"郑道觉，长安人也。大历十四年五月十四日，巡五台，亲见大圣一万菩萨及金色世界，遂发心写金银字《大藏经》六千卷。亦有画脚迹千辐轮相⑤，并书迹之根申⑥"云。贞观中⑦，太宗皇帝送袈裟使到天竺，见阿育王古石寺上有佛迹，长一尺八寸，阔六寸。打得佛迹来，今在京城转画，来此安置。次开持念曼荼罗道场，礼拜尊像。此则不空三藏弟子含

---

① 《入唐求法巡礼记》作"肉身舍利"。
② 《入唐求法巡礼记》作"斯之"。
③ 不空三藏：唐代天竺僧人，为中国佛经四大译师之一，密宗创始人之一。死后谥"大辨正广智不空三藏和尚"，《宋高僧传》等书有传。
④ 原文作"壇"，应为"檀"，讹误。
⑤ 千辐轮相：释迦三十二相之一。
⑥ 《入唐求法巡礼记》作"根由"。
⑦ 《入唐求法巡礼记》作"贞观年中"。

光①为令李家昌运长远，奉敕持念修德之道。坛面三肘，以白檀汁和泥涂作。每风吹时，香气远闻。金铜道具甚多，总着坛上。次开普贤堂，礼普贤菩萨像，三像并立，背上安置一菩萨像。堂内外庄严，彩画缕刻，不可具言。七宝经函，真珠绣佛。以线串真珠，绣着绢上，功迹奇妙。自余诸物，不暇具录。

以上所记之迹，今悉无存。唯佛殿、方丈室、客堂、库房等皆宏壮。尤以佛殿为最大，殿中安置明嘉靖四年造之三面四十二臂观音尊像，高五丈三尺。日本大分县内石佛之大日如来及不动明王，颇类此观音像，盖皆为密教关系之像也。若于中国内地求造像之起，原窃以为不在大同与龙门，当就于东方佛教徒信仰中心地之五台山而物色之，然今乃大不然。此金阁寺之建筑及佛像，悉为明清以后之新造者，与古殊异。我辈甚失望，唯幸尚见灵仙三藏之遗址。是夜，与寺僧贯主畅谈三藏事迹，乃知此寺今与佛光寺、灵境寺同为禅宗。又此寺于慈觉大师之巡礼时代，为真言之道场。不空三藏之高足含光大师，曾游学印度，归于此寺，开持念曼荼罗坛场，而修密法。灵仙三藏亦洽巡至此寺，遂侨居二

① 含光：不空门下六大弟子之一，曾随不空到狮子国、天竺等地广求密藏，后在五台山主持金阁寺修建等工作。《宋高僧传》有传。

年，学真言密教，特传受"太元师法"。承和五年^①，常晓^②律师入唐之际，灵仙弟子托其将"太元师法"归传于日本。兹据常晓律师弟子宠寿之《太元法缘起奏状》（贞观十九年正月十九日）有曰：

　　右宠寿谨检故实。先师权律师、法桥上人位常晓，承和五年奉诏入唐，随使赴道。暮潮解缆，秋风飞帆。同年八月，到淮南城，住广陵馆。爰本朝沙门灵宣之弟子有两三人，始逢律师，陈曰："吾等大师灵宣和尚，是日本人也。为望佛日，早入唐朝，戒珠全莹，惠镜恒照，专为国土之卫护，亦为人天之归依。请益究功，拟还之际，官家惜留，敢不许返。垂没之时，命吾等曰：求法之志，为思本国，而大国留我，微志不遂。噫，徒苦苍浪之途，终失素怀之旨乎？方今佛像圣教，皆渡本邦。但未传者，太元师之道而已。斯尊则如来之肝心，众生之父母，卫国之胄，防难之神方也。此亦唯为国王，专行宫中，辄为黎庶，不及城外，是所以秘重密法也。须待得本国求法之人，将属此深密之法耳。故乡之恩，以此

---

① 承和五年：即唐开成三年，公元 838 年。

② 常晓：日本真言宗僧人。承和三年（836）奉敕来唐，以遇风未果，五年再行。未久，入栖霞寺大悲持念院，就灌顶阿阇梨文璨受金刚界大法，又习太元师密法。三年后返国，奉上请回之经书目录，仁明天皇颇尊之。贞观六年（863）出任权律师，八年示寂，世寿不详。为来唐五家之一、八家之一。著有《尊胜佛顶次第》《入唐根本大师记》等。日本虎关师炼撰《元亨释书》卷三《慧解二》有传。

为报。汝等莫失,努力努力者。"吾等深守此言,久待其人。今得遇子,先师愿足矣。因太元师明王诸身曼荼罗法文、道具等,授与祖师讫。

以上所述,殆为实事。盖灵仙习得太元师法,欲报国恩,而传之于日本也。金阁寺安置之灵仙血写佛像,即为太元师法之曼荼罗也。灵仙被毒杀之原因甚可疑,或谓灵仙得日本嵯峨上皇及淳和天皇之巨万赐金,遂致宵小觊觎,危及其身;或谓唐人因灵仙将其相承之秘法传于日本,认为背教,遂起嫉忌,乃毒杀之。①

六、诣竹林寺转至台怀镇 ②

十三日黎明,寺僧贯主导余入佛殿,请数名之僧诵经。此日亡妻七周年忌日,稍为布施,巡拜诸堂殿。八时出寺门,向西北上坂。行三里许,更向东北登岭。路经一废寺,观其碑记,知为近代建立之净室,而不甚大。由此达岭顶,其光景森严雄大。目前可览中台,左对西台,右对北台,大圣竹林寺亦在岭下东北隅之指顾间。我辈由五台县出发之时,逢人便问竹林寺所在,皆不能答,佛光、灵境两寺之和尚亦不知之,幸昨夜金阁寺僧始以相告。余在岭上采取花草。

---

① 以上内容刊载于《铁路协会会报》1925 年第 154～155 期。

② 原文作"怀台镇",应为"台怀镇",倒误。

案：五台自仲秋至季春，皆掩以冰雪。到夏季，草木始萌芽发花。六七月时，满台悉放奇异之花。据《巡礼记》云：

> 山中多客，五六七月适五台，五百里内奇异之花，开敷如锦，满山遍谷，香气薰馥。

余入山时，在阴历七月之初，故山中到处开花，多为菊类，其他尚有种种之花草。盖五台山花草，为中国古来名物之一。《古清凉传》记中台大孚图寺之花园云：

> 寺南有花园，可二三顷许。沃壤繁茂，百品千名。光彩晃曜，状同舒锦，即魏孝文帝所种也。土俗云，其花夏中稍茂，盖未是多。至七月十五日，一时俱发，经停七日，飒尔齐凋。但以幽险难寻，故使见之者寡矣。《括地志》谓之花圃，云灵草绣林，异种殊名，鸟兽驯良，任真不挠，信为佳境也。从花园南行二里余，有梵仙山，亦名仙花山。从地际极目，唯有松石菊花相间照烂。传云，昔有人于此饵菊得仙，故以梵仙花 [①] 为目也。今上麟德元年九月，遣使殷甄万福来驿，向此山探菊。

《广清凉传》亦云：

---

① 《古清凉传》作"梵仙、仙花"。

唐长安二年，遣使于五台山大孚灵鹫寺前，探花万株，移于禁掖。奇异香色，百品千名，令内道场①栽植供养。

由金阁寺至竹林寺，约十里许，正午已抵寺门。

案：竹林寺之沿革，唐大历二年，法照和尚与同志十人由南岳来此山，宿佛光寺。于寺东北有约一里之山涧，遇大圣文殊菩萨，命其专念弥陀之号，复巡礼金刚窟及台中诸灵地。大历十二年九月十三日，于东台感见灵相，复于距华严寺十五里之中台山麓，建一寺，名竹林，即今之寺也。

据慈觉大师《巡礼记》云：

五月一日天晴，拟巡台去，所将驴一头寄在停点院，嘱院主僧勾当草料。从停点西行十七里，向北过一高岭，十五里行到竹林寺断中。仍见诸洲来求受戒沙弥数十人在寺待日。斋后②巡礼寺。有般舟道场。曾有法照和尚于此堂修念佛三昧，有敕谥号大悟和尚。迁化以来近二年，今造影安置堂里。又画佛陀波利仪凤元年来到山门见老人之影。花严院佛堂有金刚界曼荼罗一铺。二日，入贞元戒律院。上楼，礼国家功德七十二贤圣、诸尊曼荼罗，彩画精妙。次开万圣戒坛巡看，纯用白玉石作，高三尺而八角，以香泥筑填坛底。坛上敷一

① 内道场：皇宫中修举佛事的道场。因在宫内，故称。[唐] 李德裕《次柳氏旧闻》："天宝中，上于内道场为兆庶祈福，亲制素黄文。"
② 原文作"复"，《入唐求法巡礼记》作"后"，据之改。

张五彩彩丝毯，亦八角造，阔狭其坛恰齐。押坛老宿，法讳灵觉，生年一百岁，七十二夏①。貌骨非凡，是登坛大德，见客殷勤。见说："去年六月中，天竺那兰陀寺三藏三人来巡礼五台，见五色云、圆光、摄身光，归天竺去。"此竹林寺有六院，律院、库院、花严院、阁院、佛殿院。一寺都有四十来僧。此寺不属五台。

《巡礼记》所谓此寺不属五台，是因当时无精细地图，据土人之言而述之。其实竹林寺亦属五台，唯今已荒废。其结构不大，为明代重建。有数椽之堂舍，其壁皆剥落。山门揭有"大竹林寺"之额，其后有佛殿，满积污尘，似久无人到。安置本尊佛之须弥坛上，悬有喇嘛式之明王像。其傍有一椽，为住持所居。又有一椽，为仆役之房。我辈随处搜索，皆不见古物。询问住持之和尚，据云法照禅师之墓在大贤岭，此寺无碑文及其他遗物。距寺门十八丈之南，有高约七十尺之五重塔。于佛殿前有宋仁宗天圣三年②刻之尊胜陀罗尼石幢，余拓其一部分。据明王思任之《游五台山记》，可知其于万历中，曾诣此竹林寺，礼拜佛塔，且与寺僧澄公唱和，盖当时尚未至如今日之荒凉也。考《巡礼记》，则知往时竹林寺极宏壮。

其寺之位置，在中台之中麓低地，南向温暖，六院具备，极

①　七十二夏：指灵觉僧腊有七十二年。
②　天圣三年：公元1025年。

其轮奂之美。盖占形胜之地域。又法照和尚之般舟道场，为五台山念佛之始原。日本叡山常行三昧堂之念佛，是慈觉大师从此寺传来。现在日本国内最占势力之净土诸宗派，皆与叡山之常行堂念佛有直接因缘。如真如堂所传之引声念佛，是由五台山念佛之曲调传来。此寺虽如是之古，然绝无法照禅师之遗物，诚遗憾也。

午后二时，出竹林寺。向东下溪谷之间，行约十里，过南山寺。更向北行数里，至台怀镇。此镇为二三百户之小街，近接山西与直隶之省境，有一衙门。此街之背后有小丘，显通寺、塔院寺、真容院诸大寺，相并而立。其附近有一小街，俗称杨林街。我辈五时至此，投宿于塔院寺傍之一店。

七、雨中登东台

十四日朝，昨夜之雨虽歇，四面之山尚满蔽雨云，登山极难。幸马夫二人皆强壮，遂随我辈冒险攀跻。八时向北登东台与北台中间之岭，缘溪路而进。金刚窟之北山寺见于左，普济寺见于前。益深入山中，行二十里许，从溪源尽处而登岭。此岭之路奇难行，不得已舍马徒步。此岭倾斜峻峭，不能一气直上，左折右屈。仅距六十尺之高，而纡回至三百六十尺之路。自南向北，自下而上，密云袭我等之背。此处气候与山麓全异，五台山中之人皆棉衣。愈上而路愈屈曲，且狭小，绝无人踪。循路突进，乃达岭顶，更鼓勇气。右折觅路上东南，遂至东台之顶。雨益甚，幸无大风。不然，则足一摇，必堕入万仞之溪矣。《巡礼记》纪东台之迹云：

廿二日粥后，傍北台东腹向东北回迤^①下坡，寻岭东行二十里许，到上米普通院（中略）。斋后，寻岭向东，渐上廿里，来到东台。台东头有供养院，入院吃茶。向南上坂二里许，到台顶。有三间堂，垒石为墙。四方各五丈许，高一丈许。堂中安置文殊师利像。近堂西北有则天铁塔三基^②，共诸台者同也。台顶无龙池，池上^③亦无水，生草稍深。台顶周围，四方各可十丈许。台体南北渐长，东西狭，北根才一里许。台南有岭，高低长连三里许。然台最高显而无树。

台顶今有尚如《巡礼记》所载之堂，有二三僧居住，是新建筑。我辈到此堂时，衣湿且寒，遂偎火曝衣，食粟米粥，始有苏生之感。据《广清凉传》云：

东台，旧名雪峰。麓有研迦罗山。台上遥见沧瀛诸洲^④。日出时，下视大海，犹陂泽^⑤焉。

若在晴日，则可观此庄严之光景，且五台全体可横于一览之

① 《入唐求法巡礼记》作"逦迤"。
② 《入唐求法巡礼记》作"二基"。
③ 《入唐求法巡礼记》作"地上"。
④ 《广清凉传》作"州"。
⑤ 陂泽：湖泽。〔西汉〕桓宽《盐铁论·贫富》："夫寻常之污，不能溉陂泽；丘阜之木，不能成宫室。"

下。然惜雨仍不止，溟濛[1]中，一无所见。休憩一时许，遂返。欲觅一纪念品，而堂内安置之佛像皆新造，台上仅为方数十尺之狭小区域。今堂外有砖塔三座，其中大者高约三十尺。塔中安置之佛像，皆非古物，殆为近来粗制之尊像。堂前有明代重修之碑，已倾倒，因雨中不能拓之。由杨林街至此东台顶，据马夫云有三十里，然寺僧则谓有四十里。

午后一时，自台顶出发。约行一百四十余丈，见一窟穴，其中有石像。据《巡礼记》云：

> 从台顶向东直下半里地，于峻崖上有窟，名那罗延窟。人云："昔者那罗延佛于此窟行道，后向西去。"窟内湿润而水滴，户阔六尺。窟内黑暗，宜有龙潜藏矣。

此穴殆所谓那罗延窟[2]欤。由此下峻坡，危险非常，匍匐而行。本拟采取被万年山雪所掩之苏苔，亦不敢驻足。迨至台下之溪涧，始能乘马，复寻旧路而返。至金刚库[3]，稍为休憩。此地为山中之名胜。据《巡礼记》云：

> 廿三日斋后，下台，却到上米普通院。便向南直下坡，

---

① 溟濛：形容烟雾弥漫，景色模糊。[南朝·梁] 沈约《八咏诗·被褐守山东》："上瞻既隐轸，下睇亦溟濛。"
② 那罗延窟：五台山佛洞，位于东台台麓。
③ 金刚库：即金刚窟，又名般若寺。

行十八里许，入谷。更向东南行三四里，更向西谷行一里许，到金刚窟。窟在谷边。西国僧佛陀波利空手来到山门，文殊现老人身，不许入山。更教往西国取《佛顶尊胜陀罗尼经》。其僧却到西天，取经未到[1]此山，文殊接引，同入此窟。波利才入，窟门自合，于今不开。窟岩[2]密，带黄色。当窟户有高楼。崛门在楼下，人不得见。于楼东头有供养院。窟户楼上有转轮藏[3]，六角造之，见于窟记。窟内多有西天圣迹。

案：佛陀波利之入金刚窟，其事迹可疑。殆如迦叶入鸡足山之事，只为佛教的传说而已。是夕归宿于杨林街。

八、忽略而过大华[4]严寺遗址

十五日早，本拟参诣附近诸寺。然后由杨林街出发，往南台北之千佛洞调查石佛，而不知显通寺即大华严寺遗址。以为其内无古物，遂忽略而过。据《巡礼记》[5]云：

十六日朝，出竹林寺，乘东谷行十里，向东北行十余里，

---

① 《入唐求法巡礼记》作"来到"。
② 原文作"严"，应为"岩"，讹误。
③ 转轮藏：简称"轮藏"，一种安设有佛经的特制机构。
④ 原文作"举"，应为"华"，讹误。
⑤ 下面所引《入唐求法巡礼记》内容与其实际内容多有出入，仅将明显错误之处加以说明。

到大花严寺^①，入库院住。斋后到涅槃院，见贤座主于高楼上讲《止观》，讲第四卷欲终，有卅余僧同听^②。便见志远和上有讲，下听《止观》。其殿内外庄严，精丽难名。待下讲，礼持志远^③和上及讲座主、同听众僧等，和上等慰问殷勤^④。座主^⑤新从西京来。文鉴座主久住山，曾讲《止观》《法花经》^⑥数遍。诸听众是远和上门下，不或有诸方来听者。志远和上云："贞元廿^⑦年，见日本国最澄三藏^⑧入天台求法，台州^⑨刺史陆公^⑩自出泯墨及书手，写数百卷与澄三藏。三藏兼得印信^⑪，却归本国"云云。便问日本天台宗兴盛之事。因粗陈南岳大师生日本弘法之事，远和上及大众甚欢喜。大花严寺十二院，僧众至多，皆以远和上为首座。和上不受施利，日唯一飧^⑫，

① 即大华严寺，为今显通寺之前身。
② 《入唐求法巡礼记》作"斋后入涅槃院，见贤座主于高阁殿里讲《摩诃止观》，有四十余僧列坐听讲"。
③ 原文作"愿"，应为"远"，讹误。
④ 《入唐求法巡礼记》作"便见天台座主志远和上在讲筵听《止观》。堂内庄严，精妙难名。座主云：'讲第四卷欲毕，待下讲。'到志远和上房礼拜，和上慰问殷勤"。
⑤ 《入唐求法巡礼记》作"法贤座主"。
⑥ 《法花经》：即《妙法莲华经》，简称为《法华经》。
⑦ 原文作"卅"，应为"廿"，讹误。
⑧ 最澄三藏：日本佛教天台宗创始人。俗姓三律首，近江人。又称"叡山大师""根本大师""澄上人"，清和天皇追赐"传教大师"谥号。
⑨ 原文作"洲"，应为"州"，讹误。
⑩ 陆公：即陆淳（？～805），字元冲，吴郡人。历任国子博士、给事中、台州刺史、信州刺史等职。
⑪ 兼得印信：指台州刺史陆淳盖上官印的说明。
⑫ 飧：泛指饭食。

戒行清高。六时礼忏①，不阙一时，而常修法花三昧②，一心三观③，以为心腑。志超物外，遍山诸寺老宿尽致钦敬者，其深意一生欲得见普贤菩萨证法花三昧也。吃茶后，入涅槃道场，礼佛涅槃相。于双林树④下右胁而卧，一丈六尺之容，摩耶夫人闷绝倒地之像，四王八部龙神天人及诸圣众，或举手悲哭之形，或闭目观念之貌，一切依经说作。次入般若院，礼文鉴座主，兼礼天台大师影。鉴座主相喜不已，乃云："此寺开二座讲，引传天台教，感见远国僧，求天台教来到此处，甚有感应哉。"更见大鞋和上影，曾在此山修行，巡五台五十遍（中略）。十七日晚际，与数僧上菩萨堂院。开堂礼拜大圣文殊菩萨，容貌颙然。骑师子像，满五间殿在。其师子精灵生骨，俨然⑤有动步之势。口生润气，良久视之，恰似运动矣。今五台诸寺造文殊菩萨像，皆此神像之样，然皆百中只得一分也。此堂内外七宝伞盖，当菩萨顶上悬之。珍彩花蟠，奇异珠鬘等，满殿铺列。宝装之镜，大小未知其数矣。出到殿北，望见北台、东台，圆顶高耸，绝无树木。短草含彩，遥

---

① 六时礼忏：在昼夜的六个时辰各礼拜佛菩萨，忏悔灭罪。
② 法花三昧：即法华三昧，依据《法华经》及《观普贤经》而修之法。此法以忏悔灭罪为主，须于晨朝、日中、日没、初夜、中夜、后夜等六时，勤修忏悔、劝请、随喜、回向、发愿等五悔。
③ 一心三观：中国佛教天台宗基本教义之一，又称圆融三观、不可思议三观、不次第三观。一心，即能观之心；三观，即空、假、中三谛。
④ 原文作"双树"，《入唐求法巡礼记》作"双林树"，据之改。双林树，指两株一组的沙罗树，释迦摩尼涅槃于双林树下。
⑤ 原文作"严"，应为"俨"，讹误。

望观之，夏中秋色。却到于菩萨堂前，临崖有三间亭子。地上敷板，四面高栏，亭下便是千仞之峻峰。老宿云："昔者日本国灵仙三藏于此亭子，奉见一万菩萨。"堂前遥望南台，亦无树木，台顶独秀，与碧天接连^①，超然出于众峰之外。西台隔中台，望不见也。到阁院，见玄亮座主。从四月始，讲《法花经》，兼《天台疏》，听众四十余人，总是远和上门下。朝座阁院讲《法花经》，晚座涅槃院讲《止观》。两院之众，互往来听，从诸院来^②听者甚多。当寺上座僧洪基，共远和上同议，请二座主开此二讲，实可谓五台山大花严寺是天台之流也。其众僧上阁，礼拜功德。阁之内外庄严，所有宝物，与菩萨堂相似也。见辟支佛顶骨，其色白黯色，状似本国轻石。骨内坚实，大二升椀许。见是额已上之骨，上生白发，长五分许，似剃来更生矣。西国僧贞观年中将来者也。兼有梵夹《法花经》，又佛舍利，置之于琉璃瓶里。金字《法花》，小字《法花》，精妙极也。阁前有塔，二层八角，庄严殊丽。底下安置阿育王塔，埋藏地下，不许人见。是阿育王所造八万四千塔之一数也。次入善住阁院，随喜，有禅僧五十余人，尽是毳纳锡杖，各从诸方来巡者也。敕置镇国道场，有天台宗僧讲《四分律》，亦是远和上门下。

---

① 原文作"速"，应为"连"，讹误。
② 原文作"未"，《入唐求法巡礼记》作"来"，据之改。

由此可知慈觉大师巡礼五台之时，华严寺为山中第一之大伽蓝。志远和上在此讲演《法华天台疏》，并《摩柯止观》。考此寺古称"大孚灵鹫寺"，又名"大孚图寺"，是后魏孝文帝所建。武则天皇后时，改名为"大华严寺"。华严宗之讲学，一时极盛。大历十一年，澄观法师应寺主贤林之请，在此寺讲《华严大经》。创慈觉大师巡礼之时，天台宗方盛。据《巡礼记》所述，大华严寺中分为十二院，如涅槃院、菩萨堂院、阁院、善住阁院，是其一部分也。然至宋熙宁五年，日本僧成寻赍其国之皇太后供养御书经及太皇太后镜发来此寺，是时真容院殆离此寺而独成一所。据成寻之《参天台五台山记》云：

廿八日，天晴。卯时，从真容院送马八匹，军驿马二匹。人人乘，登山。先行谷十里。次登坂，最峻岭，时时下马徒行。雪十月中下旬降下①，冻冰，马足难驻。谷间五里有地铺，兵士各住止。谷三十里，坂十五里，登山顶北台傍路也。先下马拜北台，遥拜西台。中台、南台至于②东台，隔山不见。从岑渐下，十里，诸僧来迎。诸僧行列③五里，步行，日本人乘马渐行。持参中台下④半真容院，置文殊宝前了。申一点，入安下房，庄严甚妙也。重重以色锦等所画幰帐之敷坐。先

---

① 《参天台五台山记》作"雨下"。
② 原文作"予"，应为"于"，讹误。
③ 《参天台五台山记》作"列行"。
④ 原文作"时参台下"，《参天台五台山记》作"持参中台下"，据之改。

行浴室沐浴了，次入堂礼佛烧香。堂内庄严，不可思议，七宝真珠充满。佛前立禅床，终夜宿。（中略）终夜于禅床睡，夜无小便思，最奇异也。皇太后宫《法华经》奉供养了。

廿九日，天颇霁。卯时，于文殊宝前，副寺主来坐，令吃粥，副僧正觉惠大师承谪①、六师②阁主广大师③同吃。主僧正觉证大师顺行者，被他行云云。辰刻，诸堂烧香。副僧正共引伴，先文殊阁，四重庄严，堂内七宝供具，不可记画。次四重阁：丈六释迦、弥陀、弥勒。次第三阁：银等身佛、四体四方佛云云。文殊阁名"端相之殿"，第二阁名"化相之殿"。午时，于副僧④正房斋。客妙⑤济大师延一坐⑥，生年七十四云云。午时前，雪始下。廿八日之间无雪，今日下，是希有事也。文殊近接，敢无所疑。院内诸僧皆感之。副僧正取出菩萨石⑦与人之，予得二颗，皆有五色光。

十二月一日，天晴。辰一点，参宝章阁，烧香。下地：药师佛，十六罗汉。上阶殿：卢舍那佛丈六像座，绕⑧叶上千

---

① 承谪：僧人，时为五台山十寺副僧正、兼真容院供养主同勾当僧正司公事、讲经律论、传大乘戒、赐紫沙门觉惠大师承谪。
② 原文作"大师"，《参天台五台山记》作"六师"，讹误，据之改。
③ 广大师：僧人，即省广，时为五台山真容院知六师太阁赐紫沙门。
④ 原文作"儒"，《参天台五台山记》作"僧"，讹误，据之改。
⑤ 原文作"诸"，《参天台五台山记》作"妙"，讹误，据之改。
⑥ 原文作"生"，《参天台五台山记》作"坐"，讹误，据之改。
⑦ 原文作"衣"，《参天台五台山记》作"石"，讹误，据之改。
⑧ 原文作"浇"，《参天台五台山记》作"绕"，讹误，据之改。

释迦^①，围绕四千银菩萨。次左：延寿王菩萨丈六像，围绕三千菩萨银像。次右：长寿王菩萨丈六像，像绕^②三千银菩萨。合一万菩萨。次参集圣阁，下地：千手观音三丈像；上阶殿：五髻文殊^③菩萨丈六像，十六^④罗汉，观自在菩萨。次参僧堂文殊菩萨。三堂加阶，四处，共百文钱上献。次参无言常坐僧疑和尚坊，拜见了。既经^⑤廿年云云。

午时，参副僧正坊，斋：三人，使臣、通^⑥事同吃。斋后，马十匹。寺指南僧省认^⑦为^⑧前引，八人、通事，参太平兴国寺（本名白鹿寺）。中台半腹也，去真容殿^⑨五里。先礼文殊^⑩阁丈六像。次礼浑金经藏。次登上殿，礼一万菩萨。次礼万圣阁，下地：五方佛，各有四菩萨；次上阶：十地菩萨。次礼三千金佛阁。皆以七宝作堂含重阁，广大伽蓝。寺主赐紫崇晖和尚，储珍菓茶药，生年八十二。次出寺，下坂一里，礼金刚窟文殊菩萨宅。礼窟穴，人^⑪燃松入穴，取土了。烧香

---

① 原文作"迦释"，《参天台五台山记》作"释迦"，倒误，据之改。
② 《参天台五台山记》作"围绕"。
③ 原文作"珠"，《参天台五台山记》作"殊"，讹误，据之改。
④ 原文作"千"，《参天台五台山记》作"六"，讹误，据之改。
⑤ 原文作"径"，《参天台五台山记》作"经"，讹误，据之改。
⑥ 原文作"过"，《参天台五台山记》作"通"，讹误，据之改。
⑦ 省认：僧人，时为五台山真容院知客、讲经律论、临坛阇梨沙门。
⑧ 《参天台五台山记》无"为"字。
⑨ 《参天台五台山记》作"真容院"。
⑩ 原文作"珠"，《参天台五台山记》作"殊"，讹误，据之改。
⑪ 《参天台五台山记》作"人人"。

礼拜。穴前有井，名"文殊①井"。窟上有等身文殊②像，眷属围绕。兴③国寺并窟，八百文献上了。次礼大华严寺，广大伽蓝也。次参僧房，见西天竺三藏。另④见贝叶经数十连，《阿弥陀经》《阿鲁迦经》梵本云云。另⑤见纯金释⑥迦五寸像。另⑦见天竺袈裟、郁⑧多罗汉并安佗会也。

观上所述，可知真容院是在大华严寺之外。然考真容院托成寻赍送日本国之回答牒文云：

大宋⑨国河东道代州⑩五台山大华严寺真容菩⑪萨院文殊圣容殿。

当殿今月二十八日，有大日本国延历寺阇⑫梨、大云寺主传灯大法师位、大宋国赐紫僧成寻赍送⑬大日本国皇太后宫降来先帝御书经卷:《妙法莲华经》一部八卷;《无量义经》一

---

① 原文作"珠"，《参天台五台山记》作"殊"，讹误，据之改。
② 同上。
③ 原文作"与"，《参天台五台山记》作"兴"，讹误，据之改。
④ 《参天台五台山记》作"令"。
⑤ 同上。
⑥ 原文作"尺"，《参天台五台山记》作"释"，据之改。
⑦ 《参天台五台山记》作"今"。
⑧ 原文作"麓"，《参天台五台山记》作"郁"，讹误，据之改。
⑨ 原文作"宗"，《参天台五台山记》作"宋"，讹误，据之改。
⑩ 原文作"拜"，《参天台五台山记》作"州"，讹误，据之改。
⑪ 原文作"苦"，《参天台五台山记》作"菩"，讹误，据之改。
⑫ 原文作"阁"，《参天台五台山记》作"阇"，讹误，据之改。
⑬ 原文作"成贵寻到"，《参天台五台山记》作"成寻赍到"，讹误，据之改。

卷；《观普贤经》一卷；《阿弥陀经》一卷；《般若心经》一卷。

　　右，前件经依数领得，于文殊师利菩萨真容面前如法安置，永充供养。所集福利，回向大日本国先皇帝，伏愿觉心超悟，通明佛性之源；宝界安居，速绍①法王之位。皇太后，伏愿长方凝德，赞宝历于千龄；永著坤仪，茂瑶图于亿世。然后②普愿国清君寿，俗富民康。台衡替尧舜之风，藩③屏曜唐虞之化。法轮永茂，凤历延鸿。虔祷④文殊，冀垂照鉴。谨祝。

　　大宋国熙宁五年十一月日。

　　五台山⑤真容院知菩萨殿、讲经律论、沙门省岳等回向。

（中略）

　　五台山十寺僧正兼真容院主勾当僧正司公事、讲经律论、传大乘戒、觉证大师赐紫沙门顺行。

　　盖真容院初属大华严寺，其后别为一所。此牒题云"大华严寺真容菩萨院"，是从其旧称也。今日大华严寺因清世宗重建⑥，赐名为"大显通寺"。而真容院称"大文殊寺"，又名"菩萨顶"，为喇嘛宗之本寺。慈觉大师巡礼时，阁院前有阿育王塔。至明永乐、

①　原文作"沿"，《参天台五台山记》作"绍"，讹误，据之改。
②　原文作"后然"，《参天台五台山记》作"然后"，倒误，据之改。
③　原文作"荡"，应为"藩"，讹误，据之改。
④　原文作"读"，《参天台五台山记》作"祷"，讹误，据之改。
⑤　原文作"台五山"，应为"五台山"，倒误。
⑥　此处记载有误，应为明成祖朱棣。

万历之间，建大宝塔于其上，今称"塔院寺"。现在三者，俱各别为一所。然于一千年前，不过为大华严寺中之一院耳。我辈投宿处，仅隔大显通寺十余丈。盖杨林街全部，旧时皆属大华严寺之境内。然我辈对于大华严寺之旧址，殊不留意，几度过寺门前，未曾一入。至今思之，甚悔疏忽也。幸归东京后，得读伊东忠太^①博士之五台山记录，始详悉其寺塔之形式，亦稍足慰也。

九、失败之千佛洞石佛调查

十五日朝八时半，由杨林街出发，过塔院寺之前，见南山寺在其左。遂沿溪流，取道东南，迳向南台中麓之千佛寺。考此佛寺，于《巡礼记》及其他书皆无记载。此寺虽全无文献可征，然五台山中无人不谓此千佛洞为石佛安置之地。我辈入五台山以来，除佛光寺外，其余灵^②境寺、金阁寺、竹林寺、东台顶，皆无一古迹，徒瞻礼明清以来之新寺塔及佛像而已。是日冒雨，从台怀镇至南山寺前约五里，由此更向东南行二十里，至白云寺。从白云寺之南里，遡溪间，指西南行八里，抵南台之中麓。其路非常险峻，遂下马徒步。上斜坂，磴道雨滑，人马皆难行。然因欲瞻拜

---

① 伊东忠太（1867～1954），工学博士，东京帝国大学教授，日本著名建筑史学家。伊东忠太一生致力日本传统建筑以及亚洲建筑的研究，著有《日本建筑研究》《东洋建筑研究》《见学记行》等。曾于1902年来五台山调查，并作有游记《五台山》（《铁路协会会报》1925年第150～151期）。

② 原文作"云"，应为"灵"，讹误。

石佛，遂不辞攀跻①之苦②。我辈意中以为千佛洞必如大同与龙门
之石窟，镌造佛像于其间。及至世传有千佛洞之千佛寺，则见一
赫然新式之殿堂。遂入寺参观，中有僧侣颇多，导我辈往拜石佛。
越两殿堂，至一岩窟，窟内狭隘，气味极恶。燃灯照路，中有无
名之石佛像，正面坐③于横一尺、高二尺之平石上。余无所见，此
即所谓千佛洞也，我辈嗒然④而返。出窟外，过一殿堂，中有五佛
像，殆为喇嘛寺也。我辈此次参诣五台山之主要目的，在于调查
石佛，今全失望矣。遂下山经白云寺，再行二十五里，过金刚库
村落，抵石嘴而投宿。我辈之调查五台山石佛虽失败，然古来此
山确有石窟寺院。据《古清凉传》云：

> 中台南三十余里，在山之麓有通衢⑤，乃登台者常游。此
> 路也，傍有石室三间，内有释迦、文殊、普贤等像，又有房
> 宇、厨帐、器物存⑥。近咸亨三年，俨禅师于此修之⑦，拟登台
> 道俗往来休憩。（中略）孝文石窟故像，虽人主之尊，未参玄
> 化。千里已来，莫不闻风而敬矣。

---

① 攀跻：犹攀登。[唐] 孟郊《和皇甫判官游琅琊溪》诗："唯当清宵梦，仿佛愿
　攀跻。"
② 原文作"菩"，应为"苦"，讹误。
③ 原文作"座"，应为"坐"，讹误。
④ 原文作"塔然"，应为"嗒然"，讹误。嗒然：形容懊丧的神情嗒然若丧。
⑤ 原文作"有山之麓在通衢"，《古清凉传》作"在山之麓有通衢"，倒误，据
　之改。
⑥ 《古清凉传》作"存焉"。
⑦ 《古清凉传》作"修立"。

又据《广清凉传》云：

> 石窟寺，在佛光寺东北二十余里，俨禅师所造。正当山口，登清凉寺，路经于此，游礼憩息之所。

又据《古清凉传》云：

> 释普明，俗姓赵，济县人也。年三十出家，止泰山灵岩寺①。每闻清凉瑞像，乃不远而来游，于南台之北，凿龛修业。

所谓南台之北，正当今千佛洞之地点。盖古代确有龛像，其后悉被破坏耳。《巡礼记》亦云："山中有许多玉石像。"此次游山，于佛光寺见有玉石像，安置后山塔中。长二尺许，两手虽缺，然形象殆全，惜忘记摄②其影。又于清凉寺③旧址，发见古石佛之破片，惜未携返。是皆大失策也。又入五台山中时，终始遇雨，不能纵览五台山之雄大风光。且逼于时日仓卒，无暇调查，致学术上研究全归失败，诚悔恨之极。唯就于五台灵迹之佛光寺、法华寺、灵境寺、七佛教诫院、金阁寺、清凉寺、大竹林寺，皆得瞻礼，已占全台灵迹十分之七，私衷稍自喜耳。历观五台山，殆无一古物，盖因来游者相继持去。又山中之道俗一向不讲求保存，

---

① 原文作"灵岳寺"，《古清凉传》作"灵岩寺"，据之改。
② 原文作"撮"，应为"摄"，讹误。
③ 原文作"守"，应为"寺"，讹误。

如碑版之类，任意打拓，遂多损坏。唯竹林寺、法华寺之经幢尚存，惜余未能拓其全部，至今悔之。

十、过龙泉关经定县归北京

十六日朝八时，出石嘴，向龙泉关。此间相距四十里，即上二十里，下二十里。趣^①长城岭，上登之二十里殆平坦，无所苦。唯下降之二十里，则为可怖之斜坂，加以雨湿路滑，毛发悚然。抵龙泉关，已午后一时。雨犹不止，路殊恶。至栗园铺，遂变更行程，由此处换马夫，雇骡马三头。因无越岭之苦，遂与同游者联镖而行。

十七日，宿阜平县。十八日，宿口南驿^②。十九日，经曲阳县，是夕抵定县，即乘于十二时半之夜车。二十日朝六时半，归北京。^③

此篇游记有中文版和日文版。中文版先后刊载于《铁路协会会报》1925年第154～157期。日文版见于小野玄妙著《仏教美術》（甲子社书房，1926年）所附《五台山游记》以及《大乘仏教芸術史の研究》（金尾文渊阁，1944年）之《五台山巡礼行记》。本文以该游记的中文版为底本进行校注。

---

① 趣：趋向。
② 口南驿：即今东口南村。
③ 以上内容刊载于《铁路协会会报》1925年第156～157期。

缪秋杰

游恒山五台日记

（1923 年）

缪秋杰（1889～1966），字剑霜，号青霞，出生于上海，祖籍江苏江阴。1913 年入盐务稽核所，初时为来华协助整理盐务的英国人丁恩的秘书，后担任地区和全国盐务机关领导职务，毕生致力于盐政改革和建设，卓有建树，其事迹见于《缪秋杰与民国盐务》一书。

1923 年 5 月 8 日，缪秋杰自北京出发作恒山、五台山之游，是日晚在大同下车。次日，在大同游览云冈石窟及上华严寺。10 日，由大同乘马南行，取道应县、浑源，次日至浑源。12 日至 13 日，遍游恒山。14 日，由浑源南行，穿过恒山岭，取道浑源王庄堡、繁峙大营等地，路行三日，于 16 日行抵五台山，宿于台怀镇。17 日和 18 日，在台内游览诸刹，未造访各台。19 日，自台怀镇踏上返程，取道繁峙岩头、代县雁门关、山阴岱岳等地，路行六日，于 24 日抵达大同。次日，返回北京。此次山西恒山、五台山之行往返共费时十八日。

余怀游五台、恒山之志久矣。频年栗六①，殊鲜余晷②。今获长假之便，决意往游，一了素愿。乃取道云中③、应州、浑源，以赴五台，反经代州、雁门、岱岳，共历十八日，行二千三百七十八里。兹按日记，拉杂④叙之，以代报告。

五月八日晨七时，赴西直门京绥车站。天气清朗，远望西山黛色，扑人眉宇。八时半登车离京。十一时，过居庸关，深在谷底。下午三时十分，抵张垣⑤。七时三刻，抵大同府。行六百九十九里。沿途沙黄柳绿，风狂日炽，皆为塞上春日风光。

九日晨七时，出西门游云冈。风清日朗，揽辔徐行十五里，抵武周山之观音堂。又沿山行十五里，抵云冈。按云冈石佛工程之巨，为山西之冠。十数山洞，满雕石佛。种种色相，绕以云彩，极为壮丽。据考工程创自后魏拓跋，历辽、金、元、明皆重修理。今则多半颓圮，深为可惜。四时，返大同，游上华严⑥寺。六时，晚餐于久胜楼。据土人言，即《游龙戏凤》之美龙镇也。按大同

---

① 栗六：同"栗碌"，忙碌。［清］胡林翼《呈七叔墨溪公》："父亲又因事务栗六，无暇指示。"
② 余晷：闲暇。《周书·韦孝宽传》："遂使漳、滏游魂，更存余晷。"
③ 云中：即大同。
④ 拉杂：没有条理；杂乱。《乐府诗集·鼓吹曲辞·有所思》："闻君有他心，拉杂摧烧之。"
⑤ 张垣：即察哈尔省会张家口。
⑥ 原文作"岩"，应为"严"，讹误。

古为云中地，北为紫塞①，东有白登、平城，皆秦汉之遗迹也。

十日晨七时，离云中，乘马行一百三十里而抵应县。日中骄阳如炽，颇感困苦。

十一日，沿出行九十里而抵浑源。

十二日，游恒山记。

恒山在浑源州南二十里。山脉由阴山南入朔平，西折而东突起于州南为恒山。势亘三百余里如卧，而主山内包如心，故于文从亘从心。巅曰天峰岭，下建北岳观，创自北魏太延元年②。晨八时，乘马南行十里至金龙峪口，双峰陡束，一水中流，势极雄峻。仰见峭壁，旧垒犹存，世传宋杨业卡守三关处。考魏道武天兴元年③克燕，将自中山（即今直隶定县）北归平城，发卒万人凿恒岭，通直道五百余里，或即此乎？入峪中，碎石遍地，溪声如雷（乃土人束水作水磨之故），乱流而渡。忽睹峭壁间，阁楼嵌空④，有如燕垒蜂巢，颇呈奇观。土人指谓余曰："此悬空寺也。"寺建何代，无考，或言北魏，或言金元。背倚翠屏，面临渑水。涛声山色，共贮一楼。楼二座，皆三层，凌虚⑤数十丈，相离数十步，联以飞桥。自下望之，如仙人楼阁，矗立云际。登之则固图栋雕

① 紫塞：长城。［西晋］崔豹《古今注·都邑》："秦筑长城，土色皆紫，汉塞亦然，故称紫塞焉。"
② 太延元年：即公元435年。
③ 天兴元年：即公元398年。
④ 嵌空：指凹陷。［南宋］范成大《吴船录》："沿江石壁下，忽嵌空为大石屋，即石壁凿为像设。"
⑤ 凌虚：升向高空或高高地在空中。［三国·魏］曹植《节游赋》："建三台于前处，飘飞陛以凌虚。"

梁①，金碧辉煌。中有如来跌跏②及纯阳负剑之像，盖取仙佛同归
之义也。一声清磬，飞堕云中，不觉此身已来天上。然当蹑飞桥，
凭危槛，俯视千仞，心目俱摇。登最上层，额曰"瞻汉云阁"。壁
诗有"山川缭绕苍冥外。殿宇参差碧落中。残目淡烟窥色相，疏
风幽籁动禅空"③，皆纪实也。复前行约半里，抵下坂坡。下马拾级
而上，为北岳恒山坊。登山约五里，抵停旨岭，小憩于龙王庙。

　　午飧④后复行，穿虎风口，侧立介石碑。据石崖，藉松荫而
息。忽风来如吼，凛然不可复留。乃复前行，经果老领，石上蹄
迹数处，土人言为张果老骑驴所印。登履一泉，试饮，水味清
甘，冷沁心脾，即《舆地览》所云太方泉也。泉有二，一甘一
苦，构亭覆之，苦者已湮没。再上经凌云阁至北岳庙，额曰"人
天北柱"。登百零三石级而抵贞元殿，东为青龙，西为白虎。绕殿
西上，峭岩之下，有亭阁，曰"御碑亭"。玉皇阁，再西有洞，曰
"会仙府"。洞前筑殿三楹，额曰"南眺四岳"。复升斜径，登琴
棋台。台在峭壁之半，巨石中裂，不盈一尺，仄身攀援，手足并
用。登台观，壁间刻"悟道遗迹"四字，乃与黄冠对弈。仰观白
云，俯视青峰。残棋苍凉，摩挲之间，令人飘飘然作出尘想。下
台折而东行，登振衣台。矗立千仞，云生足下，奇景也。攀通元

①　图栋雕梁：雕梁画栋，指房屋华丽的彩绘装饰。
②　跌跏：双足交叠而坐。
③　见于［明］郑洛《早过悬空寺》诗："石壁何年结梵宫，悬崖细路小谿通。山
　　川缭绕苍冥外，殿宇参差碧落中。残月淡烟窥色相，疏风幽籁动禅空。停车欲向
　　山僧问，安得山僧是远公。"文中个别字与该诗有出入。
④　午飧：午饭。

谷（唐封张果为通元先生）而上绝顶，东望渔阳上谷，西瞰应州山阴，北则云中紫塞，南则五台雁门，洋洋乎大观也。罡风^①吹来，摇摇欲坠。俯仰时许，尽兴而返。坐贞元殿前石级上休息，静观远景，颇饶清趣。山鸟鸣松，暮钟惊客。夕霞斜照群峰，皆作紫色，炊烟四起。时有一二农夫荷锄下山，牧童驱羊归去。一片天籁，如置身尽画图中也。平视白云灵穴外，极为清幽。乃沿庙折而东南行，抵旧殿，土人谓为寝宫。左为还元洞，右为飞石窟，旧传飞堕曲阳以享天子之祭。殿南为纵我怀抱亭，再南为阁道寺，清泉之宇化堂在焉。返北岳庙，复坐南天门下，品泉揽胜。远望滱水如带，众山如坿。面对飞石崖，旁观白云洞。夕阳岭在其上，通元谷在其下。披襟临风，不啻登仙。晚钟暮霭，苍冥四合。乃归寝。

十三日晨七时兴，至南天门下稍坐。觉冷如晚秋，乃步至琴棋台下曝日。十时，由后岭下山。午归浑源城。入城一视，荒凉殊甚。妇女多纤足^②赤膊，穿棉背心，双乳外露，不以为耻，为可异耳，此俗以大同为尤甚。

十四日晨七时，离浑源。穿恒山岭^③，行九十里至王庄堡^④。此处苹果^⑤园甚多，落英^⑥满地寸许。面山临水，颇为清幽。夜半细雨。

---

① 罡风：道家谓高空之风，后亦泛指劲风。[南宋]刘克庄《梦馆宿二首》诗之二："罡风误送到蓬莱，昔种琪花今已开。"
② 纤足：旧时妇女缠过的小脚。[清]袁枚《随园诗话》卷十一："杨纤足，夜行不能逾沟。"
③ 此处的恒山岭，泛指恒山以南的山岭。
④ 王庄堡：即今王庄堡村，为浑源县王庄堡镇政府所在地。
⑤ 原文作"平果"，应为"苹果"，讹误。
⑥ 落英：落花。[西晋]左思《蜀都赋》："敷蕊葳蕤，落英飘摇。"

　　十五日晨八时，冒雨而行。登沱川岭^①至大营镇^②，午飧。下午复行，两次遇雹，抵东山埝^③。共行九十里。此村适当罕山^④山口，为去五台之咽喉。山势雄秀，树禾碧绿，颇为好看。

　　十六日，入山谷行。青峰突起，颇似巫山峡。二十五里^⑤抵狮子坪，过此上行五里分道，一由华岩岭^⑥（即北台麓）至五台，路较近，惟路奇陡；一由红门堰（即东台麓），即余所取道也。路极崎岖难行，共行六十里，抵台怀镇，时已六时矣。

　　五台山游记，十七、八日。

　　五台山，乃文殊大士之道场，故佛家盛称之，亦名清凉山。五峰环绕，顶无林木，形如垒土之台，故名五台。夏时飞雪，曾无炎暑，故曰清凉。是山也，左邻恒岳，右瞰溥沱，北凌紫塞，南拥中原。周五百余里，状如莲花。东、南、西、北四台，皆自中台发脉。群峰联络，势若游龙。丛林大刹，皆在中台之下。昔周穆王时，文殊师利卓锡于此。考《清凉山志》，中台高约三十九里，顶平广，周五里，亦名翠岩峰。巅峦雄秀，翠霭浮空，故名。东台高约三十八里，顶若鳌背，周三里。碧汉晴空，沧溟^⑦在望，故亦名望海峰。峰巅筑有石室、尖塔二。西台高约三十五里，

---

① 沱川岭：又名驼橡岭。
② 大营镇：即今大营村。
③ 东山埝：即今东山底村。
④ 罕山：即憨山。
⑤ 原文作"日"，应为"里"，讹误。
⑥ 华岩岭：又名花岩岭。
⑦ 沧溟：大海。[东汉] 班固《汉武帝内传》："诸仙玉女，聚居沧溟。"

顶平，周二里。银盘玉钩，时悬林梢，故亦名挂月峰。南台高约三十七里，顶若覆盂，周一里。林木丛翠，岩壁秀丽，故亦名锦绣峰。北台高约四十里，顶平广，周四里。由下俯视，巅摩斗杓，故亦名叶①斗峰。按佛家言，五台为风藏，普陀为水藏，九华为地藏，峨嵋为火藏，故土人言此山多风，有由来矣。清凉寺建于魏孝文时，有清凉石。周四尺，厚六尺五寸。相传文殊师利手托至，此为镇海奇珍。

　　显通寺，在灵鹫峰下，为山中最大之丛林，建于东汉。本名大孚灵鹫寺，明改今名。中有无量殿，二层，形如西式楼房。殿后有铜殿高二丈，全铜造成。前有铜塔五座，位分五方，按合五台。天寒时朝台者不至顶，即礼此五塔云。傍为塔院寺，内有佛舍利塔，高二十七丈，周二十五丈，只二层可登。上层小紫铜转轮三百八十个，下层大黄铜转轮六十一个。轮上刻藏文佛经，满蒙人朝山者，诵经绕塔，抚轮而转之，盖取大转法轮之意也。灵鹫峰，亦名菩萨顶，登百零八石级而抵"灵②峰胜境"坊。庙额"真容院"，相传唐时僧法云创建，拟塑文殊真容，云恳菩萨现身。忽于云际睹神像，图摹而成，故名院曰"真容"。再上为慈福寺。下至罗睺寺，寺建于宋。后院为西方殿，中置大莲花座，可以旋转。左转花开，即见如来，右转花合佛隐，盖取花开见佛之意。四周为莲花池，池内皆海会圣像。折而东行至七佛寺、集福

---

① 原文作"咔"，应为"叶"，讹误。
② 原文作"云"，应为"灵"，讹误。

显通寺之铜塔铜殿

寺参观。少息，即至楼观谷太平兴国寺。寺乃宋太宗平晋时所建，即杨招讨礼师祝发之处也。西庑有五郎肉身像，傍置铁禅杖一，重八十一斤。出至般若寺，入金刚窟，观佛牙及手足石印。出寺折上普乐院。下山至碧山寺，午飧。观邓尉山僧济石^①所写七级《华严^②经塔》及《四大部经塔》各一轴，字如蝇头，真宝物也。

　　次晨，南行过前清行宫废址，至殊像寺。观糯米塑文殊骑青狮像，状极尊严，传为神工所造。登梵仙山绝顶，入灵应寺。登楼望中台，西台、南台为云烟笼罩不可见。下山乘马至镇海寺。苍松翠柏之中，偶现梵宫，风景绝佳。入寺观章嘉佛塔，雕琢极精。塔后经楼，适值章嘉诵经，故未登游。下山返至南山寺。入

① 济石：清初人，江苏邓尉山圣恩寺方丈，邓尉山在江苏苏州西南三十公里处。
② 原文作"岩"，应为"严"，讹误。

门额曰"极乐寺",大殿两厢满塑海会圣众极精。下山至栖贤寺。入栖贤谷,游观音洞。洞建于岩壁,颇为峭秀。折回台怀镇,登青峰,一名大螺顶。山半游善才洞,登绝顶望北台、中台、玉①花池,如在睫间。入寺遇祥瑞和尚,品茗谈经,颇饶清趣。返寓已六时矣。僧祥瑞赠五台天花(即菌类)、金莲花各一包,皆五台特产也。

十九号晨八时,离五台之台怀镇。南行至南山寺麓,折而西行②,十余里抵狮子窝。越六里高岭,下岭时遇雨,避于荒村中。二时许,冒雨复行。山谷风景秀丽,愈进愈佳。七时抵岩头③。

二十号八时,发岩头。行三十里,抵峨口镇④,入山之咽喉也。峰岭白云古刹,绀宇红墙,远望之如在天上。沿途山路极为崎岖,遇蒙人之朝台者甚多。下午过聂营⑤,即秦武安君之故里,有坊曰"北边良将"。六时抵代州⑥。

二十一号七时,行四十里抵雁门关,入赵李牧庙。小憩,登城楼观六郎像。出关沿汽车路缓辔而行,抵广武⑦过宿。旧广武城在其西,城北即古战场,世传六郎与胡人战于此地。

二十二日晨,行四十里过老杨寨⑧。考宋山后地即今应州一带

---

① 原文作"至",应为"玉",讹误。
② 即沿车沟前行。
③ 岩头:即今岩头村,为繁峙县岩头乡政府所在地。
④ 峨口镇:即今峨口,为代县峨口镇政府所在地。
⑤ 聂营:即今聂营村,为代县聂营镇政府所在地。
⑥ 代州:即今代县城。
⑦ 广武:即今新广武村,为山阴县张家庄乡下辖村。
⑧ 老杨寨:即今老羊寨村,为山阴县薛圐圙乡下辖村。

也。下午抵岱岳镇^①。

二十三日，抵高镇^②。

二十四，抵大同。

二十五日，返京。

按入五台山道路有四：一由繁峙^③县之东山埭，越红门堰或华岩岭，而抵台怀镇；一由五台县；一由代县之峨口镇，越狮窝岭^④；一由定县穿龙泉关。四路以华岩岭为最险，龙泉关为最平。盖定县大路即前清朝台之御路，游者不可不知。余为探幽寻台起见，故穿恒岳，登红门堰，越狮窝岭，出雁门关而返。沿途皆乘马行，山峰之陡峭，涧路之崎岖，为余所仅见。然沿路风景极佳，亦足慰余之辛苦矣。

此篇游记刊载于《税务专门学校季报》1923 年第 4 卷第 4 期。

---

① 岱岳镇：即今岱岳镇，1937 年山阴县治由古城镇迁移至岱岳镇。
② 高镇：即今高镇子村，为怀仁县海北头乡下辖村。
③ 原文作"畴"，应为"峙"，讹误。
④ 狮窝岭：又名狮子岭。

五台山游记

（1925 年）

熊希龄（1870～1937），字秉三，别号明志阁主人、双清居士，湖南湘西凤凰人。民国时期政治家、教育家、社会活动家、实业家和慈善家。著有《双清集》等。

1925 年 9 月 1 日（农历七月十四日），熊希龄一行人在阎锡山代表李尚仁的陪同下抵达五台山，受到五台山僧俗各界人士的热烈欢迎。来台途中，因秋日雨水不断，滹沱河水流湍急，为避洪水，故未取道定襄、五台入台，而是取道代县、繁峙。到山之后，熊希龄一行人陟台巅，访丛林，停留四日，后经由原路而返。

五台山为文殊显化道场，滕、兰西来，建寺安禅，实震旦①肇

---

① 震旦：古代印度对中国的一种称呼，音译自梵文，又译作真丹、旃丹等。

有浮图之始。历代帝王为国祝厘①于是焉。在其地北临朔漠，西际
羌戎，异域胡僧、飞锡②而至者，岁以千万计。余夙慕灵踪，神游
五顶，盖有年矣。人事牵率，斯愿久未克偿。

乙丑③秋七月，以促进教育事赴会太原，适后藏班禅休夏④是
山。五台周县长毓瑄，湘西故人。廖君名播，亦以事集山中。先
后电讯，约作胜游。会期告竢，爰偕同人联袂北来。于时，秋霖⑤
弥月，滹沱奔迅，行道代、繁，以避洪流。既造台麓，重阴解
驳⑥，积雨忽收，山之人相与惊诧，以为是固前兹所未睹也。爰乃
陟台巅，访丛林，穷四日之力，略识此中胜概。时章嘉佛，习静
镇海寺，折柬招邀。林泉觞咏⑦，令人流连忘返。而汉蕃僧俗、诸
耆德，佥以希龄经历世变，马齿加长⑧，远道来游，冀言以相贶⑨。
因就古显通寺开会欢迎，余既告以时艰日棘，五族同胞宜谋所以

---

① 祝厘：祈福。《史记·孝文本纪》："今吾闻祠官祝厘，皆归福朕躬，不为百姓，
 朕甚愧之。"
② 飞锡：游方僧。
③ 乙丑：即民国十四年，公元 1925 年。
④ 休夏：谓夏日休闲。[宋] 蔡绦《铁围山丛谈》卷五："当释氏在忉利时，适休
 夏自西，遂躧天而下。"
⑤ 秋霖：秋日的淫雨。《管子·度地》："冬作土功，发地藏，则夏多暴雨，秋霖
 不止。"
⑥ 解驳：离散间杂。[唐] 韩愈《南海神庙碑》："公遂升舟，风雨少弛，棹夫奏
 功，云阴解驳，日光穿漏，波伏不兴。"
⑦ 觞咏：饮酒赋诗。[唐] 白居易《老病幽独偶吟所怀》诗："觞咏罢来宾阁闭，
 笙歌散后妓房空。"
⑧ 马齿加长：比喻自己虚度年华，没有成就。《春秋穀梁传·僖公二年》："荀息
 牵马操璧而前曰：'璧则犹是也，而马齿加长矣。'"
⑨ 贶：赠送。[南朝·宋] 鲍照《拟古八首》诗之二："羞当白璧贶，耻受聊
 城功。"

结合之必要。室人^①朱其慧君及同游诸子，亦各自摅^②襟抱^③，讲演有差。县长周君，乃前席称姙^④而言，曰："嘉辰易逝，盛会难逢，今是之游，其不可无以视后来也。瑄不敏，敢以游记请。"余维纪游之篇，肇始兰亭^⑤，兴公^⑥《天台山赋》、太白^⑦《桃李园序》抑亦其次。至柳子厚^⑧谪居永州，《西山游宴》《浯溪钻鉧潭》诸文，始以游记名篇。有明以至胜国^⑨，作者尤夥，综其旨趣，率不过二三文人，流连风景，雕刻山水之词。若夫群五族之教宗，通重译乎

---

① 室人：指家中的人，此处指其妻子。

② 摅：抒发；发表。

③ 襟抱：胸襟；抱负。

④ 称姙：行列齐整貌。《后汉书·光武十王列传·中山简王焉》："今五国各官骑百人，称姙前行，皆北军胡骑，便兵善射，弓不空发，中必决眦。"李贤注："称姙，犹齐整也。"

⑤ 兰亭：东晋时在会稽郡山阴县，以王羲之《兰亭集序》闻名。此处指《兰亭集序》。

⑥ 原文作"公兴"，应为"兴公"，倒误。孙绰（314～371），字兴公，祖籍太原中都（今山西平遥），生于会稽（今浙江绍兴）。东晋文学家、书法家。明人辑有《孙廷尉集》传世。《天台山赋》即《游天台山赋》。

⑦ 李白（701～762），字太白，号青莲居士。唐代伟大的浪漫主义诗人，被后人誉为"诗仙"，与杜甫并称为"李杜"。有《李太白集》传世。《桃李园序》即《春夜宴从弟桃花园序》。

⑧ 柳宗元（773～819），字子厚，河东人。唐宋八大家之一，唐代文学家、哲学家、散文家和思想家。唐永贞元年（805），王叔文领导的永贞革新失败之后，作为王叔文政治集团一员的柳宗元也遭到打压，被贬为永州司马。柳宗元在永州生活十年，期间其游历永州山水，写下《永州八记》等散文，来表达胸中愤郁。其中，《西山游宴》即《始得西山宴游记》，《浯溪钻鉧潭》即《钻鉧潭记》。

⑨ 胜国：被灭亡的国家。此处指清朝。《周礼·地官·媒氏》："凡男女之阴讼，听之于胜国之社。"郑玄注："胜国，亡国也。"

玄谈，西极葱岭，北逾金微①，宾主尽亚东之美，盛游联黄裔之欢，其惟吾辈兹游有之乎？其惟吾辈兹游有之乎？周君贤者，治台有惠政，台人爱之，游人爱之。微君言，余固将以是蕲②之君也。为书端概，以塞其意。

凤凰③熊希龄撰。泸溪④廖名揩书。同游者蒙古文山、太原李尚仁、江苏陈容、眉州⑤陈潜夫、萨拉萧必达、保定翁长祺、长沙沈明扬、永北周毓瑄、宝生朱甥麟，例得并书。

熊社长游览五台补志

中华教育改进社社长熊希龄君，与其夫人朱其慧女士，及陈君主素、朱君君复、沈君阴棠、陈君潜夫等，赴太原教育改进社年会⑥毕，藉便游览五台山。阎兼省长特派工专校长李尚仁君伴游。于九月一日到山，后二日班禅、章嘉领袖蒙藏僧俗，联合军、政、商、学各界，在大显通寺开一五族联合欢迎大会，欢迎熊社长与其夫人等。班禅活佛派遣各大堪布、秘书、翻译等莅会，章

---

① 金微：古山名。即今阿尔泰山。［南朝·陈］沈炯《赋得边马有归心》诗："连镳度蒲海，束舌下金微。"
② 蕲：祈求；希望。《庄子·养生主》："泽雉十步一啄，百步一饮，不蕲畜乎樊中。"
③ 凤凰：即湖南湘西凤凰。
④ 泸溪：即湖南湘西泸溪。
⑤ 眉州：即四川眉山。
⑥ 1925 年 8 月 17 日，中华教育改进社年会在太原举行。

嘉活佛亦派副官排长、总官管家喇嘛等赴会。首由该县周知事致欢迎词，继由熊君及其夫人相继演说，洋洋洒洒，各极千言。对于山西政治、教育及整理村范各项，多有批评。谓五台山蒙藏内向，五族杂居，于全国颇有关系。且为阎督办桑梓[1]，一切政治，又为各县模范。幸得周知事仰体阎公热忱，勤政爱民，积极整顿，不遗余力，匪戢民安，诸务井然。异日之进步，正未有艾，此鄙人所最欣慰而极希望者。最后对于推广宗教，改良教育，应兴应革之种种方法，言之更为详明，听者无不肃然起敬。次由陈主素、朱君复、沈阴棠、陈潜夫、李绚卿诸君，相继致词。班禅佛代表萧通三君，章嘉佛代表王双玉君，亦各致欢迎词，意极诚恳。熊君与其夫人暨陈君等，欢跃奚似[2]。谓往昔以五族之名，召集会议时固多，而如此次之名副其实者，实属绝无仅有，其庆幸当何如耶！即请与会者同撮一影，以为纪念云。

此篇游记分别刊载于《晋民快览》1925 年第 4 期、《来复报》1925 年第 363 期。本文以《来复报》版为底本进行校注。同时，《来复报》1925 年第 362 期又以《熊社长游览五台补志》为题刊补熊希龄一行人在五台山的经历，故一并著录。另外，熊希龄《双

---

[1] 桑梓：桑树和梓树。古时住宅旁常栽种桑树以养蚕，种梓树以制作器具。此处指故乡。［唐］柳宗元《闻黄鹂》诗："乡禽何事亦来此，令我生心忆桑梓。"
[2] 奚似：何似。

清集》收录有其在五台山游览期间所作的十五首诗①，借此可大概
知晓其在五台山的行踪。

---

① 分别是《乙丑山西旅行自太原至代县途中》《自代县至繁峙道中》《自繁峙至五
台道中》《归途由东山底至繁峙道中》《游台山中台》《寿宁寺》《玉华池》《金
刚窟》《菩萨顶》《塔院寺》《五郎祠》《赠五台县周大令（二首）》《周介青大令
送至东台赋此赠别》《和笏唐五台杂诗原韵》。另外，《慈祥丛刊》（北京慈祥
工厂，1925年）又以"山西五台山纪游杂咏"为题刊载《自太原至代县途中》
《自代县至繁峙道中》《自繁峙至五台道中》《归途由东山底至繁峙道中》四
首诗。

| 吴少成

五台山游记

（1926 年）

吴少成，江苏人，生平不详，曾任山西国民师范学校教员。另作有《清宫游记》。

1926 年 10 月 13 日，吴少成从太原出发进行五台山、恒山之游，取道忻州、定襄、五台等地，路行七日，于 19 日行抵五台山，宿于显通寺。20 日至 24 日间，游览台内诸刹，与显通寺、璧山寺僧人往来，参观台怀镇小学。25 日，启程进行恒山之游，与碧山寺僧人开成和尚结伴同行，取道华严岭、鸿门岩至东台，之后复至鸿门岩去恒山，再取道繁峙东山底、砂河、朱家坊等地，入浑源，游恒山。游恒山完毕之后，吴少成从浑源西行，继续游览应县木塔、雁门关，之后取道代县、忻州返回太原。

　　余至晋年余，乘十五年^①寒假之便，一人游五台。友人云："五台地势高寒，六月山巅尚有积雪，往者须着夹衣。现在时已十月，不可以往，恐触寒也。"余体质强健，对曰："人皆以青绿可爱，气候又适宜。青绿固可爱，要知高山流水，积雪如银，枫叶衬之，何等幽叙。常人欲观，岂可得也。"乃决计行。

　　太原省城，距五台山约四百余里。值此大战之后，交通不便，汽车停开，骡车脚窝又迟，不得已改乘脚踏车^②，事先筹备一切旅行用品，明日即北发矣。

　　十月十三日晨，六时由校中出北门，走省路。不十里，过飞行场。再北行四十里，渐行渐高，至一汽车站，渴甚，休息。后又来一骑车者，为某师之差遣员马君。休息片刻，一同北行，举首北望，路如长蛇，直接天衢。从此北去，皆走山中马路矣。不三十里，至桑干河发源处^③。过长石桥，有孔十余，流水溅溅，穿石而去。复登山，由此时走山顶，时入山坡。远望山有炮垒旧址，询之马君，知为石岭关。高据山巅，峰峦高耸，中通一路，长三十余丈，宽约一丈余，高不及丈，太原北面门户也。出关下山，路如削壁，苟一不慎，则粉身碎骨矣。休息北行，穿树林，过村落。东望石岭山巅，积雪皑皑，高接云表^④，山气横亘，为之中断，

----

① 十五年：即民国十五年，公元 1926 年。
② 脚踏车：指自行车。
③ 此处有误，桑干河源头不在此处。
④ 云表：指上天。［清］厉鹗《小雪初晴访敬身于城南同游梵天讲寺》诗："愿服埽塔衣，顶礼向云表。"

忽而为云，上浮天空，甚可观也。北行四十里，至忻州^①，时已下午三时，不复能北。马君亦于此休息，同寝一室。夜中忽雨，天明未息，车不能行，住焉。

十月十四日天晴，至忻州中学校晤姚君。校址在城内东南城墙上^②，地基颇高，俯览全城，历历在目。四围皆山，如玉镯然。校舍齐整，学生淳厚。姚君代书介绍信至河边村川至中学校伊兄含珠君。在校午膳，后至街中一览，尚有城市气象。北方城市，店少人稀，远不如南方之壮丽热闹。但人敦厚朴实，南方人所不及也。

十月十五日天晴。午后，马君赴大同，由此余东北行，分道扬镳，路皆平坦。八十里至定襄县，时红日将坠，两轮如飞，恐夜黑不能至河边村。但由此前去，尚有四十里。所幸马路甚宽，加有月色，七时至河边村川至中学。与姚君相见，招待颇殷。川至中学，系阎百川^③私资设立。百川家即住此村，村中住户，约三千余家，可云大村落矣。村前有龙凤二山，石岭山^④之脉也。东有滹沱河^⑤，行势颇佳，宜乎出人物。十时休息，请姚君代雇一骡，从东北行，不复能行脚踏车矣。

十月十六日天晴。七时雇骡已到，整理行装，由河边村东

---

① 原文作"沂州"，应为"忻州"，讹误。下文中凡出现"忻州"者，皆系改正，不作赘述。
② 此处有误，忻州中学校位于城内西南高地之上。
③ 阎百川：即阎锡山。
④ 石岭山：即系舟山。
⑤ 原文作"呼沱河"，应为"滹沱河"，讹误。

行，过滹沱河。河宽约里余，土人造桥其上，以便往来。过桥而东，至东冶镇，山坡起伏，杨柳迎风，落叶飘飘。上山岗，过七村庙①，而望景村②、黄土坡③，土色如金。折而北，至西村④，共行六十里。土坡曲折，过小石山，远望五台县，蹲于山足，如大盘然。下山向五台县而进，穿密林，越涧水，至五台县。南门而东，有大涧，涉涧而过，登山入五台山门矣。山门刻"天下名山"四字，绝地通天。由石级而上，山路崎岖，羊肠鸟道，约十里，至阁道岭。有阁门，上书"清凉境界"，远望之，风景怡人。阁下有石碑，上刻"五台胜迹"。阁内有山西陆军少将张瑜⑤之碑。怪石嶙峋⑥，不可以状。再北行，至南大仙⑦，山中一小村也，息焉。

十月十七日天晴。黎明即起，鸡声四唱，曙色⑧朦胧。策骡而北，渐行渐高，村落亦少，山势更奇。至狮子岭⑨，有真容院⑩，云文殊显身于此。石塔上刻文殊经，盖有年矣。坐刻许，北行，下石级。远观五台，历历在目，山中积雪，已二三尺。夕阳将下，

---

① 七村庙：具体位置不详。
② 望景村：即今望景岗村，为五台县东冶镇下辖村。
③ 黄土坡：即今黄土坡村，为五台县沟南乡下辖村。
④ 西村：即今下西村，为五台县沟南乡下辖村。
⑤ 张瑜（1883～1915），字玉堂，山西五台县南茹村人。同盟会成员，辛亥革命山西起义将领，陆军少将。
⑥ 嶙峋：形容沟壑、山崖、建筑物等重叠幽深。［唐］韩愈《送惠师》诗："遂登天台望，众壑皆嶙峋。"
⑦ 南大仙：即今南大贤村。
⑧ 曙色：黎明时微现光亮的天色。［唐］杜甫《江边星月二首》诗之二："鸡鸣还曙色，鹭浴自清川。"
⑨ 狮子岭：即虒阳岭。
⑩ 真容院：即尊胜寺。

北走山涧中，卵石万千，触目皆是，山势崎岖，又更甚焉。远观清凉寺，高据山巅，似无路可登。楼阁悬立，大有空中楼阁^①之概。再前行，入大谷，不可得前。忽左折，得石桥。过桥，路宽不及尺，盘旋而上，山如壁立。策骡而上，十步一停，人畜汗流。不一刻，乃至。入庙，庙宇华丽，方修葺。大殿前有清凉石，长可四丈余，宽可二丈，厚七八尺。石下支小石，四角悬空，距地三四尺。俯而入，大石小石之间，支其他小石。如有缘人支之，则不落。复以肩撑之，则支石落矣。相传此石由文殊菩萨双手托来，名清凉石，寺亦以此名。尚有魏文帝^②所赐金印二，上刻"清凉擢授""清凉之印"^③。出寺登山，有大平坡，远观骆驼队迎面而来，系由台山运药草等物出山。其行珊珊，收者呼唤，声应山谷，惜无照像器为之摄下。待骆驼过尽，始前行，由山坡而上，绕山腰而北。^④十余里至柳院，宿焉。

　　十月十八日天晴。山势渐入渐深，积雪一白无垠，登峰造岭，颇费足力。骡行亦迟，且不能耐，有时前足跪下，余由骡头而跳下。有时骡后足跪下，乃由骡尾而仰卧。如此不知凡几，所幸路皆积雪，跌卧皆无损伤。而骡亦若知人意者，人跌下则骡亦不动。吁，骡畜也，亦知人之意耶。七时天已晚，问有一二山居者，问

---

① 原文作"阎"，应为"阁"，讹误。
② 魏文帝：即北魏孝文帝。
③ 原文记载有误，此二印上文字应为"清凉摄受""清凉石印"。
④ 根据上下文语意，推测文中关于十七日行程的记载存在倒误情况，当时已"夕阳西下"，吴少成当天宿于柳院村，次日才游览清凉寺，故应将"远观清凉寺，……绕山腰而北"之行程归入十八日行程内。

其有住宿处，对以旅店再五六里即可至。至则骡马人等已满，不得宿。再询其何处可宿，对以再二三里有金阁①寺，可以投之。夜色苍苍，途宽不及尺，下骡而行。忽见前面隐有庙宇，曰至矣。敲门而入，副事②含久和尚接见，谈片刻。晚餐后，即与含久同炕③。山中皆住火炕，坑以泥成，下烧炭火，夜中不寒。其大数倍于吾南方之床，一家人可同炕。余颇厌火炕，卧至天明时，热不可耐，有扰睡眠。夜中含久可云未卧，时闻其动止声，似坐禅然，若得三昧之真谛者。

　　十月十九日，六时即起。盥洗毕，诵经声、笙箫管铉声齐作，知早经矣。朱雀齐鸣，飞绕空际。朱雀嘴足皆红，身深黑有光，鸣声如鸦，巢于庙宇之檐间，晨出暮归，颇得自然生活。含久导之入大殿，壮丽庄严，画栋雕梁，即宫殿亦不过如此。内供观世音，高五丈七尺。据含久云，在五台山中，可称大佛。殿前有二碑，一为唐时立，一为慈禧太后立。游览一周，屋宇颇④多，系东三省诸善士出资重修。现尚有关外居士二人，在此监修。每日朝暮随诸僧诵经，修费已逾四万余金。后出旁门，始知门外如台，庙基即筑在台上。台三面有石级，南一、北一、东三，每路约有

----

① 原文作"閣"，应为"阁"，讹误。
② 副事：即监院之副，其所管执与监院同。一切烦杂琐碎之事，监院不及照管之处，赖副寺治理。
③ 原文作"坑"，应为"炕"，讹误。下文中凡出现"炕"者，皆系改正，不作赘述。
④ 原文作"额"，应为"颇"，讹误。

四十余级。庙门三,前有牌楼①。殿顶为铜制而镀以金,殿后古柏
参天,苍翠可爱。映以白雪,金碧辉煌②,颇为壮丽,诚清凉境界
也。此日含久亦因事至五台显通寺,对余曰:"可以引导。"于是同
行而北。远望群峰,高插云表,和尚指点,此乃中台,此乃北台、
东台、南台、西台,一一说明。余惟应之,实未能了然于心也。
五台者,五峰高耸,飞出云表。山上无林木,有如垒土。其数为
五,故名五台。道经以为紫府山,内经则为清凉山,现在则名五
台矣。

　　由金阁寺北行,渐下山坡,而至山涧,乱石当道。约行十数
里,至南山寺,与观音崖③同在一山谷间。古柏苍松,与白雪相
映。由此北去,尽属山涧,涧宽数十丈。高山耸立,如着白袍。
约七八里,至关帝庙,亦系东省人所修,现尚未竣工。飞阁流丹,
金碧辉煌,神像威严,不可一世。小沙弥二三,延客入,坐客堂
略谈片刻。北去涧水潺潺,清可见底。时有喇嘛策马而行,蒙古
人亦时有所见,盖近中台矣。不一时,有涧横道,越涧而过,至
台怀镇,此山中第一大镇也。有学校,有警局,有阅报社,有电
报、邮政等局,有佛教会。再北行,涧水乱流,山中各寺,历历
在目。至杨林镇,曲折而西,入显通寺,息焉。知客妙济,招待
一切,后方丈寂富来谈。

　　五台山佛教,分青、黄两派。青教所奉为佛,喇嘛所奉为菩

---

① 原文作"排楼",应为"牌楼",讹误。
② 原文作"皇",应为"煌",讹误。
③ 观音崖:即观音洞。

萨。山中有十大寺，如显通寺、塔院寺、圆照寺、广宗寺、殊像寺、碧山寺、南山寺、凤林寺、金阁寺、灵境寺，其他小寺，不知凡几。黄教亦有十大寺，如菩萨顶、台麓寺、罗睺[①]寺、玉花池、寿宁寺、镇海寺、金刚窟、普安寺、七佛寺、三泉寺，其他小寺，亦不知若干。每年六七月，为各省人朝山之期。故六七月山中，来往者颇多，尤以蒙古人为最。山中各寺，用款多取之于蒙古人。虽有田地，不足济也，盖山中只有燕麦，其他植物，颇难生殖，地势高寒故也。是以南人至此，饮食颇不适口。和尚待客，尚有米饭，乃由百数十里外运回，专以待官僚、南人也。寂富云，亦于民国十三年南游数省，并至普陀，云南方美地也。余唯唯，后请另一院宿焉。

十月廿日，天晴。晨鸟噪噪，朱雀呀呀，惊破好梦，即被衣起。至院中，始知此院乃乾隆幸五台所居，内尚有御用品数件。檐间有乾隆御笔题诗横匾两方，上有句云"窣堵入云重，高盘灵鹫峰。无先梵网域，最古化人踪[②]。岚影交窗翠，松阴入座浓。归舆凹外转，犹听隔林钟"[③]；"雪霁翠微峰，蒸为紫雾浓。精蓝游历历，楼阁见重重。静悟庭前柏，闲听云外钟。徒闻十二院，谁复辨遗踪"[④]。又题《显通寺即事》云："有虑精蓝灵鹫前，大孚[⑤]犹忆永平年。域中佛法最初地，院外春光二月天。回

---

① 原文作"喉"，应为"睺"，讹误。
② 原文作"纵"，弘历《御制诗集》作"踪"，据之改。
③ 即乾隆御诗《显通寺恭依皇祖元韵》。
④ 即乾隆御诗《显通寺》。
⑤ 原文作"学"，应为"孚"，讹误。

禄似观成坏相，维新仍列象龙筵。阇黎冀施教先施，不戒当勤种福田。"

柱上尚有对联，惜未录下。盥洗毕，妙济来谈，云青教庙本寺为最大，而年亦最久，东汉时建也。现有僧三百余人，佛教会亦附设本寺。山中佛教中，起何争执，皆入佛教会管理，一切权力颇大。引余至寺内各处游览，先至无量殿，亦称无梁殿，以砖筑成，无一木杂于其间。用圆门式，如桥之有圆门。中供无量寿佛，丈六金身。右为文殊，左为药师佛。四周制转轮，上镌梵字。殿之正面，有七圆门，上皆题字①。第一为"法菩提场"，第二为"普光明殿"，第三"夜摩天宫"，第四"佗化自在"，第五"忉利天宫"②，第六"兜率天宫"，第七"逝多园林"③。殿前有大雄宝殿，内为西方三圣，两侧皆罗汉。殿后有文殊阁，系铜制，高立石台上，高可二丈。内有大小铜塔，大者十三级，小者七级。供文殊，四壁皆佛，其大可三门寸，为数约万计。神前物品，皆系御制，有康熙手书"绀园"二字匾。阁前有地，约二丈许，置五大铜塔，按台位置而立。因山中早寒，积雪甚深，若冬至者，不得朝台，于此礼佛。每塔共十三级，高丈许，皆镀以金，上刻佛像。殿左有藏经楼，殿后尚有殿，内有藏、蒙等经。殿下有石板，为新刻诗数首，系熊希龄与五台县知事④来此所作，僧乃刻之石板，以为

---

① 原文作"字"，应为"字"，讹误。
② 原文作"忉利天宫"，应为"忉利天宫"，据之改。
③ 原文作"游多园林"，应为"逝多园林"，据之改。
④ 即周毓瑄。

纪念。诗①云：“馥馥②天花一路开，儿童争道使君来。高瞻颇具三边略，小就原非百里才。邑有弦歌多广厦，山为屏障衙中坐③。相逢莫作他乡感，灵鹫峰前共举杯。佛化千年俗亦纯，得君发政更施仁④。循声应列诸州长，治境能安五族民。地本清凉多懊恼⑤，官虽瘠苦有精神。此行同享如归乐，深幸名山得主人。”

庙中神像颇多。蒙古人来此礼佛者亦不少，有终年不归者，一家大小游牧来者亦有之，可谓信之深矣。妙济请回午餐。有同乡僧开成和尚，镇江人也，由碧山寺来，谈吐不俗，云游来此，已数年，现为广济茅蓬监院，约次日至彼处一游。午餐后，至塔院寺，在显通寺东南，不数十步即至。内有西藏式塔二，大者高二十七丈，周二十五丈，分二层。上有紫铜转轮三百八十七个，下层黄铜转轮六十一个。塔之外中央，有金铃百余枚。朝台者，视金铃之动静，金铃动则台不可上，俗云“金铃一声响，各台不可上”。盖风来铃齐鸣，台顶之风，更可知矣。此塔据僧云，常有佛灯出现。塔前有大慈延寿宝殿，阁后有藏经阁。阁中有大转轮藏⑥，以木制成，麓⑦约五丈余，四周分格，其数不知凡几。每格皆

---

① 即熊希龄《双清集》之《赠五台县周大令》诗二首。
② 馥馥：形容香气很浓。《文选·诗己·杂诗上》所收苏子卿诗四首之四：“烛烛晨明月，馥馥秋兰芳。”
③ 《双清集》作“山为屏幛卫中台”。
④ 《双清集》作“得君行政更施仁”。
⑤ 《双清集》作“地本清凉无懊恼”。
⑥ 转轮藏：佛教法器。藏佛教经书于八角经柜中，柜中心有轴，上支于梁架，下承于地面，推之可转动。
⑦ 原文作“丽”，应为“麓”，讹误。

放藏经，下有轴，人由地穴推之，可以转动，但甚重，非大力者不能转一周。僧云，如转一周，则此人智慧不小矣。余只能半转，则智慧可知。院为喇嘛，所诵之经，为蒙藏文，其声吆吆①，如源泉滚滚。蒙古人来此拜佛最敬者，有本板长约四五尺，拜者直立，忽然直身伏下，其身与板齐，谓之"等身拜"，或曰"五体投地"。吁，信佛之心，于此可见矣。

十月二十一日，天晴。至广化寺，为喇嘛所居。内有三头六臂佛，名宝贝佛、顶窟儿佛（译音），皆系藏佛。蒙古人不能诵经者，以手转转轮藏，口诵牛马米来（译音）。转轮藏上，书梵字，伊等皆曰董屈儿马牛屈儿陆（译音）。出寺，至十方堂，有广仁寺。出寺，至圆照寺。佛像庄严，过于他寺。至罗睺寺，内有花开见佛，形如莲花，共八瓣，大可八九尺，佛坐花中，四周为莲花池，小佛无数，佛座下有轮，左转花开而现佛，右转花合，佛不可见矣。余至时，适喇嘛诵经，铙拔②喧天，悲笳③时鸣，排铃大作，声彻云霄。排铃乃十数铃同装一横木上，两侧系绳，诵经之先，人将绳引之，则铃齐鸣。诵至何处，应使铃鸣，则引之绳而鸣。十二时半回显通午餐。午后至七佛寺，距显通约五六里。有四怪佛，三头六臂，令人可怖。一名 A 及儿巴泥，一名黑因黑罗儿，一名祥根那大点帝，一名大磨作（皆译音）。寺内恶犬三四

---

① 吆吆：喧嚷，唠叨。［唐］柳宗元《答韦中立论师道书》："岂可使吆吆者早暮咈吾耳，骚吾心？"
② 铙拔：院法会时所用法器。
③ 悲笳：悲凉的笳声。［三国·魏］曹丕《与朝歌令吴质书》："清风夜起，悲笳微吟，乐往哀来，凄然伤怀。"

头，见人猸猸①，皆以铁索锁之。小喇嘛王景鸾出见，年十七，面目清秀，藏、蒙文字颇熟。问其识中国字否，答以不知。询其何以在此为喇嘛，对以四五岁时，即来此，父母直隶保定人也，因穷故，在此山中种该寺田，故使来此，言之欲泪，大有不甘入空门之势。向彼买藏经，云无，乃送手抄藏经一册，名马字儿脚摩经（译音）。如何写法，如何读法，一一指点，惜未能领其一二。出寺时，并约再来，余唯唯。折向西至集福寺，而文殊、广宗寺。内有铜瓦殿，以铜建成，内供藏佛多尊，系明正德所修。出寺，夕阳西下，山气清新，乃徐步②归显通。

十月廿二日晨，开成和尚来，约于今日可以一游。出显通寺东北行，过太平镇③，山坡起伏，涧水涓涓，路转山回，约四五里，至五郎沟④。入太平兴国寺，正殿供西藏佛，侧殿为杨五郎像。云五郎出家，即在此寺，像涧有铁棍一，重八十一斤，相传五郎带来。戏台之有《五台会兄》，盖指此也。出寺门东北行，至般若寺⑤。过东台楼观谷，三面环山，奇石突兀，古柏苍翠，怪石危垂。岩下有金刚窟，佛陀波利⑥到此塞之。另筑金刚窟，有文殊菩萨手足印，云文殊来此。内尚有文殊齿一，其形甚大，不类人齿，形

---

① 猸猸：犬吠声。［战国·楚］宋玉《九辩》："猛犬猸猸而迎吠兮，关梁闭而不通。"
② 徐步：缓慢步行。［战国·楚］宋玉《神女赋》："动雾縠以徐步兮，拂墀声之珊珊。"
③ 太平镇：即太平街，位于营房街之南。
④ 五郎沟：即楼观谷。
⑤ 般若寺：即金刚窟。
⑥ 原文作"佛陀波"，应为"佛陀波利"，脱误。

如草鞋之底，重约四五斤，上有纹，似古代大动物之牙。凡僧道朝山者，必来此用此牙打印而去。殿内左侧有洞，宽八寸许，高三尺余。余乃脱大衣蛇行而进，黑不见物，烛之，历石级十三，至尽头，有老文殊像、手杖等物。出金刚窟北行，两山合抱，中为大谷。徐步而上，牌楼高耸。路侧古木参天，郁郁苍苍，怪石林立，不可名状。流水溅溅①，若有韵然。时有山鸟飞鸣，野鸽二三，点缀其间，无嚣尘之气，实山中之幽僻地也。约三四里，至普乐院，亦供文殊。南望各庙，金碧交辉，映以白雪，可称佳境。出院，寻原路而东，下山坡，约二三里，见怪松侧立，枝如欲坠。庙宇不整，僧塔十数，乃碧山寺②也。有牌楼，上刻"敕赐名山"，背为"清凉震萃"四字。庙宇荒凉，瓦砾满地，失修已久，不能与他庙比，然古朴则过之。广济茅蓬，在寺内侧，为十方游僧化募而成，凡他处和尚来山无处可息，即至此地。寺内藏有七级字塔二卷，上写全部《华严经》，长约三丈余，字如蝇头，系江南苏州邓尉山圣恩寺住持沙门济石所书，送于寺内，以为永久供奉。开成和尚留午餐，山蘑野蔬，颇能入口。身虽在山，无异到江南矣。二时后，至大螺顶③，高于平地四千余尺，壮丽非常。俯视诸庙，历历可数。休息片刻，下山，由圆照寺登菩萨顶，有牌楼④，上书"灵⑤峰胜境"。由此步石级共历一百零八级至顶，有平台，

① 溅溅：流水声。[唐]白居易《引泉》诗："谁教明月下，为我声溅溅。"
② 原文作"碧正寺"，应为"碧山寺"，讹误。
③ 大螺顶：即黛螺顶。
④ 原文作"排楼"，应为"牌楼"，讹误。
⑤ 原文作"云"，应为"灵"，讹误。

台上建庙，有"敕建真容院"五字。内住大喇嘛（札萨克），无处不用黄绫，藏人尚黄，故也。班禅至五台，亦住于此殿。侧有四面碑，高可一丈余，有亭覆其上，为乾隆幸五台时所立。四面为汉、满、蒙、藏文字，是以用四面也。出寺复上行，为慈福寺。略览片刻，即回显通。

十月二十三日晨起，约沙弥为导，上南台。僧云，此时已不可登，雪深数尺，不如导之玉花池一游。出寺门由圆照寺，走菩萨顶下，山路曲折，积雪未消。路中来往者甚少，穿山越涧，约二十里，乃至。有罗汉殿，共五百尊，皆系铁铸成。内有一尊，独坐山涧间。俗云，乾隆幸五台，戏数罗汉，缺其一，不能得确数。乃令人制帽五百顶，每佛一顶，终未得确数。盖分带帽时，此佛两顶而彼佛缺之，或一佛三顶而另一佛并一顶而无之，冥冥中若有神焉。吁，亦奇矣。有殿内供文殊，内莲池荷花万朵，诸佛坐其中，如极乐世界。休息良久，乃由原路而回。午后至殊像寺，内供文殊，高三丈六尺，骑青狮上，为燕梦一夜造成，云系神工相助，然耶否耶？不可得其真像矣。出寺东行，跨涧水而东，有废宫，为乾隆时来山所居。现在断垣残壁，当年华丽，不复可见，现为军人养马处。折南至万佛楼[①]，泥身已落，东倒西歪，不能如数矣。再南至龙王庙，庙虽十余间，但房殿宇屋，颇为清洁壮严[②]而华丽。僧云"此地神签最灵"，戏拈一签，大意云"不可

---

①　万佛楼：又称万佛阁，即今五爷庙。
②　壮严：庄严，装饰美盛。

远行，宜早还家"云云，姑听之。四时半，回显通寺，休息。

十月二十四日，至台怀镇，参观小学校。在镇之中，有四大炕，每炕学生二十余人，盘膝而坐，咿咿唔唔，朗读不休。教员四人，出见。校舍尚可，但未见其教授。出校南行，至警所。请代雇人引导至恒山，预明日早八时步行北去，作恒山游矣。不一时，人已雇定，返显通，寂富以纸索画，作山水一幅，以为纪念。

十月二十五日，天晴。七时即起，导者已来。早膳后，即辞山僧而北，赴恒山。路过碧山寺，入广济茅蓬辞开成和尚。相见后，开成亦有去恒山之意。余加劝之，伊即整装，手铲肩笠，袈裟飘飘。出寺东入山涧，高下不平，比前为甚。山根崖角，间有一二村户，正事农工，野牧成群，为牛，为马，为骡驴，为羔羊。十五里至华严岭，汗流气喘，休息。视其上，只有一峰，至其上，又有一高峰。休息数次，至红门堰岭。上有平地，中立路碑，由此南去五里即为东台。余乃请上东台，许之。珊珊而南，至台顶，有望海寺，及石室三间，内供文殊，其他无可观。台距显通寺约四十余里。僧云，台上积雪三四尺，亦未足信也。余身着西服，至顶时亦不觉寒。想必走路过多，身体发热故耶。登台四望，群峰罗列，岗峦起伏，如万堆白玉而朝拱焉。下台复至红门堰去恒山。僧云，此处时有飓风，能将石子吹起数丈。三月间，山中有会，东北有二十余人与会，过此被风吹落山谷中，死者三四人，骡马三四匹。如此飓风，一月中常有所闻，过此岭，能不遇风天幸也。盖此地南有高峰，风由北来，至峰处无地可去，转而为回风，是以风力之大，不可当也。由此下岭，即出台山境矣。以后所过之地，归入《恒山游记》。

恒山游记（附《雁门关游记》）

五台山之游既毕，乃与开成和尚作恒山之游。明时游者有徐霞客①，近今有蒋维乔②，盖山之位置颇远，游人不易到故也。山距五台山约四百余里，地在五台山东北，属山西大同府之浑源州，为五岳中之北岳。由五台山而北，途中皆山，二人步行而去。

十月二十四日③，由五台山东台而下红门堰岭，山势高峻，积雪深三四尺。余偶一不慎，两足深入，同行者为之鼓掌。由此观之，步履之难可知矣。由岭东北行，渐行渐低，已入山之阴矣。乱石环绕，枯木杂树，时有所见。二十里至太平沟，走山涧间，复登山。山势益深，渐行渐高，峰回路转。赖有导者，不然必不知从何路前也。此时夕阳将下，得一峰，造绝顶，俯视群峰，罗列足下。山气氤氲④，夕阳为云所蔽，时出时没，或红或紫，或圆或椭圆，时现云表，时入云下，如浮沉然。峰头亦为山气所浮沉，

---

① 明崇祯六年（1633）农历八月，徐霞客自北京来游五台山，遍历五顶后，前往恒山游览。
② 民国七年（1918）九月，蒋维乔奉民国政府教育部命令，来山西视察学务，并乘便游览五台山、恒山，作有《五台山纪游》《北岳恒山纪游》，收录于《因是子游记》。
③ 与前文时间不符，存在出入。
④ 氤氲：弥漫貌。[三国·魏]曹植《九华扇赋》："效虬龙之蜿蝉，法虹霓之氤氲。"

此情此景，虽不能与东岳日观之盛比，要亦可称奇观矣。吁，天地之间，无奇不有，然非目睹，不足以称奇。时天已黑，竟忘身在山野，待性倦乃下，幸途有积雪，天黑而雪亦能发光。不过步行须慎，不十里，至野厂^①宿焉。

二十五日，天气清朗。晨六时，即起，整装而北，途中雪益深，而山路崎岖，较前又甚。乱石当道，流水溅溅。十二时过狮子坪，午餐，山中食物，颇不可口。盖所食为燕麦，其性颇寒，三熟而后，人方可食。所谓三熟者，麦成熟后以锅炒之，为一熟；炒后磨成粉蒸之，为二熟；蒸后复制^②成各种食品，再蒸之为三熟。山中除此燕麦外，则有马铃薯^③。余喜食马铃薯，每至一处，必先问有马铃薯否，然间有食麦面之时。午餐北发，即为东山底。远观山中树木，尚未有冬意，杨柳迎风，袅娜多姿，亦若欢迎吾辈在此时间而来游者。觅野店，得之山根间，息焉。

二十六日，天色方晓，山鸟初声，披衣而起，出店间而北。走山涧间，山势奇突，牧者成群，山涯^④崖角，时有其迹。行十余里，出山涧，为山之尽头矣，路渐平坦。回顾来路，两山合抱，中隔一涧，可称佳景。穿过墟，走田垅而北，路侧皆田。一目十里，尽系平畴^⑤，而燕麦已苗，勃勃有生气，青绿可爱。举首四望，

---

① 野厂：即今野厂村，为繁峙县东山乡下辖村，位于羊眼河畔。
② 原文作"置"，据文意推测，应为"制"。
③ 原文作"署"，应为"薯"，讹误。
④ 涯：边际。［北宋］范仲淹《岳阳楼记》："浩浩汤汤，横无际涯。"
⑤ 平畴：平坦的田野。［东晋］陶渊明《癸卯岁始春怀古田舍二首》诗之二："平畴交远风，良苗亦怀新。"

八荒皆山，精神为之一快。此处乃山中一大平原也。十里至沙河①，由此东北行，土坡起伏，步行稍宜，积雪已溶②。六时至大营③宿焉。

二十七日，由大营而北，十里登山，曲折而上，山势渐高，来往多山中运货者，尤以黄蓍④为多。此处山中，多植黄蓍，高者可五尺，为此地特产。其价颇廉，每斤不过二三角。若以此货携至南方药铺中，则其价当在八倍上也。六时，至破碓臼村⑤，居人数十户，位于山腰间，觅店不得，苦之。盖此时适为战争之余，人民受军队之苦，不堪言状，以致旅客无可投处。当此积雪深夜，不能再行，若此去非三十里不克⑥有店，不得已用势力手段矣。询其村长何人，吾乃省城来者，速令其来。村人闻余言，早有传令员去矣。不一刻，村长前来，询其何以无旅店，答以兵争之后，民不安居故耳。乃请至伊处过宿，夜餐有蒸馒、鸡卵之类，款待颇恭。余在途三四日，不料无旅舍处，而有如此之招待也。嘻，手段不可不用，亦可笑矣。

二十八日，晨起，旭日为东山所蔽，村人已早登场工作矣。辞村长，道谢下山而北。走山涧中，流水已冰。过采石沟⑦，渐行

---

① 沙河：即今砂河。
② 溶：融化。
③ 大营：即今大营村。
④ 黄蓍：即黄芪，中药名称。
⑤ 破碓臼村：即今破兑臼村，为浑源县青磁窑镇下辖村。
⑥ 不克：不能够。
⑦ 采石沟：具体位置不详。

渐高。远观山头，有城墙。不一时乃至，观之地图，乃旧长城也。城砖已不全，缺口亦多。出城而北，至细泥沟^①，走山之阴。路如削壁，宽不及尺，偶一不慎，则性命危矣。由此下观，人马如蚁，牧者声震山谷。吾辈下行至山腰，为骡马所阻。休息片刻，待其过尽，乃缓缓而下。十余里至朱家坊^②，沿滹沱河^③而行。至五张铺^④，宿焉。

二十九日，曙色初开，霞光满天，寒山苍苍，野鸟飞鸣。出店门而北，至黑石岭^⑤。路中乱石，大者如牛如象，小者如豕如羊，奇形^⑥异状，惊心骇目。石多黝黑色，其质颇坚，中含铁质，可以化铁。涧水乱流，淙淙溅溅。忽有一涧，巨不可跨，不得前进。于是沿涧行，得一大冰，下有一洞，流水涓涓，吾辈即由此而渡，长可七八尺，乃名之曰冰桥，亦未为不可。从此而北，时由冰上渡过，盖入龙盘峪^⑦中矣。再前行，有大市集，人烟稠密，询之土人曰大瓷窑^⑧。此地出煤，有矿数处，其价颇廉，每斤不过两三文耳。山中童子，每以铜元三四枚，货煤四五十斤，至市中可得两三倍价者。由此沿山根折而北，至山之尽处，复折而西，数里则

---

① 细泥沟：即今西泥沟村，为浑源县青磁窑镇下辖村。
② 朱家坊：即今朱家坊村，为繁峙县砂河镇下辖村，北与浑源县交界。
③ 滹沱河：即滹沱河支流。
④ 五张铺：具体位置不详。
⑤ 黑石岭：位于浑源县官儿乡黑石村东北方。
⑥ 原文作"行"，应为"形"，讹误。
⑦ 龙盘峪：位于大磁窑镇南。吴少成只是途经龙盘峪口，并未进入。
⑧ 大瓷窑：即今大磁窑村，为浑源县大磁窑镇政府所在地，位于恒山南侧。

恒山在望矣。^①

　　此篇《五台山游记》刊载于《旅行杂志》1927 年秋季号（第
1 卷第 3 期）。同年，《旅行杂志》1927 年冬季号（第 1 卷第 4 期）
又刊载《恒山游记（附《雁门关游记》）》，张元卿、崔文川编《晋
汾遗踪：民国山西游记》（南京师范大学出版社，2016 年）亦有收
录，这篇游记的开头部分介绍了五台山至恒山的道路，故亦将此
部分收录于此。

---

① 通过对照古今地名，推测上文中关于二十七日至二十九日的记载存在倒误情
　况，系排版错误导致。二十七日行程应为"由大营而北，……则其价当在八
　倍上也"之句，后接"十余里至朱家坊，……宿焉"。二十八日行程应为"曙
　色初开，……乃名之曰冰桥，亦未为不可"之句，后接"六时，至破碓臼
　村，……亦可笑矣"。二十九日行程应为"晨起，旭日为东山所蔽，……乃缓
　缓而下"之句，后接"从此而北，……数里则恒山在望矣"。

朝五台山礼文殊菩萨感应记

（1929 年）

广明，南方僧人，生平不详。

1929 年 6 月 23 日（农历五月十七日），广明自浙江启程前往五台山参拜，是日乘船至上海。24 日，从上海乘新丰轮北上，在海上颠簸七日，于 30 日晨驶抵塘沽，是日宿于天津。7 月 1 日，乘车至北平，访问师友，逗留两日。3 日，又乘火车抵定州。4 日，乘驴从定州出发，取道曲阳、阜平，路行 4 日，于 7 日行抵五台山，宿于碧山寺。8 日，因身体疲惫，休息一日。9 日，游览台内诸刹。10 日至 16 日间，从东至西又再南，遍览五顶，并造访法云寺、秘密寺、狮子窝、清凉石、金阁寺等沿途寺院。17 日，雇轿下山，沿原路而返，路行四日，于 20 日赶至定州，并乘当日晚车回至北平。21 日，原计划乘新康轮返沪，但因伤风未能成行，故留平休憩，当日新康轮被日轮撞沉竟免于一死。31 日，离平返沪。

　　五台山为四大名山之首。文殊大士，应迹于斯。在山西长城峡雁门关内，属代州五台县。五峰耸立，高出云表。上无林木，垒如土台。夏仍飞雪，无酷暑，故古名清凉山也。雄据雁代，环绕数州。居四关之内，周围五百余里。左邻恒岳，右瞰滹沱。北凌 ① 紫塞，南拥中原。为山西之屏障。山势之形，状似莲花 ②。五峰中立，千障环围。虽塞风凛冽，积雪夏飞，而瑞草争芳，名花竞艳。圣境时彰，应现难测。斯乃大士，现如幻三昧也，随方殷化，德被群机 ③。故《华严经》云 "东北方有处名清凉山，从昔以来，诸菩萨众于中住止。现有菩萨名文殊师利，与其眷属诸菩萨众，常住其中而演说法"，又《宝藏陀罗尼经》"佛告金刚密迹王言，我灭度后，于南瞻部洲东北方，国名大震那。其中有山名曰五顶，文殊童子游行居住，于中说法，及有无量天龙八部，围绕供养" 等事。由是古今贤哲朝此山者，圣迹显著。兹略引四：①汉明帝时，摩腾、法兰，位临四果 ④，至台参礼，兼有阿育王置佛舍利塔。②宇文后周时，化人游此，礼迦叶佛，并见文殊现身。③唐初师子国师，洎三果僧九十九人，参礼清凉。④唐道宣律师，感天侍卫，明答清凉，文殊居处。意出《感通录》。凡世人朝礼，必

---

① 原文作 "陵"，应为 "凌"，讹误。凌：临近，逼近。[唐] 杜甫《自京赴奉先县咏怀五百字》诗："凌晨过骊山，御榻在嵽嵲。"
② 原文作 "华"，应为 "花"，讹误。
③ 群机：万物。[唐] 齐己《答知己自阙下寄书》诗："群机喧白昼，陆海涨黄埃。"
④ 四果：阿罗汉果，华译无生，解脱生死，不受后有，是小乘佛教中的最高果位。

获殊利，或忏罪祈安，改恶行善，无不立应。及诋訾①三宝②，不信因果，轮回六道，倒见邪行之徒，穷凶极恶之辈，圆心敬礼，无不蒙益。余发愿参礼者屡矣，然频年碌碌，卒未果行。固畏迢遥跋涉之艰，亦属志未坚决所致。

己巳③仲夏月④之十七日，朗照大师⑤旋平，邀余偕礼五台。奈时值酷暑，同袍⑥劝挽，恐途次薰受炎热。然余心决，矢志无懈，惟愿神力加被⑦。即雇车趁宁绍巨舶，未抵轮埠，忽天际阴云四起，顷刻滂沱如注。暂避于功德林⑧，历二三时许，恐不克成行。余等感念大士，少俟雨霁⑨，登舟赴申⑩，寓留云⑪。

翌日，与信修大师，同乘新丰巨轮，开驶五昼夜。巨渤波涛，滔天汹涌。孤舶独进，逐浪漂流。或升或降，毫无晕眩。数日不

---

① 诋訾：毁谤。《论衡·程材》："则诋訾儒生以为浅短，称誉文吏谓之深长。"

② 三宝：佛教以佛、法、僧为三宝。

③ 己巳：即民国十八年，公元 1929 年。

④ 仲夏月：夏季的第二个月，即农历五月。

⑤ 朗照大师（1893～1966）：俗姓程，名鉴元，法名慧日，号朗照。满族，陕西凤翔人，著名僧人。

⑥ 同袍：泛指朋友。

⑦ 加被：佛学术语。诸佛如来以慈悲心加护众生。《敦煌变文集·金刚丑女缘起》："丑女既得世尊加被，换旧时之丑质，作今日之面周旋。"

⑧ 功德林：位于宁波，由谛闲法师等人与会稽道尹黄涵之等乡绅倡办，提倡素餐。

⑨ 雨霁：雨过天晴。[北宋] 柳永《佳人醉·暮景萧萧雨霁》词："暮景萧萧雨霁，云淡天高风细。"

⑩ 申：上海市的别称。

⑪ 留云：即留云寺，又称海潮寺，为上海四大丛林之一，原建于上海南市留云寺弄 78 号，抗战期间毁于日军炮火。

见山川林薮，唯睹水天一色。四维八面，澜漫①无涘②。继见水色有青黄白绿黑，喻我之心有善恶贪嗔痴。及见大鱼穿波破浪，争先恐后。经过山东烟台等埠。

廿③四日晨，抵塘沽④。乘车至天津春日街，寓弥勒院。灵泉主人，极诚欢迎。留信师在津。

次日，乘车抵平东站。赴西四牌楼广济寺⑤挂塔⑥。荷蒙主席显宗和尚优顾，并聆法谈。次至法源寺⑦，瞻空也法师及怀朴、知非二师等，留以晚斋。返广勾延两日。至西站乘车抵定州，寓双盛栈，见朝台僧俗甚众，及红黄喇嘛等。店主王盛茂昆玉，见贫苦朝台者，廉取食宿费，不足者则假之。故闻其如此，多投止焉。

廿八日，雇驴而行，计平路六十里，曲阳县过午。向后全行山路三十里，到口南住宿。

廿九日，四十里王快镇，午食。五十里阜平县，止宿。其县土城，城南临河。岸上树影交横，下有平石可坐。

---

① 澜漫：分散、杂乱貌。《淮南子·内篇·览冥训》："逮至夏桀之时，主暗晦而不明，道澜漫而不修。"

② 涘：水边。《庄子·外篇·秋水》："泾流之大，两涘渚崖之间，不辩牛马。"

③ 原文作"念"，是"廿"的大写，表示数目二十。

④ 塘沽：旧地名，是华北地区的出海口，濒临渤海，今属天津滨海新区。

⑤ 广济寺：北京著名古刹之一，位于西城区阜成门内大街 25 号，现为中国佛教协会所在地，在国内外佛教界享有崇高声望和广泛影响。

⑥ 挂塔：即挂单，指行脚僧到寺院投宿。

⑦ 法源寺：北京著名古刹之一，位于西城区法源寺前街 7 号。现为中国佛学院所在地，是培养青年僧侣和研究佛教文化的重要场所，是汉族地区全国佛教重点寺院。

　　三十日，十余里至雁岭①。又三十里至栗园铺（又名李家铺），午饭。见左右数百年古树，枝阴覆地，憩坐风凉。又行五十里，遥望一山，巍然耸立。西有古城横峙，曰龙泉关。前清设都司驻此，民国癸丑②遂废。其山，清代有虎潜栖，为乾隆朝台时游猎处。余游故宫时，尚见刺虎图在。

　　六月朔日③，行十余里步越长城岭，燕、晋界也，约十里余登巅。见佛像三尊露坐，金色光耀，约六七尺高。殿房圮颓，无从遮蔽风雨。仰天太息④，顶礼而去。下坡数步，看城高七八尺，门垣宛存。进城远见一寺，前有一楼，悬挂古钟，左旁有乾隆御笔《心经碑》。迤西行三十里至铁铺过午。睹田畴旷野，燕麦万顷及豆物等，正在花穗。再西精蓝古刹。入交口岭，夹山苍翠，溪涧别墅，松杨森密。山侧千道常溪，窈窕世外，罕见鲜得。先经古佛寺，次白云寺。寺山出金砂石，治痧气腹痛。寺右山道，先朝千佛洞及南台者，可由此上，距铁铺三十里。又西二十里，经明月池、极乐寺，再行玉皇阁⑤、南山寺。正营筑殿宇，骡马作工，负担砖石、灰木等上山。再行，进街数条，铸铜佛像店甚多，凡朝台者金往请。又经各大寺，直造碧山广济寺，俗云广济茅蓬，系碧山祖师始创。寺右十余座塔，高丈余。寺主果定和尚，监寺

---

①　雁岭：即雁子岭，今称鞍子岭。
②　民国癸丑：即民国二年，公元1913年。
③　朔日：农历每月初一。
④　太息：长叹。《离骚》："长太息以掩涕兮，哀民生之多艰。"
⑤　玉皇阁：即玉皇庙，又名帝释宫，今称普化寺。

法成、开成二大师，高谊①厚待。由铁铺到此，约九十余里。

计共四天，三百七八十里所经之道，高则山巅，中则半崖，低则揭水。风砂击目，崎岖危险。幸余等备以风镜，飞砂矢石，经目无忧。唯噫南人，未谙骑驴，经过高低，稍一失神，即遭倾跌。坐驾窝子，可保无虑。见北人之衣食住，极其苦薄。凡朝台者，无论缁素，须备针线。由定州起程，及到台山，各处道旁，男女及三尺幼童，咸知合掌，口念阿弥陀佛，与之针线，甚喜跃。

初二日，因身体疲惫，休憩一日。先礼寺内诸佛，并后楼全部《华严经塔》。山后有红泉寺，为章嘉②国师所居。

初三日，蒙法当家大师，引至五郎沟兴国寺③西配④殿，见杨五郎肉身。并有铁棍置旁，重八十一斤。向北半里，到金刚窟⑤，请佛牙，印钤⑥志戒牒。又看佛手足二印，文殊向此来，大那罗汉由此去。向北入谷一里，至净室里⑦。出谷南二里宏穷寺⑧，西南一里七佛寺、广化寺，西达赖庙⑨。一里禅堂院⑩。西五里铁瓦殿，看

①　高谊：深情厚谊。多用于敬称别人的情谊。［北宋］王安石《谢徐秘校启》："忽承高谊，特损谦辞，顾奖引之过中，非孤蒙之敢望。"
②　章嘉：即章嘉呼图克图。
③　兴国寺：即太平兴国寺，俗称五郎庙。
④　原文作"培"，应为"配"，讹误。
⑤　金刚窟：又名般若寺。
⑥　印钤：盖印。
⑦　净室里：即普乐院。
⑧　宏穷寺：即集福寺。
⑨　西达赖庙：具体位置不详。
⑩　禅堂院：具体位置不详。

人皮鼓，人头灯。西北过岭十三里玉花池，看自来铁罗汉五百尊。寿宁寺、三泉寺，未遑去。即返菩萨顶，名真容院。永乐初改建大文殊寺，敕赐贝叶灵文。西配①殿礼带剑文殊，天王殿看虎。此处章嘉活佛，领青黄衣僧，及扎萨克驻此。出前门下阶，至铜瓦殿，名广宗寺。东一里善才洞，善财童子居住，邓云峰祖师成道之场。东上山三里黛螺顶，请圆印，乾隆御笔墨宝藏此。返西三里圆照寺。永乐初，印度②敕分舍利造塔藏之，诏封圆觉妙应辅国光范国师之塔③。

南显通寺，汉明帝时，腾、兰二尊者诣此，后魏孝武帝重建。至唐太宗修葺，武后以新译《华严经》中载此山名，遂改称"大华严寺"，观国师造疏。至清太宗又建。进后丹墀④内台有铜殿一所，高二丈余。殿内两壁，铸有千佛围绕。殿前三面有五⑤大铜塔，高丈余，奇异殊特，礼绕七匝。下阶无量殿，妙峰祖师真身。山门阁楼，悬飞来大钟，高二丈余。

出门至塔院寺，中一白塔，高廿八丈，周廿五丈，如净瓶状，十三级宝瓶安顶，高一丈六尺，镀以金色，覆盘七丈一尺，匝以

---

① 原文作"培"，应为"配"，讹误。
② 印度：即印度高僧室利沙。明永乐十二年（1414），室利沙抵达北京宣扬佛法，后曾游五台山，受封"圆觉妙应慈慧普济辅国光范弘教灌顶大善大国师"。室利沙圆寂后，明宣宗下令分舍利为二，分别于北京和五台山建立真觉寺、圆照寺。
③ 即圆照寺室利沙舍利塔。
④ 丹墀：宫殿前的红色台阶及台阶上的空地。此处指祠庙的台阶。［西汉］张衡《西京赋》："右平左墄，青琐丹墀。"
⑤ 原文作"三"，应为"五"，显通寺铜殿前有五座铜塔。

垂带，悬挂金铃。下二层，环以活铜轮，上刻梵咒佛经，内藏灵文。凡绕塔者，口称佛号，一手合掌，一手递转此轮。最下一层铜轮，其大三四倍。四角四木轮，高丈余，亦可旋。余先进塔，焚香燃灯。礼佛后，出外绕旋三匝。至后殿阶上跌坐，观塔默持文殊德号百八遍。忽睹塔顶光露，遂起四顾，光腾霄汉，意谓大士放光，加被我等，顶礼而退。此塔汉明帝时，滕、兰二尊者，天眼见此，有阿育王所置佛舍利塔，亦名慈寿塔，并录塔壁诗云："宝塔白毫光，传从阿育王。万山齐拱拜，千佛共称扬。铃铎迎风乱，旃檀送鼻香。夜深闻梵乐，清切动悲伤。"①

　　初四日，从广济左道，步行登岭三十里。高危难行，险巇②可惮，气喘身汗。且肩负衣袍具等，虽值酷暑，犹足可忍。唯觉口噪之甚，恳念大士，忽甘津自润。余或走一里半里，每得平石即宽坐休息，渐行登东顶。据《山志》云，高三十八里，顶如掌，周三里，形似鳌脊，势若游龙，名望海峰。望海寺迄筑殿堂，不须瓦木，以石垒圈，以敌刚风。从铁铺登长城，岭有十余里之遥，入城未见下坡，至山尚有八十余里，还在东顶山麓。北、南台犹加倍。行径步步登高，至东台巅，计百余里之高。余等进寺焚礼，栖宿夜眠，火炕双被遮盖，尚觉侵寒。北方六月天气，较南方即八九月时节也。虽然如此寒凛，而瑞草芳芳，山川灵秀，金莲花③

① 以上内容刊载于《弘法社刊》1930年第14期。
② 险巇：亦作"险戏"，崎岖险恶。[西汉]东方朔《七谏·怨世》："何周道之平易兮，然芜秽而险戏。"
③ 原文作"华"，应为"花"，讹误。

独出此顶。

初五日晨，睹白云凝布，仿夺万里之澄江。杲日初升，似见一陂之巨瀰。午食后，西行途次，石阻难以进行，据云毒龙所蟠。东下半里，有那罗窟，吐纳云霞，有灯光时显。《华严》云，是菩萨住处，是龙神居处。宋宣和间，代牧康弼与慈化大师，见异僧入窟，遗笠子于峰上，建塔藏之。返上西行，至华严岭，主净栖大师，留单优待。

初六日晨，雨溟濛，午刻阳昭。西行十五里，途次战兢，愈上愈削。诣北顶，周平四里，有新旧三寺，先旧次新。经黑龙池，到寺，名叶斗峰灵应寺，周围以石垒房，形同桥门。上以百余斤一钢板盖覆之，以抗风力。以为五顶最峻之峰，登巅四顾，恒岳峨峨，重岭峻峻，极目无际。再北，清溪澄水，日食琼浆。泽畔石屋之间，颓废年久。稍东，文殊发塔。南望孤耸一峰，南台；西北，中台；西瞩一顶，西台也。

初七日，向西下山十里，千艰万险，抵文殊澡浴池，侧有石屋两所。再五里陟岭造中台顶，周五里，名翠岩峰演教寺，石筑钟、鼓二楼，殿庑明堂中耸。置一石塔，系唐代建，绕匝瞻礼。午梆后，西赴文殊说法台，上有石塔数座。再西廿里，至西台顶，周四十里，名挂月法雷寺，亦唐建。上有杂鸟和鸣，中有八功德水，下有竹树密荫。昔魏文帝尝消夏于此。西五十里，至秘密岩①。北登山五里，看龙洞，有五百龙神居。此应现变化，俗云看

---

① 秘密岩：即秘密寺，又名秘魔岩。

后世也，例同普陀山梵音洞。

初八日，东向十六里，复经西台及莲花石，迤南行。悬崖捩^①石，路艰汗喘。移时，渐上山麓，有古刹曰清凉桥，名吉祥寺。右崖乔木，苍翠浸天。左右长溪，清流若带。余诣畔盥濯^②，寒冷彻骨，炎夏尚尔，何况冬冽。进内焚香，请文殊牙印。服大士衲袍，著大士双履。礼之默坐，顿觉清心。故《西方文》^③云"衣服我体，使我宿障消除，善根增长"云云。午后，从寺前左山半崖，羊肠细路，渐至山背。岗风甚猛，伛偻而进，稍一挺脊，随风飘扬。如斯十余里，方达狮子窝。明堂前有十三层古塔，高矗云霄。塔顶生树，高出二丈，四门有八大金刚守卫。余围绕登顶，周顾四维。苍山翠石，迢无边处。出寺，出左径下有竹林寺。又翻山十余里有金阁寺，即止宿于此。正逢戒幢高建，尸罗^④弥布。及瞻观殿堂庄严，较南方有天渊之别。

初九日晨，向西八里，至清凉石。昔文殊趺坐石上，为说妙法。后有将士，领三千六百兵站石上，尚有余地。石周围十二步，高六尺，与普陀磐陀石稍异。彼高不可转，此平可肩承，谓世间希有之灵宝。并请金印^⑤。从东南上山行三十里达南台。杲日炎蒸，忽乌云遮蔽，雷声轰烈。舍命疾驰，似觉猛风背送，足践云端。

---

① 捩：扭转；折断。
② 盥濯：洗涤。[东晋]陶渊明《庚戌岁九月中于西田获早稻》诗："盥濯息檐下，斗酒散襟颜。"
③ 即明代莲池大师《西方发愿文》。
④ 尸罗：梵语的音译。义译为戒、善戒、善行等。
⑤ 金印："清凉摄受"印，金质，祥云纽，曾为清凉寺重要文物。

霎时①之间，登顶入坐。见雹沛齐下，风雨交作。安受午膳，适口饱餐。百虑咸消，身心清净，深感冥加。顶周二里，有前山后山、新旧之别，名锦绣峰普济寺。侧有普贤塔，是晚栖此。五更登殿，余等执楗领众，功课念佛，慧炬辉耀，咸称一时之盛。

日日踯躅②山岩，百事维艰。而渊水清池，食用不竭。及见径路山头等处，散放马骡驴牛羊等群，概无系头穿鼻之苦。彼等往返鱼贯，唯有无角白羊驯甚。询之曰，肉以菜食，皮以制服。余慨然为说，如是岂逃轮回，负欠递偿，如影随形，毫无爽忒③。故《楞严》云，人死为羊，羊死为人，互相吞啖，无有已时。余见之，当称佛号，为说三皈④，代发四弘⑤，俾脱苦流，得涅槃乐。愿纤微⑥之善，尽扩充于太虚。仗凭佛力，功不唐捐⑦。

初十日晨，下坡五里，金灯寺东上山崖，蜿蜒行廿里，遥见一刹，横立峦腰。山光树色，浓清欲睡。至千佛洞，登殿焚香。从后门出，进洞内稍阔，供佛数尊，可容数十人。洞口极隘，微露一罅，宽约尺余，高不盈尺。右手下垂，左手上伸而入。见石

---

① 霎时：片刻，很短的时间。［唐］吕岩《酹江月》词："片晌功夫，霎时丹聚，到此凭何诀。"
② 踯躅：即踯躅，徘徊。
③ 爽忒：差失。［清］王夫之《张子正蒙注·天道篇》："天惟健顺之理，充足于太虚而气无妄动；无妄动，故寒暑化育无不给足，而何有于爽忒。"
④ 三皈：即三皈依，指皈依佛、皈依法、皈依僧。
⑤ 四弘：即四弘誓愿，指一切菩萨于因位时所应发起的四种誓愿。
⑥ 纤微：细微。［西汉］韩婴《韩诗外传》卷九："患生于忿怒，祸起于纤微。"
⑦ 唐捐：落空。［北宋］王安石《再用前韵寄蔡天启》诗："昔功恐唐捐，异味今得饐。"

摩光滑，匪一朝夕也。中安文殊像，灯烛供养，瞻礼而出。此洞
又名佛母洞，文殊为七世佛母，千佛出世之处也。寺东，降行五
里，白云寺。北十里，镇海寺。见翠竹参差，松柏交荫。澹绿弥
山，幽雅可栖。寺内看滴水塔，高近十丈，周有佛像。塔上有漕
滴水，是故名也。下山北五里，南山寺。又五里，观音洞。西南
三里，到大社里 ①。看铜牛拉铜车，铜菩萨坐游，外园化缘。北八
里有饭仙宫 ②，未去。又下山三里，文殊像寺。文殊自塑五百罗汉
显神通，智者大师赴龙宫。东北万佛阁 ③、十方堂 ④，亦未暇去。西
北百余步，罗睺寺，宋朝张天觉氏睹智慧灯处。二殿峻楼，中制
大铜盘，衔以环道，盘内供佛，周围掩莲 ⑤ 花瓣，柱贯中心，旋之
则莲瓣开放见佛，谓之花开见佛。夕仍返广济。余等数日陟岭翻
山，并肩负衣物等，毫无疲倦之态。经见各刹亭台殿阁、琳宫绀
宇 ⑥，故谚 ⑦ 有云，南桥北寺，语之不谬也。

　　十一日，天气阴湿，雇轿下山，并偕宿迁 ⑧ 极乐寺祥斋老方
丈及润波大师同行。滂沱霹雳，连日绵绵，往返咸遭天雨。所行

---

① 大社里：即栖贤寺，又名大社寺。今其上建有栖贤宾馆。
② 饭仙宫：即梵仙山。
③ 万佛阁：即五爷庙。
④ 十方堂：即广仁寺。
⑤ 原文作"运"，应为"莲"，讹误。
⑥ 琳宫：仙宫，是道观、殿堂的美称。绀宇：即绀园，佛寺之别称。[唐] 王
　　勃《益州德阳县善寂寺碑》："朱轩夕朗，似游明月之宫；绀宇晨融，若对流霞
　　之阙。"
⑦ 原文作"彦"，应为"谚"，讹误。
⑧ 宿迁：地名，属江苏。

各道，暴水冲流，崖崩石突。骡脚拘拳，不能成步。余下轿步行，又经河涧，阻绝交通，环绕登山，转出水道，备尝艰难矣。第四日将到阜平县，距城十里许，法花村①前，横路巨河，宽约六七丈。山水暴冲，不堪前进。欲渡无筏，即远绕亦无他路，焦郁之至。忽值乡人，三十有余，发心将轿窝，头顶手托，济于中流。岂料亘涛难御，逐浪漂流河中而去。时人在轿内，毛骨悚然，急称大士，渐安渡岸。过此一难，放下身心。骡夫等相继而进，托天庇佑，可称万幸，当酬谢劳金，抵阜平安宿也。

十四日，仍赶定州晚车，至北平广济寺。定于翌日趁车赴塘沽，乘新康商轮返申，各早安寝。余于中夜②，忽梦返台，绕塔趺坐。顷来一耆僧，傀伟异特，白发皓须，身项白光。伫立余前，问坐此何为？余答：求见文殊。师曰：汝已见。余云：未。师曰：我再与汝证。师举手在余顶重击一下，惊寤③头痛，牵及肢节。

十五日黎明，不克举行。因头重伤风④，肢节如解。余等仍在京，休憩两日。后阅《益世报》载云，新康轮开驶两昼夜，行至黑水渤洋，因云雾浓迷，后有日轮，相继而行。后轮机急冲前，击沉新康轮，数百人溺于巨浸，咸入鱼腹。⑤余阅此触目惊心，喟

---

① 法花村：即今法华村，为阜平县阜平镇下辖村。
② 中夜：半夜。[三国·魏]曹植《美女篇》诗："盛年处房室，中夜起长叹。"
③ 惊寤：惊动而醒来。[明]高启《梦游仙》诗："惊寤忽长叹，虚空但云烟。"
④ 原文作"山峰"，应为"伤风"，讹误。
⑤ 1929年7月21日，日船龙野丸号在山东海面无故将中国新康轮撞沉，造成人员财产重大损失。《益世报》1929年7月23日第4版曾刊载此次事件新闻。

然①觳觫②。如不蒙塔院耆僧击吾顶者，何致生病，竟能免此浩劫。忆僧者，必是大士冥应也。俗云，一善改百恶，言不虚谬。务希未善者，急早行善，莫待大难临头，呼天吁地，悔之晚矣。

十九日，游览旧都名胜。至廿五日，离平赴塘沽，乘盛京丸日轮返沪。

愧余不交，辞句繁琐，不过藉为未造台者之路引，得免艰难而可直达耳。③

此篇游记刊载于《弘法社刊》1930 年第 14 期和第 15 期。

---

① 喟然：形容叹气的样子。《礼记·礼运》："昔者仲尼与于蜡宾，事毕，出游于观之上，喟然而叹。"

② 觳觫：因恐惧而发抖。《孟子·梁惠王章句上》："王曰：'舍之！吾不忍其觳觫，若无罪而就死地。'"赵岐注："觳觫，牛当到死地处恐貌。"

③ 以上内容刊载于《弘法社刊》1930 年第 15 期。

游五台山记

（1929 年）

张莲觉（1875～1937），名静容，广东省新安县人。其夫何东，为香港著名的买办、企业家、慈善家。张莲觉居士一生笃信佛教，乐善好施，热衷慈善，宣扬佛学，曾创办香港最早的弘法道场"东莲觉苑"，并以何东、张莲觉名字命名。著有《名山游记》等。

1929 年，张莲觉随其丈夫何东来东北、山西考察实业，受到张学良、阎锡山款待。在考察完山西后，张莲觉一行人乘便朝礼五台山。8 月 10 日，张莲觉一行人从太原乘汽车北行，因阳明堡桥毁未复，遂在阳明堡下车，换乘骡车赴代县，是晚宿于旅店。11 日，继续乘骡车抵繁峙县。12 日，乘驾窝由繁峙起程，取道岩头，直达五台山，宿于塔院寺。13 日至 15 日间，遍礼五顶，先至东台，次至北台、中台、西台，再至南台，之后返回塔院寺。16 日，踏上返程，至于台内诸寺因时间仓促未及造访。

　　五台为吾国中四大名山之一，文殊应化之道场也。向者北游京华，恒思一礼金容，伸其向往。终以尘事所牵，不克往游，而仰止之私，固未尝一日去诸怀抱也。兹随外子①考察华北实业之便，克偿斯愿，愉快何如。外子热枕国是②，谋挽漏卮③，尝谓祖国地广物博，年来以内争之故，实业未能兴发，致使民生凋弊，利权外溢，国本飘摇。言之滋唁，爰思周历各省，与各当道商洽，拟投资而筹建设。计拟既定，从港乘轮登程，溯上海，之④大连，转车赴辽宁。谒张长官汉卿⑤，游宴⑥旬日，礼意殷隆。旋欲往山右⑦观察，蒙派员陪赴太原，晋谒阎长官百川，亦邀遇优。谈次询求礼五台山途径甚悉，拟请外子在此休养，径自赴山，诚恐途行崎岖跋涉之劳，有非孱体所能任，居留为便。惟渠⑧游兴殊浓，坚意偕往，劝阻弗获。

　　遂于八月十日，清晨就道。承阎公派员导引，饰骑兵六名护

---

① 外子：旧时妇女对人称自己的丈夫。此处指作者张莲觉丈夫何东。
② 国是：国家大计。[西汉]刘向《新序·杂事二》："善哉！愿相国与诸侯士大夫共定国是，寡人岂敢以褊国骄士民哉。"
③ 漏卮：底上有孔的酒器，此处比喻利权外溢。[清]包世臣《致广东按察姚中丞书》："漏卮之塞，必在厉禁烟土。"
④ 之：往。《诗经·卫风·伯兮》："自伯之东，首如飞蓬。"
⑤ 张学良（1901～2001），字汉卿，号毅庵，籍贯辽宁省大洼县，生于辽宁省台安县。国民革命军将领，奉系军阀首领张作霖之长子，中国近代著名爱国将领。
⑥ 游宴：亦作"游讌""游燕"，游乐宴饮。《列子·周穆王》："游燕宫观，恣意所欲，其乐无比。"
⑦ 山右：山的西侧，特指山西，因居太行山之右，故称。
⑧ 渠：代指他。[东汉]佚名《孔雀东南飞》："虽与府吏要，渠会永无缘。"

送，意殊可感。即由太原乘汽车，向阳明堡①遄发。是日天气晴霁，风静尘息，景殊晴朗，车行甚疾。约历六句钟②，已安抵该堡。道路不平，途中时有颠簸，但凝眺风物，竟忘疲劳。弥望茅舍竹篱，田塍如画，绿壤平畴，别饶风味，乡村景物，亦足适性怡情也。逗留两句钟，转乘骡车赴代县。行四小时，傍晚六钟抵步。该县县长李岩，已先得电郊迎，设筵款③接，备极优渥。太原汽车路，本直达此间，以阳明堡桥毁未复，乃转乘骡轿。是晚宿于旅店，途中劳顿，酣睡一宵。达旦，晨曦既露，精神复原。

翌早八时，登骡车。下午七时抵繁峙县。县长许其昌派员至峨口欢迎，至寓接谈，宾主尽欢而别。

十二日早，由繁峙八点起程，沿岩头直达五台塔院寺。沿路风景殊佳，羊肠鸟道，乱石嶙峋，峭壁悬崖，凌空飞舞。上升绝巘，不啻置身霄汉间。俯视深壑，下临无际，毛为之戴，惴惴焉弗敢停视，惟闭目默宣文殊圣号而已。行次均万山环绕，移步换形，不可方物，状极大观。黛色岚光，有非丹青所能描摹万一。外子睹此，心旷神怡，依恋不舍，时下舆玩赏，似嫌舆行过速，负此佳景者。余为朝山而来，亟欲面礼文殊，恨不能加疾。刻日④抵山，又怪舆人之迟缓，颇事督促，同历一境，而心理各殊如此。佛曰"三界唯心"，不益信欤。薄暮即下榻寺中。寺建于明永乐五

---

① 阳明堡：即今阳明堡，为代县阳明堡镇政府所在地。
② 六句钟：六小时。一句钟，旧称一点钟。
③ 款：真诚；诚恳。［唐］李朝威《柳毅传》："因命酌互举，以款人事。"
④ 刻日：限定日期。此处指即日、当日。

年，规模雄伟，住僧百余人，喇嘛僧亦二十余人。法纪严肃，秩序井然。惟其生活甚清苦，多以高粱、麦面炊食，稻米极不易得。见余等来寺，特加优待，清蔬数簋，为具脱粟①饭。此不恒有之殊礼，然亦粗硬不能下咽。山居苦况，概如想知。寺中有舍利塔，高二十余丈，巍峨耸峙，上临霄汉。铃角风动，声韵铿锵，可奏钧天之乐，振发尘迷。法典所云"出微妙音"，仿佛似之。相传为佛涅槃后西域阿输释迦王所建，此则重修于万历七年也。雄奇伟大，实为创见。寺之命名，意即本此。敬礼围绕，午夜始休，并作佛事数堂，以超荐姑嫜父母。

　　次日凌晨，即起往朝五台。先礼东台，台在杨林街之西北，相距五里，其顶如鳌背。登望海峰，时际仲秋，云朗气清，太空一无渣滓。极目东望，渤海波光，若明镜之闪烁，约略可辨。寺内房室不多，尚称清洁。其主僧亦练达②世法，接待殷勤。晚即与外子宿此。晚风甚劲，气候极寒，外子体孱，状至瑟缩③，因畏冷先寝。余即向各处礼佛，复至那罗洞侧，望空遥礼，祷求文殊智慧明灯。夜色苍茫，云气弥漫，渺无所见。岂期静礼未几，猝睹天半，丈余长光一道，横亘空际，形类繁星，恍电炬之连续，每颗约距离尺许，异征表现，庆快莫名。因举语从者彩霞，彼竟无

① 脱粟：粗粮，只脱去谷皮的粗米。《晏子春秋》卷六："晏子相景公，食脱粟之食。"
② 练达：阅历多而通达人情世故。［南宋］罗大经《鹤林玉露》卷十四："旂叟号西堂先生，开明练达，遇事如破竹。"
③ 瑟缩：收缩；蜷缩。《吕氏春秋·古乐篇》："民气郁阏而滞著，筋骨瑟缩不达，故作为舞以宣导之。"

睹。归告寺僧，则谓信是^①智灯，不易获见云。外子发心布施，出赠番佛三百尊，殊喜逾望外也。

翌日，取道谒北台，寺名灵应，供无垢文殊。此中人云，时或朔风怒吼，将人翻卷空中，轻如片叶。上殊平广，高耸入云，峭拔为四台冠，名曰叶斗峰^②。东目沧瀛，北瞻沙漠，浩浩漫漫，迥无涯际，始觉宇宙之广大，吾身之渺小，真不啻太虚之一尘焉。参礼毕，未多勾留^③，即往朝中台翠岩峰，寺名演教，供儒童文殊。四面林峦耸翠，碧霭浮空，万壑松风，亦足以娱吾视听矣。小憩片时，再礼西台挂月峰法雷寺^④，寺奉狮^⑤子吼文殊。此为五峰中之最低者。顶亦坦平，无多树木。入夕冰轮涌现，高挂峰端，遥望宛悬明镜，用以得名。暝色将合，炊烟已起，稍一瞻礼，即乘舆之清凉寺宿焉。寺藏深谷间，地极幽奥^⑥，路亦隐僻，舆夫踯躅莫辨，四顾无可问途。正踌躇间，树林中径来一老妪，殷勤指示。方向陈谢，回首杳然。群相惊疑，意是文殊化身也。抵寺，正值僧上晚课，钟磬闻作，梵呗盈耳，使人俗虑全捐，翛然^⑦有出尘之想。

---

① 信是：真是；确实是。［北宋］苏轼《虞美人·有美堂赠述古》："湖山信是东南美。一望弥千里。"
② 原文作"斗峰"，应为"叶斗峰"，脱误。
③ 勾留：逗留。［唐］白居易《春题湖上》诗："未能抛得杭州去，一半勾留是此湖。"
④ 原文作"雷寺"，应为"法雷寺"，脱误。
⑤ 原文作"师"，应为"狮"，讹误。
⑥ 幽奥：深邃。《后汉书·桓谭冯衍列传下·冯衍》："览天地之幽奥兮，统万物之维纲。"李贤注："幽奥，深邃也。"
⑦ 翛然：无拘无束、自由自在的样子。《庄子·大宗师》："翛然而往，翛然而来而已矣。"

昏黄届暮，林鸟归巢，已是山中灯火矣。展拜已竟，复到清凉桥①、清凉石游观，看龙牙、石印②、金印③等异迹。晚十一时归寝。

翌朝，晨餐既进，朝南台锦绣峰。寺名普济，奉智慧文殊。一带碧草如茵，春明时候，杂花怒放，俨同锦绣，故有是称。峰顶如覆盆，与四台隔绝，孤峦特起，蔚然深秀。云岚④拥护，松径回旋，亦觉自有逸致。其傍有千佛洞，石像雕镂甚工，奇古精美，远非俗手所能。度是六朝遗物，足与栖霞、灵隐各石相并耀。再历父母洞⑤，返塔院寺。

明日下山。山中灵迹至多，惜余游事仓猝，未及恣饱眼福，颇为缺憾。俟他日重来周览，再笔志可耳。所可喜者，外子以古稀之年，相从于漠北苦寒之地，饮食起居，均非生平所惯受者。且复致诚素食，即鸡蛋牛乳，亦皆屏绝。日仅食橙一枚，与大豆腐而已。竟安然下山，谓非佛菩萨之加被欤！

此篇游记刊载于张莲觉著《名山游记》（香港东莲觉苑，1934 年）。

---

① 此清凉桥，应为清凉寺所在柳院沟中之桥，而非西台下之吉祥寺清凉桥。

② 石印：即"清凉石印"印，铜质、兽纽，曾为清凉寺重要文物。

③ 金印：即"清凉摄受"印，金质，祥云纽，曾为清凉寺重要文物。

④ 云岚：山中云雾之气。[唐] 白居易《春游二林寺》诗："熙熙风土暖，蔼蔼云岚积。"

⑤ 父母洞：具体位置不详，疑为佛母洞。

| 孙肖泉

纪五台之游

（1931 年）

孙肖泉，生平不详。

1931 年 7 月 25 日，孙肖泉自北平启程作解县之游，先乘平绥铁路火车至大同，后换乘汽车南下，取道怀仁、代县、忻州、太原、榆次、临汾、运城等地，于 8 月 1 日到达解县，其行程纵穿山西南北。期间，孙肖泉于 7 月 26 日下午抵达忻县，因汽车故障无法前行，在忻县留宿，27 日清晨雇洋车经河边村前往五台山游览，28 日下午返回河边村，只在五台山停留一日。

七月二十七日上午五时，由忻①县城外东洋车六七十里，至河边村。村系山西十七年督军阎百川氏之故里。沿途道路、树林，

---

① 原为作"炘"，应为"忻"，讹误。

皆极修整。村之两面临汾河^①之水，三面受五台山之环抱。山色水光，秀媚已绝。村中地非甚广，而处处皆有秩序。有川至中学一区，现已停办，昔日则极为整齐，基金为阎氏私财，学生则皆系附近各村之子弟。惜乎不能持久，否则其培植岂有涯耶？余抵此已午正^②，略进饮食。当食膳间，村正亲来周旋盘问，告以来游五台者，始不问。于此^③见山西村政之成绩，宜其境以内无匪患也。

午后四时至五台山之台怀镇。镇在山之腹，寺宇无数，满目皆是。人行其中，直如游行于佛土世界^④。微风吹动，到处皆闻木鱼之声，檀束之香，使人之烦恼都销。五台山为五个台顶，分东、西、南、北、中。中、东、北三台极相近，南台较远而独立。中顶最高之峰，长年无冬无夏，山顶皆积雪，气候最温凉。山上极少大树，而苓灵香草，则遍山遍谷，遐迩皆是。色黄白而馨香，传闻数十里外。全山最佳之景，为卧龙岗，章嘉佛驻锡^⑤之镇海寺在焉。倚山构筑庙，与山形相为表里，遥望甚奇观也。其余各台皆有庙^⑥，大小各不下数十梵宇。台顶之庙，颓废不修者已十余年。近则游山者众，中外善士多所布施，遂使已废之庙，复焕然一新。全山僧众虽未及详细调查，大约统计不下万余人，多行持谨慎，

---

① 此处有误，流经河边村之河应为滹沱河，而非汾河。
② 午正：正午十二时。《旧五代史·晋书·马重绩传》："今失其传，以午正为时始，下侵未四刻十分而为午，由是昼夜昏晓，皆失其正，请依古改正。"
③ 《旅行杂志》版作"于尔"。
④ 《旅行杂志》版作"和尚世界"。
⑤ 《旅行杂志》版作"驻释"。
⑥ 《旅行杂志》版作"其余各台各皆有庙"。

讽经礼佛，或禅或密，各各精修，颇有道行深邃者。① 五台山上胜迹甚②多，皆关于佛门历史。如文殊佛等，山志及各纪载尤详。③山最高之处，大约在三百余丈，山愈高愈深水愈清，石之形状亦益奇，洞涧处处皆是。来游者住④于某寺，则寺僧为之供膳。临行依个人之力量，随意布施⑤。

余于七月二十八日上午由台怀镇⑥上山，至卧龙岗而止。因无伴偕游，游难尽兴，拟留余兴以待再来时，与良友俱。遂于二十八日下午七时返河边村⑦。翌早乘五台县、太原间之汽车，于二十九日上午十一时抵太原。

此篇游记最早刊载于《山西解县之游》(《旅行杂志》1932年第6卷第3号)。此后，《佛教日报》(1936年7月14日第3版)以《纪五台之游》为题将其在五台山的旅行记录单独刊发，但对文中关于佛教的表述作了修改。本文以《佛教日报》版为底本进行校注。

---

① 此句《旅行杂志》版作"全山僧众虽未及详细调查，大约统计不下万余人，皆饱食终日无所事事，讽经嗺佛外，游山逛景，诚世外桃源地也"。
② 《旅行杂志》版作"颇"。
③ 此句《旅行杂志》版作"如交殊乎等类，皆无法可以研究，只可人云亦云，列于不可知之列"。
④ 原文作"主"，应为"住"，讹误。
⑤ 《佛教日报》版作"佛施"，《旅行杂志》版作"布施"，据之改。
⑥ 原文作"怀镇"，应为"台怀镇"，脱误。
⑦ 原文作"村边"，应为"河边村"，讹误。

| 张虎峰

本校师范科二年级旅行五台山纪略

（1934 年）

张虎峰，生平不详。山西省立国民师范学校毕业，后留校出任教员。

1934 年 5 月 15 日至 26 日，时任山西省立国民师范学校教员的张虎峰，带领本校师范科二年级 64 名学生前往五台山游览，以作春季长途旅行。张虎峰一行人在五台山停留六日，往返各费时三日，共费时十二日。期间，张虎峰只游览台怀诸寺，未造访五顶。

五台山为中国三大佛地之一，文殊菩萨现身敷教[①]之地。山势高峻，即山东泰山其高度亦莫能比，据地理家考查，高出海面约一万二千余尺。故台顶多年积雪不消，即山麓、台怀等处，阴历

[①] 敷教：布施教化。［唐］褚琇《奉和圣制送张说上集贤学士赐宴》诗："惟师恢帝则，敷教叶天工。"

四五月间尚有积冰雪五六尺者，居其地者虽酷暑时，亦不能谢绝棉衣，故此山向名清凉山者以此。本年国师①师范二年级学生六十四人为爱名胜心所促，不惜跋踄②劳苦，兼之冯校长风雅名士，乐为促成，余以该班级任忝任领导之一，自五月十五日出发，廿六日返校，中经十余日之时间，费去千二三百元之旅费。不但在本校为一新纪元，即太原各校春季长途旅行亦以此为破天荒。兹值本校月刊发刊纪念特刊之际，谨将台山之游，略述经过梗概，以飨同好台山者。至于诸同学之热心笔记，见仁见智，当有更多特识以贡献于读者焉。

十五日上午五时半，由校门分乘汽车四辆起程。至十时半，由忻州、定襄，再经过五台的模范村（河边村）而至纪胜桥③。由此坐轿车④十里至东冶镇，即于此打尖。饭后另雇架窝，学生为驮行李，三人合骑一骡，行三十里，于晚七钟至五台城。是晚因校中预先有函，五台县长已早派人准备住址及饭食，甚是周到，旅途中得此招待，亦属幸事。饭后王县长（字和卿，与冯校长有师生关系，与余亦属好友）亲来看望，寒暄外并告诉我们以五台山的情形，且许翌日打电话五台山区长，及派警沿途照料，谈毕道歉而去，我们只有道谢而已！

---

① 国师：即山西省立国民师范学校，是阎锡山创办的一所专门培养小学教师的师范学校，1919 年创办，1936 年停办。
② 跋涉：艰辛远行。
③ 纪胜桥：即济胜桥，位于五台建安镇瑶池村北之滹沱河上。1927 年，阎锡山在此修建一座 22 孔青石桥，取名"济胜桥"，今已不存。
④ 原文作"桥车"，应为"轿车"，讹误。轿车：由牲畜牵引且带有轿子的车。

十六日早六时，从五台城走二十里，经过阁子岭，岭上建阁，行人经其阁洞。传言山兴云而时即有彩云由阁洞穿过，甚为美丽，此为五台八景之一①。地势险要，亦即旧剧中所演之牧虎关②所在地。由此山中盘绕，再十五里即到我们预计打尖之尊胜寺。此时约上午十钟，因有所派马警预先通知，故寺中僧人招待非常殷勤。此寺位于滤阳岭③上，寺外山头洞阁上书四字为"五峰咽喉"。瞻之能使人金增朝台之感。寺系新建，非常壮丽，最上为塔院，南下分三层，各院均有正殿厢房，殿各塑金佛及罗汉天兵，工尚未完。据住持含岩云，此岭原有尊胜寺，系唐④时佛陀波利见文殊处，故建寺，规模甚小，且多残毁。此次重建，系开工于民十一年⑤，已费去二十余万，工尚未成。其建筑费来源，原系台山名僧普济和尚在东三省及冀、鲁一带募化，普济在外前后所募不下数百余万，誓许重建寺院十余所，此寺即为其一。现僧人共四十余，组织亦属完密。此处用饭后，因礼貌关系只好上布施十元以表谢忱而已！晚六时，至上柳院，因先有马警通知该村村长，故分居四个家户。此间人情古朴，待人忠诚，虽村人围视不已，而物件绝无遗失之虑，以之与城市比较，判若天渊矣！

十七日早七钟时，由柳院至清凉寺二十五里，尽是悬崖绝壁，

---

① 即阁道穿云。

② 此处有误，牧虎关位于苏子坡村北慕姑岭之上，而非在阁子岭。

③ 滤阳岭：即虒阳岭。

④ 原文作"汉"，应为"唐"，据之改。北印度罽宾国人佛陀波利，于唐高宗仪凤元年（676）杖锡五台山，而非在汉朝。

⑤ 民十一年：即民国十一年，公元1922年。

由石沟中前行，此寺亦系新建寺院，规模不如尊胜，惟院中有一清凉台，系长圆形，周围不过五六丈。据僧人云，五百人立其上不至拥挤，且系活动，下撑石块，每一人用肩往上一抬，石即行落下。以故僧俗人等至此，无不用肩一抬，为其可以却病也。由此爬山而上，山势最险，即骡子亦不能骑。行十里有余，即至山巅，建有金阁寺。原来系有僧人至此，见空中有金阁辉煌，故名此岭为金阁岭，寺亦名金阁寺。规模比清凉寺为大，门前大牌楼一面书"敕建金阁寺"，一面书"佛景华丽"。寺内有一大殿，其佛像为五台山第一宗大佛。据僧人云，系就一株大松树塑成，因周围松枝甚多，都塑成大佛的胳膊及许多佛手，所以名为千手佛。身在殿中，头在二层楼上，可以见其佛大矣。在此寺打尖用饭后，由此岭而下，沿河槽而行，有十余里至镇海寺。此寺是佛爷五处之一，章嘉佛的家所在。据云，活佛转世时，第一要问的就是五台山的镇海寺。寺系建在山头，另有左右二山头环抱，两边山沟有两道大泉水，现在冰尚未解，形势名为二龙戏球。上下遍树松杆，在五台山此为第一风景极佳之地。此寺正殿中间一佛坐的是海眼，传言是大锅扣着，不让海水流出。章嘉佛住院前有一座青白石大塔，珍珑华美，刻工精细，佛经花草，无所不有，此名章嘉佛塔。传言清顺治皇帝的尸体即在此塔下，不知确否？过此寺再五里余，即经过台怀镇、杨林街，而至我们所预期的住址显通寺。

十八日早七时用饭，八时半按定昨晚计划，因初到大家疲乏，先参观附近寺院。首由本寺和尚引导，自前至后，三大殿，南供释迦，中供文殊，后即有名之无梁殿，系供千手佛。殿内佛像林立，屋顶甚高，不见椽檩，只有四根大柱，乱木搭架，砌成八卦的形式，其建筑真可谓入神矣。此殿后背，即是金黄隆隆的铜殿，为五台十景之一。前有石牌一面，上书"清凉妙高处"五字。椽柱、挑角、砖瓦、脊岭、兽角均为铜质，高一丈四五尺，宽不盈一丈，如同铸成一块。前有五座铜塔，像五台之顶，系殿成余渣所建。传言此殿周朝古仙人广成子所铸①。此外显通寺还有奇异之事，即在此南角铜台二层旁边有所谓山西大土地爷一座，传言是康熙封过的。此寺建设最古（汉明帝时），又位居台山中心，寺内规矩极严，房舍亦多，故朝山旅客多寓于此。

其次到罗睺寺。此系喇嘛的寺院，原来五台山寺院虽皆系供佛，但有青衣僧、黄衣僧之别，青衣僧皆系汉人，黄衣僧皆系喇嘛（大半是蒙古人，西藏人亦间有之）。寺中佛殿甚是整齐，正殿内有开花现佛一座，为五台山十景之一。据云，佛系坐一莲台，地下安置机关，如用力转动，佛即由莲瓣中现出，若遇蒙古鞑子布施不足，佛即不现，此完全为欺骗蛮人之手术。余等至此，适值喇嘛念经，盘膝坐地，手撑蒙文，又用许多铜杯盛水，反来覆去，不知为甚。

再次到塔院寺。因有明阿育王所置佛舍利塔②及文殊发塔故名。寺门前有一高大牌楼，上书"清凉胜境"。寺正殿亦与他寺无

① 此说法有误，显通寺铜殿建于明万历三十五年（1607），由妙峰禅师主持铸造。
② 此说法有误，现今塔院寺释迦文佛真身舍利塔（即大白塔）始建于元大德六年（1302），由尼泊尔人阿尼哥主持修建，明永乐五年（1407）、万历七年（1579）又先后进行修缮。

异。南为塔院，此塔系八角形，周围建房四十间，约三百二十尺，高三十六丈，二层塑的观音菩萨及十八罗汉，周围安有每间有铜转轮八，内装经卷，每天有喇嘛和尚在塔周围转着轮子，以替念经，谓能常如此，即可消灾降福成佛成仙了。塔院南有一殿，匾书写"金粟来仪"，传言有贫僧在此法食粟子，故建此殿。内有藏经转轮，亦奇观。

再次到菩萨顶。庙位最高，亦名真容院，为大喇嘛所在地。未到寺院，先上石阶一百零八级，传言系含山西旧属一百零八县的意思。阶尽处上有一大牌楼，书为"灵峰圣境"四字，是康熙时所立。到时余即投递校中公函，一喇嘛领余至后院大喇嘛住所，并言本校系赵次陇①先生所创办，彼即改容相待，并言赵为蒙藏院长时彼亦居南京多日，甚为相得也。此院金碧辉煌，琉璃砖瓦，甚据形胜。其匾文有"五峰化宇""五台圣境"等，甚与事实相符。佛殿摆饰极佳，有带箭菩萨一座，传言明洪武帝见和尚引一女子洗澡，不知是佛化身，认为污浊，令随兵箭射，但未曾伤一和尚。后上寺一看，其箭均握在菩萨手中，此亦为五台十景之一。此外临近大喇嘛住所的向南小门，内有设大铜锅的地方，大锅系三口，口面直经有七八尺，深约六七尺，两口是铜，一口是铁，每口有四道灶火。据云，每年腊八用一次，六月会用一月，其余日子均用不着。在此寺因我们人数多，吃的点心亦多，故上布施

---

① 赵次陇：即赵戴文（1866～1943），字次陇，自号清凉山人，山西五台县东冶人。山西辛亥起义的主要领导人之一。

两元以表谢忱而已。据说五台山寺院以菩萨顶为最肥。

由菩萨顶折回又到圆照寺。门前大牌楼，前书"灵峰普照"，背书"秀发菩萨"。寺内一如别寺，无特出者。时已二时半，即返显通。饭后阴雨濛濛，师生在显通铜殿前照一全体合影，因恐回时洗不及，故提前拍照也。晚计划翌日出游后，与本寺住持照宗谈及寺中规矩及引度僧人甚详，并请我们明日吃千僧大斋。十时后安眠。

十九日上午，因本寺住持留请看南边善人在此做千僧大斋，以故下午始能出发。千僧斋系南方善人来五台朝拜佛爷后所做的，凡五台山男女僧人均来礼佛，礼毕即设有座位吃斋，每人给一毛零二十铜元，大锅杂菜一碗，大馒头一个。前拥后挤，大约不下二千余人，真是热闹，因菜可以尽量吃饱，故馒头均各自带回。自上午七时起，闹至下午一时许，闹了个不亦①乐乎。及至两点钟，始分给学生斋饭，请余同崇址、西园三人至方丈室，同当家管事人共七人，开出素席，味道甚佳，为余生平第一次吃素席。且据住持言，我们能吃今日之千僧大斋，总算有造化了。

饭后我们师生即出发临近诸寺，先至万佛阁②。此寺不大，正殿系供龙王，油刷干净。偏房③是一楼阁，上下中皆大佛林立，墙壁四周皆满置泥佛，此所谓万佛也。再至殊像寺。此寺系唐僧见文殊化身于此，即建寺，故五台山文殊菩萨只有此佛像④大，且系

① 原文作"已"，应为"亦"，讹误。
② 万佛阁：即今五爷庙。
③ 原文作"方"，应为"房"，讹误。
④ 原文作"像佛"，应为"佛像"，倒误。

真容。殿内陈设甚好，且树有文殊菩萨番装画像二幅，静中颇现严肃气像[1]，此亦可谓至宝。殿后有藏经阁系全部藏经，不幸因看守人不在，均未得睹，可惜之至。又此寺有静善堂，是清初三皇姑出家处。按三皇姑系顺治之妹，康熙之姑母，招驸马于吴三桂的儿子，后来三藩之乱，驸马被杀，皇姑厌世出家五台，此事当属事实。但我们游时和尚未引，故未见其遗迹，亦可惜也。

再次至普化寺。旧为玉皇庙，此寺系前十年所建，金顶琉瓦，参以西式，工尚未成，但已费去四十万左右。大殿中供文殊，中殿为释迦。后为玉皇阁，建于山坡之上，非常伟大，中为玉帝，一边千手佛，一边文殊佛，且有许多战[2]神、天神，皆系铜制，且系熟铜锤成，工程极精，与别寺生铜铸成者不同，亦奇观也。

二十日上午，因参加十大禅寺作会，全体僧人来显通请佛，大殿有五六百僧人诵经，迎送均全副执事，非常热闹，故未出游。下午至南山寺。此寺形居山顶，在最高楼上，可以望见五个台顶。建筑高下不等，曲折入神，且参以西式。正殿佛像堂皇[3]，两边十八罗汉塑工极佳，且具有名字，为他寺所无。寺内西北建有普济和尚庙，塑像很能表现清静无为僧人的气象。上有"真如自在"匾牌，是慈禧太后恩赐的，非常宝贵。据说此寺全系普济和尚一人振兴的。次镇海寺。余与崇址先生因来山时已游过（寺内情形

---

① 气像：气度；气局。［清］李渔《比目鱼·伪隐》："我如今穿了篮衣，戴了箬笠，做出些儒者气像，俨然是个避世的高人。"

② 原文作"站"，应为"战"，讹误。

③ 堂皇：形容气势宏大。［北宋］张耒《大礼庆成赋》："堂皇二仪，拓落八极，以定万世之业。"

见前），故未随学生前往，直走九龙岗^①，约与学生在此寺相会。

九龙岗地踞山腰，门前白石牌楼、照壁、旗^②杆及一百零八级台阶，并两旁栏杆，上刻猴鸟桃花，极其精致。寺内白石普济佛塔，周围刻有佛像、佛经及花草人物等，真是龙岗奇观了。又正院过殿塑一韦陀像，据僧人说系沙钵造成。远看与铜质无异，为南方精工之一。正殿、偏殿、过殿均有梁硕光^③所书真草^④各联，笔势秀致，在台山亦为别寺希^⑤有（因台山佛景之地，名士向不涉足）。各殿内均系景泰蓝供器，不但伟大，洵^⑥属珍品。此寺与南山寺均系善人主事，和尚只诵经而已。

二十一日早饭后，出游般若寺，亦名金刚窟。此寺正殿亦如别院，惟金刚窟系特出。旧窟在寺外石狮座下。据僧人说此窟可通西天，因前去人死伤甚多，故以经卷填之。现在寺内偏殿内藉山势造一假窟，不甚深远，容人不多。窟外佛前桌上置有一物，长约尺许，高约数寸，非石非骨。据僧人说系文殊菩萨之遗齿，亦神话也。

---

① 九龙岗：即龙泉寺。
② 原文作"棋"，应为"旗"，讹误。
③ 原文作"梁硬光"，应为"梁硕光"，讹误。梁硕光（1871～1964），本名梁俊卿，字硕光，山西忻县温村人。清光绪三十一年（1905）毕业于山西大学西学专斋。中国同盟会会员，出任过《晋阳日报》社长等职。梁硕光笃信基督教，倡导诸教合参，尤倾心佛化，与赵戴文和王建屏交好，曾于五台山成果庵受菩萨戒，法名严海，号普渊。
④ 真草：真书和草书。《史记·三王世家》："谨论次其真草诏书，编于左方。令览者自通其意而解说之。"
⑤ 希：少。《史记·货殖列传》："楚越之地，地广人希。"
⑥ 洵：确实；诚然。《诗经·陈风·宛丘》："洵有情兮，而无望兮。"

　　次游五郎庙①。正殿为佛，西殿为五郎庙。据此寺喇嘛云，此系五郎坐化后加以塑工而成，故为真像。放置两段铁棍，一上一下，共计重八十余斤，传系五郎出家后应六郎之命，曾破契丹水牛阵，用此棍以击死韩昌②者。此寺东殿为关帝像，塑的清静威严，极符理想中的关圣人。墙上画满三国故事，亦颇精工。

　　再次到碧山寺。门前有大牌楼，前书"清凉云华"，后书"蕴结灵峰"。中有临龙桥，下为养血池，此桥东西各有杆松九株，像十八罗汉。寺内正殿极伟大，匾书"雷音宝殿"四字。内有玉石佛爷一座，传言运自印度。后正殿五间，系两层高楼，中塑一丈二尺高文殊菩萨坐像，东西两旁为七尺高佛像，陈设均系珍品。东北有楼梯，上了此楼，除佛像陈设外，最宝贵的是五台十景之一的碧山字塔③。此塔大约有不到两丈长，五六尺宽，样式是七级浮图，不论砖瓦兽头、花草人物、挑角风铃，均系小字砌成。远看是塔，近看是字。据僧人云，写的是一部藏经，传言系李淳风④、袁天罡⑤对背写成，不谋而合，一模一样。虽系神话，然而

① 五郎庙：即太平兴国寺。
② 韩昌（975～1027）：契丹名耶律遂正，字延寿，蓟州玉田（今河北玉田）人。卒于辽兴军节度使官邸，非为杨五郎所击杀。
③ 此碧山字塔为《华严经》字塔，六角七级楼阁式的浮图图案，由80卷《华严经》共600043字排列写成。完成于清康熙二十九年（1690），由江南姑苏邓蔚山圣恩禅寺住持济石所书，并供奉碧山寺永远流通。
④ 李淳风（602～670）：岐州雍县人（今陕西省凤翔县）。唐朝政治人物、天文学家、数学家。
⑤ 袁天罡：生卒不详，益州成都（今成都）人。隋末唐初的著名术士，习阴阳五行之学，精天文、相术。

成就恐非人力所及矣。此楼东偏有禅堂一座，系正方形大屋，中为佛堂，周围均系参禅座。余等参观时，只有五六僧人参禅静坐，亦有持经默诵者。据云，内有六七日可以不食不语者，此为别寺所无。有名的茅蓬①，亦在此寺。

由碧山折回上黛罗顶②。上下各三里许，路甚峻险。上有寺院，为塔院寺之支寺，僧人十余。过殿五间，传康熙避暑地，故亦名龙棚。南半间有乾隆御书七律诗一首刻于碑上，笔势秀媚，与南山寺慈禧所书之"真如自在"同样珍重。正殿供有五台顶文殊菩萨像。据说秋后各台顶因风冷不能朝顶时，朝黛罗即可以代之。余等游时已下午四钟余，风渐起，身上已觉寒冷。此顶旁阴处尚有积雪四五尺者，亦足见台山气候之寒也。

二十二日早饭后，出游玉花池。因此寺居于中台顶背后，距我们住的显通寺约十余里，若从此再上中台顶，总有二十余里，完全爬山，路长而险，且昨日因上黛罗顶身体疲困，又值风起，故余半途而返。据学生游者谓，玉花池相传有僧人入见玉莲花出现，故得名。而今池亦泥淤矣。又有罗汉殿排列不甚整齐的五百生铁罗汉，传言游人都数不清，虽系神话，然排列参差，甚能混乱目光故也。此"玉花罗汉"亦为五台十景之一。

东台顶据学生游者云，顶上不甚大，但积雪尚有五六尺之高，寺的大门，尚为所拥，僧只六七人，为显通支寺。除中台舍利塔

---

① 茅蓬：即广济茅蓬。
② 黛罗顶：即黛螺顶。

外，设备均如他寺，僧人谓顶上只有六月能见绿草一月，五月尚未生出，七月即已枯干。可知其台顶之高，与气候之寒，闻前数日尚冻死一驴云。

二十三日，因爬山数日，均甚困倦，休息一日，并结束山上一切，准备返校行程。

二十四日早六时起程，显通住持送至寺外，合掌而别，始终礼貌不衰，令人钦佩。午至上柳院打尖，晚息窦村①，是日行九十里。

二十五日早六时起程，午至黄土坡打尖，晚息东冶镇，是日行七十里。东冶有国师毕业同学数人，供职高小学校者，愿先召集学生准备欢迎，可惜为时间所限，不能答其雅意了。

二十六日早七时，用轿车、骡子运输行李，到纪胜桥。乘汽车不足十里至河边，我们下车至川至中学参观，由曲德卿校长及训育、教务两主任招待。该校建筑在文山之麓，地踞形胜，设备亦颇完全，洵属青年最乐之读书处。且校舍整洁尤为特出。文山为台砚出产之地，故学生于休息之际，出而买砚者不少，留一时许，即乘汽车，至下午四时而返校矣。

此篇游记刊载于《山西省立国民师范学校十五周纪念特刊》1934 年第 5 卷第 6～7 期合刊。

---

① 窦村：即今豆村。

| 赵　铉

五台山旅行记

（1934 年）

赵铉，山西五台县人，生平不详。山西省立国民师范学校师范科学生。

1934 年 5 月 15 日至 26 日，在山西省立国民师范学校教员张虎峰的带领下，赵铉随本校师范科二年级同学来五台山游览。此篇游记用白话叙事，内容简略，其中关于"风俗人情"的记载大致可以反映当时五台山衰败之气象。

一、题外话

学校规定五年级的旅行地点是阳泉和五台山，任学生自择一处。按两处性质大有差异，阳泉是工业区，五台山为佛教三灵地之一。当然，各有优点。外人到中国游览，五台山每为必到之地。中国之各大人物，更是游者不少。自己是五台人，而不知五台山的风景，多么可惜。又且故乡习俗，因该地之风俗不良，不愿子弟去游玩。这次，好在乘了学校的名义，家中亦不至责焉。在这两个条件之下，我就决定了旅行五台山。

二、旅途中

五月十五号的早晨，乘包车开始了旅行生活。这坐包车，尤其是驶在门口，在我是第一次的享受，也许多数的同学亦然。领队是二位张老师和康先生，我为着想和同学们在车中说笑，以免苦闷，专心乘了辆没有领队的破车。果然不错，在整整四个钟头的汽油空气里，没有觉着一点苦闷。车初出了城外，好像是井底之蛙，复现于大地。虽然，田里还是刚从土里发出来的小苗子，然而总是觉着另开了个天地，都市生活的嚣喧，渐渐的被大自然陶冶^①的消散着。车行数十里后，看见乡村里的烟筒，正在冒着煤烟。早工的晨人，隐约的在归途中，想他们定是为着用早餐了。同学们每以发现老太婆另奇^②，奇怪北路女人的装饰和朴素，殊不知这正是北路人的特点。因为急于到站，在路经的各小站，没有停车，我们在车中顺便以鸡子、面包充饥。车经河边村的刹那间，视线都集中在所谓五台县最高学府的川至中学校，都称赞着建筑的整齐，规模的宏大。十点钟到达汽路的终点纪胜桥。

少息，徒步登土路，行八里，达东冶镇。时值正午，于是午

---

① 原文作"淘冶"，应为"陶冶"，讹误。
② 另奇："另"和"奇"均为形容词。另：别异，别样；奇：奇异，怪异。

餐于该地。镇中市民，见此新从太原来了的大批学生，都是额外惊奇，以为又是罢课了。饭店开了新的纪元，小贩竟有货不敷售之概。一个平静无事的小镇，好像放了一个^①三千磅^②重的炸弹，惊动了市上的一切。下午五时达距东冶镇三十里远的五台城，是日就在这里住宿了。因为是初次长途旅行，尤其是这山路，所以都是叫着苦，觉着不若学校里舒服！

次日很早便登了旅途，因为同学们不惯步行——城市生活的特点，头一日就走坏了脚，于是三人轮乘骡子一头，这比较是舒服了些。尤其是上坡山路，整整齐齐排成一行，好像是赴前线的骑兵队，旁人见了也是如此想着。这天可把同学们征服了，运动的牛也是叫做苦。我们自己也觉着好像带了几分丘八^③味。七十里的行程，整个走了一天，可见路子的崎岖了，这晚住宿在一个叫上柳院的小村里，吃饭睡觉都成了问题，急得领队先生束手无策，最后村长发了些慈悲，找到了几处民房，才算解决了问题。

第三日的路程更难走了，连骡子都不能骑，只有低着腰一步一步的上爬，连气都喘的出不上来，气候是渐渐的冷变着，单衣有点不济于事。大家为了要急于达目的地，都是尽着全身力量的前进着，于是下午二点就到了五台山。该区区长早已预备好了住宿处——五台山最有名的显通寺。饭后，都打开了行李，休息。精神强一点的，便开始了个别参观，我是休息的一个。

---

① 原文作"够"，应为"个"，讹误。
② 原文作"傍"，应为"磅"，讹误。
③ 丘八：旧时对兵痞的贬称。

三、寺院略述

次日九时，由老师领导参观临近各寺院。首先就是我们住宿的显通寺。该寺为青庙庙主，规模宏大，建筑庄严，尤以无梁殿及铜殿驰名，佛像及供器都已古旧，处处表现出历史的悠久。当我们进殿时，正遇着和尚喇嘛举着手，排着队，叩着膝，闭着眼，背诵佛经。东南行，到塔院寺。规模亦不算小，但无希特处，院中有高可廿余丈①之大塔一座，该寺则因以名②之。本日参观者，尚有罗睺寺、菩萨顶……，谈□③以大铜锅惊人的，据说深可六七尺，直径丈余，可供数千人之应用，煮半月而始熟。

第三日上午休息，下午赴距显通寺十数里的普化寺。该寺为最近新建，样式颇带近代化，尚未完全成功，还在建设中。□□④完全是洋漆造成的，比泥胎⑤好像进化了些。据负责人谈，建筑费预算四十万，还是和尚肥富！

山上住宿六日，参观寺院，不下廿座。然通观各处，总是千篇一律，不是文殊，便是菩萨；不是和尚，便是喇嘛；不是念经，便是祷告。一个寺院，差不多可代表了五台山的各寺院，久居也觉着无甚趣味。最后休息的一日，同学们都上市购铜佛像、素珠、木

---

① 原文作"长"，应为"丈"，讹误。
② 原文作"各"，应为"名"，讹误。
③ 原文此处空一个字。
④ 此处两字迹漫漶不清。
⑤ 原文作"台"，应为"胎"，讹误。

碗及当地的一切特产，以作纪念。于第七日又口[①]复旅途生活了。

四、风俗人情

因为该地是佛教之特别区域，人情风俗自然随着有了特殊[②]性。除和尚、喇嘛而外，居民多系寺院佃户，他们房无一间，地无一亩，尽凭整年血汗从寺院的压迫里讨生活。在此特殊环境下——和尚的慈悲心，造就了许多依靠寺院过活的青年乞丐，这样不知误了多少人的光阴前途，牺牲了多少有能为者。在和尚的标榜不要配偶的名义下，本地妇女，不知尽作了多少人的戏弄者。尤可奇者是以留宿外人为荣，生人之轮门出入，尤属家常便饭。一到晚间，外人好像"查户口"似的找女人谈笑。这里以二句本地俗语来证明："石头垒墙墙不倒（示墙之不高也），和尚进院狗不咬（示属常事也），姑娘生娃娘不恼（示娘亦如是也）。"固然说的有些过火，不过总可代表了些实情。亦只限于几处，娼妓多属关东人，专到该地操此业，这也是圣地特别处。妇女就是年过三十，也是留着两个大辫子，表示处女之意？

---

① 此处字迹漫漶不清。
② 原文作"株"，应为"殊"，讹误。

五、感想

　　一个世外桃源之地，自己竟能亲临其境，真是三生有幸，今后难再。伟大建筑，精细雕刻，处处表现着中国固有艺术。人民尊崇和尚，和尚亦以愚民政策欺骗人民。他们终日以念经为专业，饱食暖衣，一无所事，一无所劳，站在社会的极高地位，真是舒服，所谓佛地也者原来如此！竟将该地形成特殊区域，风俗恶劣，依赖成性，有用之人才，尽办了这种脚色①，真有点可叹！途中所经农村大暴露出破产情形，地荒不耕，三餐变二，破产程度，已达极点。国家苟无救济办法，势难继续维持，社会变革恐在眼前。祈②求吧！准备应付这大祸的来临！

　　此篇游记刊载于《山西省立国民师范学校十五周纪念特刊》1934 年第 5 卷第 6～7 期合刊。

---

① 脚色：犹履历，有时特指某种人物，含贬义。
② 原文作"起"，应为"祈"，讹误。

凌靳五台游稿序

（1934 年）

靳志（1877～1969），字仲云，号居易斋，河南开封人。民国时期一直在外交部门工作，工词章、精书法、擅章草，名闻全国。著有《居易斋诗存》等。

1934 年 5 月 3 日（农历三月二十日）[①]，靳志自北京来太原视察外交。5 月 16 日（四月初四日），与友人凌霄凤从太原起程赴五台山游览，在山期间遍访五顶及台怀诸寺，于 25 日沿原路返回太原。此次旅行共费时十日。

甲戌[②]暮春[③]，旧京花事过，西踰太行，赴晋视察外交。此地关

---

① 关于靳志来太原的日期有两种说法：一、《国学论衡》1934 年第 4 下期所刊《甲戌晚春由燕赴并三月廿日薄暮抵太原》一诗记载为 5 月 3 日（农历三月二十日）；二、《青鹤》1934 第 19 期所刊所作《甲戌晚春由燕赴并三月廿七日薄暮抵太原》一诗记载为 5 月 10 日（农历三月二十七日）。
② 甲戌：即民国二十三年，公元 1934 年。
③ 暮春：农历三月。

河四塞，大朴不雕。除天主教徒、矿山技师、浪漫游客外，罕有外人踪迹。故自清季迄民国，各省皆置交涉署，而晋独缺如①。山深土厚，事简民安，所谓邻境击柝相闻②，老死不相往来，郅治③之世者非耶！三晋豪俊，多有旧识，喜余远至，相邀邀游山泽间。诗酒书画，酩酊④倒载无虚日。海门凌宴池⑤，凤标三绝，河东倦游，戒途⑥将逝。一日遇于晋祠难老泉亭子上。古木如苍虬⑦，惊湍如白虹⑧，花絮漫天，水声盈耳，三叠赓和⑨，醉墨飞舞，恨相见之晚也。则更相携为五台之行，河边阎公⑩使宋子征为伴。乘汽车抵沱阳⑪济胜桥换架窝，再宿而至灵鹫峰下显通寺。候风色，卜雨晴，取次⑫登五台

---

① 缺如：空缺；缺少。
② 击柝相闻：形容距离之近。
③ 郅治：大治。［清］王韬《弢园文录外编·制战舰》："然中国向以文德致郅治之隆，武功非其所尚。"
④ 酩酊：大醉。［唐］元稹《酬乐天劝醉》诗："半酣得自恣，酩酊归太和。"
⑤ 凌霄凤（1892～1964），字宴池，江苏海门人。民国金融家、书画收藏家。著有《宴池诗录甲集》《游五台山诗》《游晋祠考录》等。
⑥ 戒途：准备登程，出发。《周书·文帝纪上》："秣马戒途，志不俟旦。"也作"戒涂"。
⑦ 苍虬：形容树木盘曲的枝干。［南宋］王沂孙《疏影·咏梅影》词："苍虬欲卷涟漪去，慢蜕却、连环香骨。"
⑧ 白虹：日月周围的白色晕圈。《后汉书·郎颛襄楷列传·郎颛》："凡日傍气色白而纯者名为虹。"
⑨ 赓和：续用他人原韵或题意唱和。《新唐书·文艺下·刘太真》："德宗以天下平，贞元四年九月，诏群臣宴曲江，自为诗，敕宰相择文人赓和。"
⑩ 阎公：即阎锡山。
⑪ 沱阳：即滹沱河北岸。
⑫ 取次：次序；次第。［元］揭傒斯《山市晴岚》诗："近树参差出，行人取次多。"

顶，访近百里内灵迹。有时巨石碍天，路仅悬丝①，冻岚②迫暝③，人
缩马猬。有时绝壁锦堆，溪鸣琴筑④，灵异恍惚，吞吸元气。耳目
所及，偶得断句。晚归篝灯，必缀成篇。或寺僧索书，则濡墨漫
与之，行箧⑤素宣⑥四十纸皆尽。余得诗四十二首，宴池亦三十三。
往返十日之间，披峦剥峭，帽檐屐齿⑦，性命相依。玄霜⑧绛雪，幽
云怪雨，与夫晨钟夕梵，松鸣谷应，险绝动魂魄，雄奇扩心胸。
幽邃旷邈，出入玄冥，起逸尘埃。每相对无一言，或相视而微笑，
即心即境，无一非画，无一非诗，而要皆在此七十五篇中也。宴
池谓宜付剞劂⑨，以贻太原朋好，使当卧游⑩。而嘱余有以弁其端，
题为《凌靳五台游稿》。

　　夏四月下弦⑪，祥符⑫靳志归旧京后五日，书于居易斋之南窗。

---

① 悬丝：比喻极其危险。《坛经·行由品》："若传此衣，命如悬丝。"
② 冻岚：山林中寒凉的雾气。［唐］曹唐《奉送严大夫再领容府二首》诗之一：
　　"海风卷树冻岚消，忧国宁辞岭外遥。"
③ 暝：天色昏暗，引申为日暮、黄昏。
④ 筑：古弦乐器名。《史记·高祖本纪》："酒酣，高祖击筑，自为歌诗曰：'大风
　　起兮云飞扬，威加海内兮归故乡，安得猛士兮守四方。'"
⑤ 行箧：旅行所带的箱子。《宋史·忠义十·马伸》："故在广陵，行箧一担，图
　　书半之。"
⑥ 素宣：熟宣纸。
⑦ 屐齿：木屐底下凸出像齿的部分，引申为足迹、游踪。
⑧ 玄霜：厚霜。［唐］元季川《山中晓兴》诗："河汉降玄霜，昨来节物殊。"
⑨ 剞劂：雕刻用的曲刀，指雕版、刊印。［唐］韩愈《送文畅师北游》诗："先生
　　闷穷巷，未得窥剞劂。"
⑩ 卧游：卧以游之，以欣赏山水画代替游玩。［元］倪瓒《顾仲赟过访闻徐生病
　　瘥》诗："一畦杞菊为供具，满壁江山入卧游。"
⑪ 下弦：月相的一种，农历每月二十二日或二十三日。
⑫ 祥符：河南开封。

　　此篇游记刊载于《国学论衡》1934 年第 4 期下。除刊载《凌靳五台游稿序》外，该刊物还于同期刊载了靳志在晋期间所作三十九首诗①，这些诗作多记以时间，由此可以还原出靳志在晋的行程和活动轨迹。

---

① 　分别是《甲戌晚春由燕赴并三月廿日薄暮抵太原》《晋祠》《首夏偕潘泰初宋子征凌宴池游晋祠地回春晚小桃初谢柳絮漫天泉清树老坐难老泉亭子上水声盈耳凌君诗先成三叠其韵书遗觉亮和尚》《四月四日由太原出发朝清凉山暮宿台州今为五台县始见新月》《五日朝发台州》《过真武阁抵滹阳岭尊胜寺住持藏峰沈阳人以十年之力重建一新老松古槐僵而复起始精诚所感召欤》《出尊胜寺下峻阪》《宿清凉石晨起为寺僧含厚书横幅》《六日游南顶普济寺谒普贤舍利塔书贻寺僧满慧》《晚宿千佛寺僧昌珺言大雄宝殿后有千佛洞苞孕灵异钟乳石伊具脏腑形非由雕镌五百罗汉由此产出也又俗传香客上下山每有顺风迎送予余谒普济千佛两寺到门时均有急雨洒而坐定旋霁初未霑濡亦一奇也》《南顶眺望》《七日由千佛洞下山过白云寺明月池沐浴堂至镇海寺谒大国师章嘉佛题诗留别》《由镇海寺下山沿溪流过梵仙山暮宿显通寺寺与塔院寺只隔一墙背倚菩萨顶对面望黛螺顶善财洞》《浴佛前一日宿显通寺夜出步过石桥水声激激落月衔菩萨顶星疏云淡时有清风洒面转入曲巷扣门见春帖剥落只春到处三字可辨归路与凌宴池联句》《八日游凤林谷殊象寺》《菩萨顶》《九日晨欲朝中东西北四顶而风不息》《徐次辰按边重遇台山太平兴国寺俗名五郎祠曾以山西通志相赠赋诗谢之》《十日朝东顶遇太虚禅师弟子可澄作诗赠之》《是日拟先东次北次西再由中台返显通寺遍朝四顶然以出发晚山路尤艰险既到望海峰眺北中两顶皆在襟带间流连移时兴尽遂返》《归自东顶阅清凉山志五峰灵迹之章》《显通寺信宿日书联幅分赠诸寺行箧中素宣三十五张皆尽》《十一日别显通寺常亨亨长老》《未发显通寺前僧众纷纷索书画启程遂晚过南山寺不敢停颇引为憾》《镇海寺林木最盛独为幽秀过此则随深谷中泉流时隐时见人马行乱石中初无道路群山濯濯惟见零星山田悬挂崖间如此直至金阁岭最高处过此则清凉石矣》《过金阁岭宿清凉石看月》《十二日下金阁岭行乱石中》《过蒋坊村望滹阳岭》《再到尊胜寺入夏渐深牡丹未残赠别藏峰上人》《鸽子岭为台山西面第一关过夜宿台州》《出山宿台州为凌宴池题画松及画梅竹（二首）》《十三日台州早发》《沱阳济胜桥辞架窝换汽车过河边村定襄忻州向晚抵太原遶城外至南门路过双塔寺（六首）》。

五台山纪游

（1935 年）

都锦生（1897～1943），号鲁滨，浙江杭州人。民国实业家，曾创办都锦生丝织厂。

此篇游记内容简略，并未说明都锦生来五台山游览的具体时间，只知其先由太原乘汽车至定襄河边，之后换乘架窝，取道五台县、尊胜寺等地，前行三日至五台山，先后在金阁寺、镇海寺、显通寺、菩萨顶、太平兴国寺等寺院游览，至于返程路线亦不详。

五台山位于太原之东北，高出海面万余尺，为国内最高之山脉，距太原四百余里。往游者由太原乘汽车至河边村二百四十里，四小时即达。由河边村改乘驴[①]轿，土人名之曰"轿窝子"，系于前后两驴中架竹木为之。人坐其间，左右摇动，初坐颇安，久之

---

① 原文作"轳"，应为"驴"，讹误。

代步之轿窝子

则手足麻木，坐卧为难，如是者三日始可达到五台。行万山重叠、溪流乱石中，空山静寂，但见羊群逐水草而居，与骡夫之呼声相应和。昔日唐僧西方取经，恐亦以五台山为目的地，故往五台山者除拜佛外，旅游者极少，实为人迹罕到之所也。是日行七十里，宿于尊胜寺。

该寺为五台山之咽喉，到寺时已十时许，腹又饥饿，山中无佳肴，惟一碗青菜，两盘瓜丝。余因饥不择食，饭吃四碗，每思在家时非有佳肴不下箸，而胃口不如今日远甚。尊胜寺建筑精美，和尚招待甚周。寺内各种建筑物，正在进行中，虽农村破产，社会不景气，而僧道仍不受影响。

翌晨七时起，往金阁寺，计四十里，仍行万山中。每忆古人

金阁寺

读书学道，入山必深，五台上开山祖师亦必有道之士也。金阁寺
建筑尤为富丽，山门前之牌楼，雕刻之精美，不亚于颐和园排云
殿前之牌楼、山门之建筑，其石刻均以大理石，古色生动，自有
宗教特种之表现。僧谓昔人见金阁浮空，因建是寺。寺内有高十
余丈之千手观音，殊不易觏①。昔人赞金阁寺云："杰阁倚雄峰，登
临兴未穷。怡然观物化②，肃尔礼慈容。帘卷千山雨，窗含万壑风。
倚栏何所思，双目③挂寒空。"

①　觏：遇见。《诗经·召南·草虫》："亦既见止，亦既觏止，我心则降。"
②　物化：死亡，此处指佛涅槃的状态。《庄子·刻意》："圣人之生也天行，其死
　　也物化。"
③　原文作"霜月"，万历《清凉山志》作"双目"，据之改。

次日七时出发，入五台山之中心点，至显通寺计五十里路。过镇海寺，为章嘉活佛所住。是处林木甚茂，有西藏佛之大玉塔[①]，喇嘛僧对塔顶佛，以全身起伏，亦锻炼身体之一种运动也。一切佛像，均系西藏物，其法器亦极奇特，有以人脑骨为器者，有以人骨刻枯头为柄者，均为南方各寺所未见。过杨林街，为五台山一大集市，专做远道来朝山

镇海寺大玉塔

之顾客者。至显通寺时，已中午矣。是处为五台山之中心点，群山环拱，庙宇整洁，金顶白塔，雄伟有古风。而喇嘛念经之音乐，尤为悠悦入耳。

显通建筑，规模宏大，为台山冠，有铜殿、铜塔、无量殿，蒙古、西藏人不远千万里来是山膜拜，将平日之积蓄尽献于佛。逊清[②]皇帝每年亦来是山朝山，故庙宇建筑尤为庄严华丽，雕龙刻凤，金璧辉煌，更为特色。

五台山以菩萨顶为最胜，又名大文殊寺，位于五台之中心，为昔日文殊讲经成道之所，实为五台开山祖师。形势雄伟，气象

---

① 《旅行杂志》版、《佛教日报》版作"大王塔"，《东南日报》版作"大玉塔"，据之改。

② 逊清：清王朝以宣统皇帝逊位而告终，故称。

千万，左有青龙山，即东台；右有白虎山，即西台；山北以北台
为靠山，山南以南台作屏藩。菩萨顶位于中台之龙头上，二水环
流，适有二龙戏珠之势，高凡三里。将进寺，有石阶一百零八级，
再上有九级。殿前有石狮一对，雕刻精细，黄瓦金顶，庄严清净。
有古松四株，荫翳天日。有香炉、白石牌楼、铜鼎各一座，均罕
世之奇宝。文殊佛座于中，佛像庄严，令人起敬。是处为喇嘛僧
所居，寺中所供奉之喇嘛佛，亦极有可观。吐火金刚及男女拥抱
之欢喜佛，雕刻之精美与表情之自然，实可代表东方之艺术，均
以铜质为之。入山即深，自古名人、雅士、英雄出家修道者亦极
多，如宋之杨五郎亦在此出家。今有五郎祠[①]，闻系五郎真身像。
有八十一斤铁棍，尚在其室，陈列庙内。有诗如下："国士寥寥马
不嘶，白云深锁五郎祠。宋家世界空成梦，铁[②]棒常拈欲恨谁[③]。"[④]

　　五台有寺二十四所，均是当年出家人所修建，各尽其玄妙，
以招徕远道来五台顶佛之佛门弟子之信仰，已成为佛世界。一切
自治等情均由僧组织之，以便公审。如有犯规者，由自治会解决，
不能解决之事，送区公所转送县政府。

　　游五台者必朝台顶，顶凡五，曰东台、西台、北台、南台、
中台，是为五台。以岁积坚冰，夏仍飞雪，曾无炎暑，故又名曰
清凉山。五峰耸出，顶无林木，有如垒土之台。雄据雁代，磅礴

---

① 五郎祠：即五郎庙，又名太平兴国寺。
② 原文作"缺"，应为"铁"，讹误。
③ 原文作"难"，应为"谁"，讹误。
④ 此诗见于万历《清凉山志》卷二《五峰灵迹·五郎祠》。

数州，在四关①之中，周五百余里。左邻恒岳，秀出千峰。右瞰滹沱，长流一带。北凌紫塞，遏万里之烟尘。南拥中原，为大国之屏蔽②。山之雄伟，难以尽言。

此游虽路途遥远，跋涉维艰，而精神极快。灵山圣迹，乐而忘返，因是为之记。

此篇游记最早刊载于《旅行杂志》1935 年第 9 卷第 12 期。同年，《东南日报》以《五台山纪游》为题将其连载于 1935 年 10 月 8 日、9 日第 10 版。次年，《佛教日报》又以《五台游记》为题将其连载于 1936 年 12 月 23 日第 3 版、12 月 24 日第 3 ～ 4 版和 12 月 25 日第 3 版。崔正森选注《五台山游记选注》（山西人民出版社，1989 年）亦将其收录。本文以《旅行杂志》版为底本进行校注。

① 原文作"西关"，万历《清凉山志》作"四关"，据之改。四关，即五台山四周之平型关、雁门关、牧护关、龙泉关。

② 原文作"原为大国之蔽屏"，万历《清凉山志》作"为大国之屏蔽"，据之改。

游五台山

（1935 年）

编者署名"黄九如"，真名叫"金华"，湖南人，生平不详。

1935 年，湖南郴州人黄杰，为增长友人之子见识，发起成立"壮游团"，作者亦在其中，一行九人足迹遍布大江南北，先后游历衡山、武汉、武当山、庐山、黄山、西湖、天台山、雁荡山、普陀山、苏州、南京、泰山、北平、五台山、华山、峨眉山、滇池、桂林、罗浮山等名山大川和都市。黄杰一行人造访五台山的具体时间不详，只知其从北平出发，取道石家庄、太原、五台入五台山，先游镇海寺、显通寺、塔院寺、圆照寺、菩萨顶、太平兴国寺等寺院，再遍游五顶。本计划在游五台山完毕之后，前往北岳恒山游览，但因花费时间太多而作罢，遂经原路返回太原，之后乘车南行，前往陕西游览华山。

我们坐上了平汉铁路的火车，回首故都的云树，颇觉留恋，然前途等着我们的胜景多着，火车移动得远了，注意便又转了开去。到了石家庄，换上正太铁路的车，远远地看见太行山脉，蜿蜒不断。地势一些一些高起来，火车不能一直线地向西，依着山势斜斜地盘旋而上，因此有时是向南，有时是向北，有时竟是向东。轨道很像螺旋，乘客像是蜗牛，倒也别致。沿途谷中居屋，很少见砖墙瓦顶，都是泥土做成的房屋。屋顶垣平，可以行走游玩，可以晒杂粮，这又有趣。至于山上居民，则更是原始形式，有许多还是住洞穴，一层一层地上去，像蜜蜂的窝一样。到娘子关，便是山西境内。从河北的获鹿县到山西的榆次县，隧道接二连三地通过，我们虽没有好好地数清，记得大约是二十个光景。一会儿见着青天，一会儿没入地底，简直和开玩笑似的。

到太原地势又见低下，看地图它是在汾水盆地，低下是当然的。山西是汽车路发达的地方，由太原北上五台县，坐几个钟头汽车便到。记得小时外祖母和我说，她朝五台山时，经过了千辛万苦。那时幼稚的交通工具，和现在真有天壤之别了。

从五台县上五台山，这回可要坐一种怪物。这物叫做"架窝"，用葫芦作篷，做成圆筒形，旁边有两条木棍，前后架在两匹骡子背上。里面可以坐，可以睡，上山时不觉得颠簸。过阁道岭，岭上有一石碑，写"五台奇胜"四字。上山以后，我们发现了一件难事：这儿的食物，仅有燕麦、马铃薯之类，每餐难以饱腹。

黄九公^①说我们生在温和多水、生活富裕的长江流域，简直不能吃苦，山西这种地方，地势高而雨水少，一班^②乡村居民，都是吃这种粗陋的食品的。领路的人告诉我们：五台山入秋以后，便时时下雪，不便行走，夏季朝山最宜，但常多雨。我们现在没有遇雨，可谓幸事。

山路多为乱石，崎岖难行，骡轿进行极缓。然树木青翠，涧声清越，气候更是清凉，心地^③甚为爽快。稍隔有清凉寺，建于清凉谷中，中有文殊像，傍有清凉石，周围约四丈。又有千佛塔，分九级，为明万历年间遗物。随后至镇海寺，树木阴森，深红浓绿，殿宇宏大，金碧辉煌，据云系清乾隆时所建。后又至显通寺，寺在灵鹫峰下，为五台山最大寺院。晚宿寺中，寒气侵骨，户外闻有薄霜。我们各都争饮热茶，大有冬意。黄九公便于吃茶的当儿，给我们讲一段茶话。

他说五台山虽自古就是佛教的圣山，但到了清代，更加隆盛。许多高大的寺院，都是清代建筑或修葺的。原因是甚么，在清朝没有谁敢说。不过据一般人传说，是因顺治帝出家以后，在这山上做了和尚。顺治有个心爱的董妃，年纪很轻便死了，他忧伤之极，连皇帝也懒得做了，就跑上五台山（清凉山）。他又随手录出

---

① 黄九公：即湖南郴州黄杰，此次"壮游团"的发起者。
② 一班：一般；一样。［北宋］苏轼《九日袁公济有诗次其韵》诗："古来静治得清闲，我愧真常也一班。"
③ 心地：心情；心境。

吴梅村的《清凉山^①赞佛诗》，我看了其中"伤怀^②惊凉风，深宫鸣蟋蟀""可怜千里草，萎落无颜色"等等的句子，或者这话是真，就把全诗抄入记事本之中，倚枕怀想那儿女情长的奇异的外族帝王。

显通寺里有一铜殿，高二丈多，供文殊菩萨铜像。四壁也有铜佛像，殿内大小有四铜塔，大的十三层，小的七层。殿外有五大铜塔，分东西南北中，合于山中的五台。据说因为山中很早便下雪，朝山的不能上台，即拜这五塔以代。在迷信中倒也有取巧的办法！

到塔院寺，寺中有大宝塔，高二十七丈，周围二十五丈。下面两层，上层有紫铜的转辗轮三百八十一个，下层有黄铜转轮六十一个。许多蒙古人来这儿朝拜，有的绕塔而拜，有的只投身俯地，形态很奇怪。寺僧说山上僧人，分青衣僧、黄衣僧两派。青衣僧为寻常和尚，不吃荤；黄衣僧为吃荤的喇嘛，不念佛，念"唵嘛呢叭咪吽"^③，死后用火葬。

我们到了圆照寺，又从圆照寺走上菩萨顶。顶在中台的东南，又名灵鹫峰，高约四千五百尺。后到太平兴国寺，寺内西廊供杨五郎像，闻是杨五郎的肉身。像旁有五郎所用的铁棍，重八十一斤。除黄九公以外，我们都举不起来，杨五郎若有知，一定要笑我们了。

---

① 原文作"寺"，应为"山"，讹误。
② 伤怀：伤心悲哀。《诗经·小雅·白华》："啸歌伤怀，念彼硕人。"
③ 唵嘛呢叭咪吽：藏传佛教中最尊崇的一句咒语，又称六字真言。

我们游遍了五个台，费的时间不少。五台都在四千五百尺内外，北台较高。台顶都无林木，很像土堆。黄九公说这些都是老头儿山，顶上的毛发，给风雨赤日弄秃了。我们都大笑，因为他本人就是秃头。黄九公也弄得难为情起来，面孔通红的，我们觉得对不住他，竭力止住笑。

此篇游记出自黄九如编《中国名胜游记》（中华书局，1935 年）。

韩宗颜

游五台山杂记

（1936 年）

韩宗颜，生平不详，曾任教师。

1936 年 2 月间，韩宗颜曾来五台山游览，但游览时间及路线不详。此篇游记是用白话文写成，通俗易懂，内容涉及五台山的寺院、信徒、风俗、物产等方面，但记载较为简略，且存在不少的错误，尤其是关于五台山地名和寺院名称的记载多有舛误之处，直接影响了该游记的价值。

一

过去大塞口（即龙泉关），下了长城岭①，穿过铁堡村②，从石嘴村转北，这就是走入了五台山的怀抱中。顺着南台的山麓，沿路

---

① 原文作"长石岭"，应为"长城岭"，讹误。
② 原文作"铁城村"，应为"铁堡村"，讹误。

上你可以看见不少的寺院，星散的山村，摩天的高峰，古老的大树，还有那沙淤的河形，阶梯的山路，来渲染这圣地的色彩，以便引诱逃世者的留连！

远远的望见一条荣花叶形的街道，脊顶的民房，整整齐齐的排为两列，这就是台怀镇哪！镇中的居民，多数是经商，小半的务农，风闻着还有远道而来的操神秘生涯者，不过为数至微，而且时常饿跑了。过去这个村庄，前面有一望无际的金碧辉煌的红砖绿瓦的庙宇，夹杂着曲曲折折的街道旁边粉壁朱檐的人家，这个街就是杨林街①。

在五台山的圈儿里，村子虽尚有许多，但论到复杂、热闹，还是首推这两个地方。所以我描写这里居民的情况，便找了这两个典型相仿的代表。

二

这地方的民性，可以说是极端礼让化，这因为他们或她们受了佛教的薰陶而形成的这种自然而然的习惯，当然没有什么稀奇。不过在一般好侵略者流的眼光看来，也许笑其傻呆呆而垂涎着这是一嘴好肉呢。

他们的和善，不但能在各种谦让的事实上证明。即此一句通

---

① 原文作"玉华街"，应为"杨林街"，讹误。五台山由南至北依次有台怀、杨林、太平、营房四街，并无玉华街，且过台怀街为杨林街。

常惯用以表达七情的口头语"阿弥陀佛",已足见其一斑了。譬如遇有惊邪、美感、悲哀、恨怨……情事,他们一张口先来句"阿弥陀佛!"这一句话就像北方人的"好家伙!"、长江流域的"嗳呀呀!"或各地流行的"嘿""哈""呱呱叫"一样的作用。

有一个故事,也和此地民情有关。一家在深夜里来了一个贼,因为偷术不精而把主人惊醒,这贼正惶恐的无计可展,忽听主人说道:"够你拿的了,快走吧!阿弥陀佛!"贼走了,主人又睡了。

这虽然证实他们性情的温和,读者却不要误会我是赞扬他们!我正替他们——甚而至于全国各地类似他们这怯懦的同胞在担心着!固然我们不希求侵略旁人,但欲求民族生存,国家生存,最底的限度也要做到自卫的程度!尤其是处在如今这无公理可讲的时代里。

醒醒吧!五台山的居民!

醒醒吧!全国好谈礼让的同胞!

三

环绕着五台山的山前山后,外外里里,统共有三百六十五个寺院。其中规模最大的是显通寺①、塔院寺、玉皇顶②、广宗寺、文

---

① 原文作"玄通寺",应为"显通寺",讹误。
② 玉皇顶:即菩萨顶。

殊院①、罗睺寺②等。各寺中和尚最多的，在过去最盛的时代到过成
千的数目。如今呢？三头二百，百而八十，三三五五，不成个样
儿了。时代轮子转给人群的危运，并没有躲开佛家的护法轮，而
让他们这些"善哉"的倡者侥幸！

　　这里的寺院有许多的伟大的建筑，是值得一提的。如广宗寺③
一名铜瓦殿，其原因是该寺正殿上所有的瓦和脊兽等一切都是铜
质的。因为时日已久，瓦皆成翠绿色，如遇急雨或风雹，铿铿然
发出一种反响。也许是它不肯承认自己的古老，而表现出抵抗的
嘶喊吧。又玉皇顶在铜瓦殿之上的山巅，另名金瓦殿，瓦虽非金
制，但所有正偏各殿、僧舍禅堂以及走廊厢房，无一非古琉璃瓦
所覆，远远望去，红黄碧紫，灿烂光辉，耀眼的紧。又如显通寺
的完全铜制的高楼一座，其中佛身而下以及什物等，都是黄澄澄
的发亮的。又如塔院寺的白塔，上面环有成万的铁马（小铜铃），
无风时也一样的叮咚作响。文殊院门前的牌楼，崭然④立在道傍，
使人会联想到当年的鲁智深。同时，再去看看五郎沟的杨老五，
会使人笑他一声："杨五先生！你逃脱了夷狄枪刀，你也能逃脱了
后世人的嗤笑吗？"还有罗睺寺的大鼓（方圆有两三丈）、大喇叭
（往返环绕几十丈尺长）和其他的大乐器。玉华池的五百披金铁

---

① 文殊院：即殊像寺。
② 原文作"罗候寺"，应为"罗睺寺"，讹误。
③ 原文作"广宗上寺"，应为"广宗寺"，衍误。
④ 崭然：突出的样子。[唐]柳宗元《柳州山水近治可游者记》："北有双山，夹
　道崭然，曰背石山。"

罗汉，显通寺的转轮殿^①，文殊院的开花佛^②，都是很奇妙的建筑和工程。

四

远路来此进香的，都可以说是佛门的弟子，但是汉族和喇嘛是有划然深刻的分限。这大概是风俗的不同、语言的差异所形成的吧。

在这里先说关于汉族信徒的种种，他们多是从很远很远的地方来的，河北的，河南的，两湖的，两广的，在交通不便的时候，都是用脚慢慢的跑上来。他们来的虽也有男有女，但是很少有夫妻关系的，偶尔有也绝对在往返途中及在山居住时避免夫妻间的接近。在春季里来的最多，严冬与炎夏来的人也还不少，只是秋忙的时候，除非他们许过特别的所谓"愿"，此外很少来的人。

满族信徒到了这里，照样是每一个寺院都要走遍，这叫巡香，在巡香的时候，要到各寺院拜佛，顶礼焚香而外，还要多少掏出点布施来，这叫香钱。但是他们却不能随便寄住在任何寺院里，他们的寄托寺院，约略有广宗寺、玉皇庙^③、文殊院、万仙顶^④、石佛寺等。这些寺院的住持便把他们当作宾客看待。每日素茶淡饭，

---

① 此处有误，显通寺无转轮殿，而菩萨顶和塔院寺均有转轮建筑。
② 此处有误，开花献佛在罗睺寺。
③ 玉皇庙：即普化寺。
④ 此处有误，五台山寺院中无万仙顶。

招待得很周到。在他们才来时或将去时，都要放下很多的布施。有的在寄住时间还大摆其所谓"供"的。这样，这些寺院的指佛穿衣、赖佛吃饭者，便扩大范围，购买资产，雇用佃户和工人，也俨然是富户了。俄国未革命前的牧师，异史氏[①]所云的和尚、和撞、和样、和唱，倒都有点类似！只是在和尚群中，有否和幛[②]，则不敢妄言！

但这几年来，农村破产，遍地灾荒，黎庶[③]叫苦之余，只有自怨生命[④]。即便再有想求佛保佑的人，也没有钱来行贿赂了。因此，依靠汉族信徒的这些寺院，近来多宣告紧闭山门了，和尚也星散了。

五

依靠汉族信徒的寺院是相继塌台了，依靠喇嘛信徒的这些寺院呢？像显通寺、罗睺寺、塔院寺等等，他们幸免了吗？没有！

---

① 异史氏：蒲松龄在《聊斋志异》一书中的自称。他仿"太史公曰"的格式，在《聊斋志异》的每篇文章之后，用"异史氏曰"引出自己评价性的文字，因此有"异史氏"之称。
② 在《聊斋志异》卷七《金和尚》篇末，蒲松龄提到："五蕴皆空，六尘不染，是谓'和尚'；口中说法，座上参禅，是谓'和样'；鞋香楚地，笠重吴天，是谓'和撞'；鼓钲铿聒，笙管敖曹，是谓'和唱'；狗苟钻缘，蝇营淫赌，是谓'和幛'。"原文作"和障"，应为"和幛"，据之改。
③ 黎庶：平民大众。《史记·秦始皇本纪》："地势既定，黎庶无繇，天下咸抚。"
④ 原文作"自愿生命"，据文意推测，应为"自怨生命"。自怨：悔恨。生命：命运。吕品、王评意主编《莆仙戏传统剧目丛书·剧本》："怨子幼少不晓待，自怨生命时不辰。"

没有一家寺院幸免了的！过去的兴隆，只成了佛门中的一段尘缘，一幕幻境。我现在用新名词——电影式的演在下面：

从何时说起呢？我不是考古家，且不去管他。咱就从老和尚的嘴里说起吧。他说："在过去的时代中，喇嘛们是一群一群的，一家一家的来呀。"他们带了眷属，家财——马匹、羊牛和财物，到这里来住。所以容纳喇嘛的寺院，都是很大很大的——大得像大旅馆一般。每一个寺中，有多少①的住家的单院，供给他们寄住。有才进来的，还要在门前贴上鲜红的对联，他们到各寺院进香去的时候，各寺院便把给他们特备的"长生酒""福禄豆子"拿出来，礼佛已毕，喝杯"长生酒"——白水，抓抓豆子，于是乎福禄寿仿佛此后俱全②了。自然得大把的掏洋钱作谢仪③呀。

他们在这里非住的人死了或财空了，才肯回去。听说他们回去了，也像中了状元一般的引为荣幸，一般的受人尊崇，也像做了高官一般的驱策他人，一般的诱掠他人财产为己有。这且不谈吧。单说他们在这里，吃饱饭没事干，少不得野外跑跑马。在寺中磕磕（一人高）的头，就是全身扑地式。再闲了到街头巷尾看看戏，看看汉美人，吊吊膀子。有人说，他们也敢"胡来"，我不敢相信的。但他们的轻薄年少群中，有的向汉女子挤眉弄眼，笔

---

① 多少：指或多或少。
② 原文作"双全"，据文意推测，应为"俱全"。
③ 谢仪：谢礼；酬金。[明] 冯梦龙《醒世恒言·施润泽滩阙遇友》："既这般，送一两谢仪与老哥买果儿吃。"

者是亲眼见过的。

但是，现在他们也很少来了。传闻着说是：有的赤化了，有的匪化了，有的亡国奴化了！咳！思想起来，殊堪痛惜！

<h1 style="text-align:center">六</h1>

在寺院兴隆的时期，此地的商业也特别的繁盛了一时。本地所出产的山木、山石，用这东西制造的玩物、装饰品、陈设品以及应用品等，由香客带到内地和蒙古、新疆、青海各地去的为量[①]实难计算，太多了。像这种出品，原料垂手可得，不费分文，而在手中一转变成物件，就会得到很高的代价，这可以叫做"一本万利"的生意了。

这地方除了出产点极微量的油麦而外，食料完全得由内地供给。更因为交通不便，而这里的人有许多是有钱的，比较优美一点的食料是特别的贵。譬如我在那去的时候，洋面每元买两斤半，小磨面能买三四斤。其他物品，可想而知了。不过这里的酒和肉比较价钱最公道，但除却贩夫和商家食用外，所谓善男信女们，虽然在家里也许成天的吃山珍海味，但到这里谁肯不顾全体面，换换口味呢？因此酒和肉，他们是很少用呀。

商人们是最会投机的，他们把内地的东西运来，把喇嘛的马、牛、羊运走，把信徒们的钱赚在兜内，一个个实在也跟着寺院的

---

① 为量：指数量。

幸运，得意了一时呢。

这其间还附带着便宜了不少的"翻译"，他们会说南腔北调，汉语蒙言，这样他们成了各香客的嘴、手、眼、耳。同时也成了各商号的财神爷。每天在街上一溜达，那个铺子的老板不高叫"二爷"？不恭迎敬送？不倒茶献酒？真的，得罪了他们，生意一辈子别想开张！时机给予他们的威权，把他们都惯成骄纵的动物了。

但是，好景不长，盛时难再！如今呢？信徒不来了，和尚也跑了，商业歇了！"二爷"们呢？拖了烟枪，靠紧佛脚现眼了！

七

"破除迷信"这口号早已深入了大众的心地①，就是现在的政府方面，也不像封建的时代的皇帝那样，用尊崇的仪式来利用神佛以愚弄民众了！有的时候，还加以干涉。

我去的时候，因为有好游山水的心，而自己又没闲钱，便不得不应许了做某一群香客的秘密而借重②去的。在我们到某一寺院的时候，寺僧告诉我们说："现在这里有驻防的军队，他们特别反对进香！"他们虽没有很正当的理由禁止你，但是他先把你带到部里去问你："你是修好行善的人吧？救济贫人，帮助军饷，都是善举，请你先捐××元！"这不糟糕吗？你们若遇见他们盘问，就

---

① 心地：佛教语。指心，即思想、意念等。
② 借重：指从别人那里取得支持和帮助。[明]李贽《自刻说书序》："既自刻矣，自表暴矣，而终不肯借重于人，倘有罪我者，其又若之何？"

说是"为商的"。

因为这样的住着不稳当，所以当时我们那位"会长"，就决计早日登程回籍。我看看已是二月初旬了，差不多的高级小学，都将开学，为了使用人家的"束脩①钱"，也该去执行自己的任务了。就随了他们的计划，选一个黄道吉日离开了这"清凉圣境"——五台山。

韩宗颜追记于一九三六年十月六日。

此篇游记刊载于《民间（北平）》1937 年第 4 卷第 2 期，篇首署名"韩汉"，篇末署名"韩宗颜"。

---

① 束脩：古代入学拜师的礼物，引申为教师的酬金。［清］李伯元《官场现形记》第三二回："你既然有志学洋话，为什么不去拜一个先生，好好的学上两年？一个月只消化上一两块洋钱的束脩。"

五台记游

（1936 年）

金台，佛家弟子，生平不详。

1936 年，能海法师受南北护法及碧山寺两序之请，前往五台山接任碧山寺住持，金台亦于此时随能海法师自北平来五台山，能海法师于 5 月 24 日（农历四月初四日）文殊诞日上座。之后，金台未安居，而是遍访五顶及台内诸寺，费时一月不到。在返回北平后，金台结合亲身游访的经验，经过详慎整理，写下了这篇游记，从五台鸟瞰、漫游五顶、寺院巡礼、物产风俗四个方面对五台山进行了全面介绍。

引　言

大凡读过内典^①的人，谁都知道五台山为文殊师利菩萨的卓锡道场。按之古史记载，五台山在汉明帝以前，完全是黄冠^②——就是道士——聚集的地方，到了汉明帝永平十年，印度的摩滕、法兰两僧侣从月氏来到中国，奏请明帝于五台山建造佛教伽蓝^③。自是以后，五台山便慢慢发达，成了佛教北宗僧众修养的圣地。历北魏、隋、唐、宋、元、明、清各朝，举凡皈依佛法的人，无不以朝拜清凉山——即五台山的别名——为毕生第一要务。南宗发达之后，江南人士虽多参拜天台、普陀、峨嵋、天竺诸山，然而江北的龙象^④高僧，以及蒙藏的善信男女，仍多裹粮挈水，奔走道途，以瞻拜此文殊圣地的名山。即以有清一代的皇帝而论，自康熙到嘉庆，巡幸五台即有十次^⑤之多。现在从定州直达五台的崎岖山路，相传就是清代帝王朝山的"御道"。

五台山与其宗教的意义之外，另有其名胜的或古迹的意义。凡是到过五台的人，看了那种山川的蟠郁，寺宇的雄奇，以及深谷大壑、古木长林，便无不叹为宇宙的奇观与人间的绝域。这也

---

① 内典：佛教徒对佛经的称呼。

② 黄冠：道士戴的帽子。[唐]唐求《题青城山范贤观》诗："数里缘山不厌难，为寻真诀问黄冠。"

③ 伽蓝：指寺院。

④ 龙象：水行中龙力大，陆行中象力大，故佛教用以比喻诸阿罗汉中修行勇猛有最大能力者。

⑤ 此处有误，清帝巡幸五台山共计十二次，分别是康熙五次、乾隆六次、嘉庆一次。

是为什么以这么个僻处西陲，舟车闭塞的区域，竟为数千年来的居士浮屠、骚人逸客、帝皇豪杰，闻风兴起，游踪往还的一种理由了。

我从前读过明万历燕山广应寺沙门镇澄的《清凉山志·序》①，见他说什么"……山横雁代，孤标震旦之雄；声播五天②，爰起遐方③之敬。《杂花》④初唱，名曰清凉；《宝箧》⑤重宣，称为五顶。乃圣言之有据，厥灵迹亦可征。………其为山也，涵容万化⑥，潜育百灵。岩花涧草，全彰本智之光。静谷幽林，深隐真人之宅。时乎珠林⑦焕现，仙域洞开。灵霞生宿客之衣，圆光射游人之影，触目通玄，非人间矣。是以游观之士，四海云驰；栖寂之流，千岩星布……"。这种丰富而绮丽的描写，已经将五台山形容得够有趣的了，但还不如清康熙帝在御制的《清凉山志·序》⑧上的几句话，说得更加令人神往。那篇御制的大文中说道："……兹山耸峙于雁

---

① 见于明释镇澄撰《清凉山志》(明万历二十四年刻本)。
② 五天：五天竺的简称。
③ 遐方：远方。[唐] 白居易《题郡中荔枝诗十八韵兼寄万州杨八使君》诗："已教生暑月，又使阻遐方。"
④ 《杂花》：《华严经》的异名。《华严经·诸菩萨住处品》云："东北方有处名清凉山，从昔已来，诸菩萨众于中止住。现有菩萨名文殊师利，与其眷属诸菩萨众一万人俱，常在其中而演说法。"
⑤ 《宝箧》：即《大方广宝箧经》。
⑥ 万化：万事万物，大自然。[东汉] 荀悦《申鉴·政体》："恕者，仁之术也。正者，义之要也。至哉！此谓道根，万化存焉尔。"
⑦ 珠林：指佛寺。[唐] 牟融《题山房壁》诗："珠林春寂寂，宝地夜沉沉。"
⑧ 即《御制清凉山新志序》，见于清老藏丹巴修《清凉山新志》(清康熙四十六年刻本)。

门、云中之表，接恒岳而俯滹沱，横临朔塞[①]，藩屏京畿[②]。其地风劲而高寒，层冰结于阴岩，积雪留于炎夏，故名清凉。然地虽寒，而嘉木芳草，蒙茸山谷，称灵异焉。五峰竦立，上蠹霄汉，日月之所回环，烟霞之所亏蔽，苍然深秀，其为神皋[③]奥区，盖自昔而已然矣[④]！……"这几句简洁的话语将五峰蠹峙的景象描写得又是何等清晰，何等活跃！

我自从阅读了昔人所作有关五台的记载以后，衷心便动了一个往游五台的意念。适逢今春能海法师由上海动身去五台山接座碧山寺方丈，当法师莅平的时候，我便摒挡[⑤]起简单的行囊，加入了法师所领导的团体，一同向着我所渴望已久的清凉圣地进发了。

居留五台的时间，虽然不过一月，然而举凡五台山的庙宇林泉，峰壑古迹，以及绝顶险洞，穷岩幽谷，几乎都曾散布了我这远来游访者的足迹。现在回想到过去一月间的生活，真是忙碌得可以。白天忙着游山、访问、照像，晚间便忙着在灯下写作一日的经历。好在这种忙碌的生活并不是徒然的，这部短短的游记，便是一月来的最主要的收获了。

---

① 朔塞：朔北塞外，指北方边境地区。

② 京畿：指北京。

③ 神皋：神明所聚之地。［东汉］张衡《西京赋》："尔乃广衍沃野，厥田上上，实为地之奥区神皋。"

④ 原文作"盖自昔而然矣"，康熙《清凉山新志》作"盖自昔而已然矣"，据之改。

⑤ 摒挡：收拾。［清］钱谦益《牧斋初学集·太原府推官唐君墓志铭》："卒之日，摒挡箱箧，敝衣数袭而已。"

自来五台游记的作者虽多，以我这次亲身游访的经验看来，他们①作品中所记载的事实，多半未经一番精审的抉择，漫将得自传闻甚或足迹未到的地方，一概收入到他们的作品之内，这样自然难免陷于违背真相，闭门造车之讥了。但是事实上，以那样一座宝刹林立，古迹重叠，雄据雁代，盘礴数州，周围五百里的天下名山，想用一篇数千字乃至数万字的短短的记载去兼容并包，也诚然是一件不可能的事。我的这一部游记，因为时间的仓促，内容的挂一漏万，自然是势所不免。然自信凡所记载的，尚不至离去实际情形过远，除了亲身游览所得之外，绝少捕风捉影之谈。即或所用材料有时采诸僧伽②的口谈，或故老的传说，然必其"言而有征"，我方敢"有闻必录"，这一点是我自问尚不至"唐突名山"的处所。

这一部游记，经过一番详慎的整理，淘汰繁冗，所余仅有四章：（一）五台鸟瞰；（二）漫游五顶；（三）寺院巡礼；（四）物产风俗。本文的内容，完全包括在上列四章题目之内了。

一九三六，七，十五，于北平养心居。

第一章　五台鸟瞰

（一）山脉的来路

当我振衣在五台山的千寻壁立的高峰之上，两手执定一具望

---

① 原文作"我们"，据语意推断，应为"他们"。
② 僧伽：佛教术语，泛指僧众。

远镜向四围张望的时候，便立刻发现五台山的山脉，远从恒山蜿蜒而下，经过繁峙县而达五台县境，结成了五座气象雄伟的高山。这五座高山，通常被人称为东、西、南、北、中的五峰，因为每个峰顶的形势平坦如台，所以便有了五台的名称。

（二）五台的形势

五台的形势，以中台为主峰，其东、西、南、北四台，群对中台取一种环抱的姿势。四台距离中台的远近，都不过二十里左右。游山的人，通常能于四天之内，将五个峰顶完全游毕。虽然间或也有例外，比如我曾在中台逢见一个蒙古的中年喇[1]嘛，据他说他能于一日之内，将五台完全朝遍，所用的方法是手脚并用，故能履险如夷，其快如飞。但这完全是一种宗教上的苦行，绝非平常的游客所能仿效的了。

（三）五台的寺院

五台的寺院，统计起来，大小不下二百余家。这些寺院，大半分布在五台的台下山坳之中，但在每个台顶之上也都有寺院一二处，以为点缀。登高下望，在那些曲屈窈窕的叠嶂回岚之间，矗立着金碧辉煌的寺院的尖顶，那种堂皇富丽的景象，使人宛如置身于西藏的拉萨。看了这种景物后，在心中所引起的情感，是难以名言状示的了。

---

① 原文作"啦"，应为"喇"，讹误。

（四）泉水与河流

五台的山泉，多而且清，你可以在每道溪谷之内，听到琤琮[①]的流水的音乐。环绕五台的大河有二：在台北的有滹沱河，台南的有白水河。这两道亘古不息的河水，吸收了山内千万道泉水的支流，在五台县的西南汇合至一处，然后流入到河北省的大沽口去。更有一件有趣的事实，就是五台山内的泉水，据说都是时有时无的，今天还是一泓清水的地方，明天或许就干涸了起来。反之，在一个无水的山岩[②]之上，忽然会一道令人惊异的瀑布奔流而下。

（五）群山的位置

五台县旧属山西省的雁门道，而群山的位置，便恰在五台县的东北部分。东北与秦戏山隔河相望，西北与雁门关隔河相望。东南有龙泉关的天险，过此便是河北省的阜平县境。北邻代州、繁峙；西邻崞县、定襄；南邻盂县、平定。差不多从河北定州起始，地势就步步高起，直达五台的中心区域之后，气候冷冽，岁积坚冰。尤其令人望之惊心的，就是北台顶的积雪，白茫茫一片，与山巅浮云掩映于盛夏炎日之下，也算是人间奇迹了。

---

① 琤琮：象声词，形容水流的声音。[南宋]范成大《岁旱邑人祷第五罗汉得雨乐先生有诗次韵》诗："海山之湫龙所宫，溅瀑下赴声琤琮。"
② 原文作"严"，应为"岩"，讹误。

（六）登台的门户

在五台山的四方，有四个著名的要塞，为游台者必须经过的地方。今简略叙述于下：

A. 东门——东门就是龙泉关，在长城岭以东，从前皇帝朝拜五台，多从此路经过，就是我们这次游五台，也是从此路前进的。

B. 西门——西门就是峨峪岭[①]，与繁峙县为界，凡是蒙藏的喇嘛朝山的，都由此路前进。每逢一年的春末夏初，那些身穿红黄衣服的善良的蒙藏喇嘛，是击毂摩肩，络绎于前的。

C. 南门——南门就是虎狼关[②]，这是一条自古通行的游台的大道，直至今日，凡是经过正太路来游山的，大都从此经过。不过，近来因着中国连年战乱，民生困苦的关系，据说此路极为不静，差不多到了土匪出没，行人裹足的程度了。

D. 北门——北门就是红门岩[③]，此路因地势高寒，气候冷冽，尤其当秋冬之交，朔风时起，加以霜雪，行旅很是不便。虽名为五台的北门，实际朝山的人，从此经行的很少。即在春夏和暖的季节，也不过仅有少数商用的驼马行在那条悠长的夕阳古道之中而已。

---

① 峨峪岭：又名东峨岭，位于五台县小柏村北，今其上有峨岭寺。
② 虎狼关：具体位置不详，一说在定襄与五台交界之处。
③ 红门岩：即鸿门岩。

第二章　漫游五顶

五台山的东、西、南、北四台，皆自中台一脉分出。五峰连属，做龙蟠虎踞的形势。五台中以东台为最高①，以南台为最秀，这两处都是使游人低回②留恋的地方。我们这次游台，先从东台游起，依次而南台、西台、北台、中台，费时十日，游览殆遍。现在，先将五台的台顶风物择要记载下来：

（一）东台顶

我们先从东台的北面前进，在上山的路上，逢见石砌小庙一座，内供已干尸身一具，此尸两手作合抱形，盘腿静坐，看去很是神秘。它内皮肤作深黑色，头面须发已脱，两眼紧闭，嘴巴③微启，牙齿枯黄，活像一具古埃及王坟所藏的木乃伊。据同行的一位僧人说："此人是乾隆年间一位直隶曲阳县的县知事，他因为县内出了一件无头命案，无法结束，乃愤而跑来东台修道，终于得道坐化了。"这种传说究竟可靠与否，虽不能定，然而以血肉的尸身，竟能坐在那儿多年不朽，不能不说是一件怪事。

由此而上十余里，便到了东台的巅顶。合计东台共高四十余里，台顶作鳌脊的形状，周围三里左右。台顶并无大的林木，有

---

① 此处有误，五台中以北台为最高。
② 低回：徘徊；流连。《史记·司马相如列传》："低回阴山翔以纡曲兮，吾乃今目睹西王母皬然白首。"
③ 原文作"吧"，应为"巴"，讹误。

大寺院一座，古代碑碣很多。所祀神像有四天王、玉皇、关帝等等，庙貌巍峨，气象雄伟。寺中又有三层高楼一座，高约五丈。登上此楼，可以望见东海若一片明镜，所以题名"望海楼"。我们曾在日出的清晨，站在三层楼上向东瞭望，看见一个血红的日轮，从东方沧波大海的云雾中，徐徐升起，那种奇伟的壮观，是仅有泰山的日观峰可以仿佛一二的。

台顶的东畔有名叫那罗延窟的石窟，里面风气凛然，令人不寒而栗。窟外有笠子塔，相传宋宣和年间，有西域番僧入那罗延窟不出，只留一顶草笠在外，后人因把这个草笠建塔藏了起来。从此塔东去，转过一条崎岖的山道，有大会谷。此谷千流竞会，为滹沱河的发源之处。循此谷西南行，有栖贤谷，此谷又名宰杀沟，相传为古昔修道人幽栖①的地方。谷口松萝交映，烟霞缭绕，落日苍茫之际，时闻谷中野兽呜咿的声音。谷口的岩畔又有观音洞，蹑足步上石梯，望见洞中深黑无底。在洞的入口处，又有滴水泉，泉水甘芳，饮之神清气爽。

东台顶的泉水很多，在云山重叠之间，时有潺湲②飞瀑，阻人去路。我们到的时候，正值台顶的野桃花盛开，阵阵天风吹过，那些缤纷的落英，随风飞舞，增加了不少的游兴。

---

① 幽栖：隐居。［唐］杜甫《范二员外邈吴十侍御郁特枉驾阙展待聊寄此》诗："幽栖诚简略，衰白已光辉。"
② 潺湲：水流动的样子。［唐］王维《辋川闲居赠裴秀才迪》诗："寒山转苍翠，秋水日潺湲。"

附明给事中锡山[①]仁甫万象春[②]《咏东台》诗："攀岩耸步上层峦，身世悠然宇宙宽。一望沧波迷大海，遥瞻紫气接长安。丹峰隐隐霞光映，碧树重重月影团。怪道阴云生石洞[③]，从知灵物[④]此中蟠。"[⑤]

（二）南台顶

南台顶位置在全山的正南方，高三十余里，顶若覆盂的形状，周围一里左右。此顶又名锦绣峰，因在五台之中，以此台所生的花草为最多。每当春末夏初，细草杂花，布满山谷，整个山峰如同穿上一件锦绣的外衣，所以又名仙花山。

在登上南台的半途，有一处名叫南天门的险要。这地方是东西两座高峰对峙，下有悬崖绝壁，万丈无底。人在高峰上爬过，扪萝[⑥]攀石，屏气敛神，稍一不慎，结果不堪设想。过此南天门，再上三四里，就是台顶的寺院了。

寺院数十间，建于最高峰上，内供诸佛圣象，并有乾隆御赠玉如意一对，花纹精细，文理密致。又有七级宝塔，高约五丈，

---

① 锡山：在无锡市西郊，盛产锡矿，故名。

② 万象春（？—1612），字仁甫，南直隶常州府无锡（今江苏无锡）人。明万历五年（1577）进士，授工科给事中。出为山东参政，历山西左布政使。后以右副都御史巡抚山东，因事遭人弹劾，遂引疾归。起南京工部右侍郎，未上卒。赠右都御史。

③ 石洞：指那罗延窟。

④ 灵物：神异之物。此处指龙。

⑤ 此诗见于万历《清凉山志》卷二《五峰灵迹·东台》。

⑥ 扪萝：攀援葛藤。［南朝·梁］范云《送沈记室夜别》诗："扪萝正忆我，折桂方思君。"

传说是公输子用木质造成，外用土石包修。此塔做螺旋状，可以攀登。登上之后，远眺五峰齐云，千嶂起伏，四围风光，尽入眼底了。

台南有石城。此处四山峭壁，包围若城，所以名为石城。从石城东去，有插箭岭，相传从前宋太宗北征的时候，在这岭上遇见一位菩萨，现八臂相，因插箭而回。由此北去，在一个山崖的下面，有千佛洞。洞的容积很大，内中佛像森列，气象庄严，人在洞口小立，可以隐隐听见有一种大海波涛之声从里面传了出来。再由此西北去，就是金阁岭，因为从前有人在此岭上，望见空中现金阁形状，遂在岭上建立寺院。登上寺院的高阁远望，但见万里风烟，无边芳草，钟声悠扬，动人愁思。下阁出寺东行，山若仰盆，土人在此处小筑茅屋，开畦种菜，鸡鸣犬吠，俨然世外桃源，是五台山的一个最为僻静的所在了。

附普明①和尚《仙花山歌》："南台之麓，仙人之居。春云霭霭，暮雨霏霏。卧于石蟾，而坐神宅。杳然飞去，仙花披靡。"②

（三）西台顶

西台顶位置在五台之西，高约三十余里。顶上极其平坦广阔，周围二里左右。从五台山的西台沟西去十余里，直达西台顶的山脚。再由此上登十余里，就到达西台顶的寺院了。

---

① 普明：唐代僧。《广清凉传》卷一载："南台孤绝，距诸台差远……昔有僧明禅师，居此三十余载，亦遇神仙，飞空而去，唯蝉蜕其皮。"
② 此诗见于万历《清凉山志》卷二《五峰灵迹·南台》。

西台顶又有挂月峰的别名，因为当每月十五前后，月坠峰巅，远望恰似明镜高挂，因此得名。顶上泉水很多，在月夜的清光掩映中，望见四围有无数白银似的细流，向着那些参差的峰崖间蜿蜒而去，令人恍疑置身到水晶的宫阙之内。

台顶寺院，建筑方式，极其古雅绝俗。在群山拱合之下，蓝瓦红墙，金碧耀目。加以院中松影青苍，泉声潺湲，阶前小坐，尘虑①尽消。寺中供奉诸佛圣像，在庄严中饶有慈祥之气。在寺院的山门以外，有舍利佛塔一座。此塔建造方式，同五台山的其他佛塔，完全异样。全塔自底到顶，都是用一色大石堆砌而成，占地一亩，高达四丈，巍然矗立，古雅可喜，远望几乎疑它是一座石砌的假山。此塔建筑的年代，据台顶的僧人说，是远在唐初，并说塔里面藏有玄奘法师从②印度带回来的舍利。

台顶有大石一方，上有类似人马足迹的印文，风雨千年，绿苔斑剥③。此石据说是魏文帝④到此留下的纪念，所以叫作"魏文人马石"。台顶的北面，有八功德水池，池水甘芳冷冽，喝了很能解除烦渴。由此东北行，有泥斋和尚处同文殊洗钵池两处名胜。前者据说从前有位神僧，在此炊泥作饭，供养大众。后者据说从前有位白发老母，在此洗钵，一僧向其询问时，忽然不见，遂以这位老母就是文殊的化身。这些传说，究竟何所依据，那就无从稽

---

① 尘虑：俗念。［唐］刘禹锡《游桃源一百韵》诗："道芽期日就，尘虑乃冰释。"
② 原文作"纵"，应为"从"，讹误。
③ 斑剥：斑驳，色彩错杂貌。［唐］欧阳炯《题景焕画应天寺壁天王歌》诗："臂横鹰爪尖纤利，腰缠虎皮斑剥红。"
④ 魏文帝：即北魏孝文帝。

考了。

从台顶西北行，经过一条青藜布满的羊肠小路，便到了有名的秘魔崖下。相传此地是有名的木叉和尚修道之处，断崖绝壁，气象阴森。更有一个极饶兴趣的传说，是说古时有一代州王氏少女，守贞不字，逃来秘魔崖下，终日餐薇[①]饮露，潇然自得，后来他的父母，忽然追踪而至，逼令还家，女坚决不从，投崖自尽，谁想身未坠地，即行凌空飞去了。

附宋丞相张商英赋《西台》诗："西顶高处足穹苍，狮子遗踪八水旁[②]。五色云中游上界，九重天外看西方。三时雨洒龙宫冷，一夜风飘月桂香。土石尚能消罪障，何劳菩萨放神光。"[③]

（四）北台顶

北台顶在五台山之北，高达四十余里，台顶周围约四里。此台亦名叶斗峰[④]。因当星光漫天之夜，自下向上仰视，觉得台顶与北斗齐高，故以为名。登台徘徊，可以东望大海，北眺沙漠，一种荒凉景象，令人不忍久见。台顶的气候，严冷异常。山谷冰雪，万年不消，即在盛夏，宛如深秋。有时风雨雷电，呼啸而至，游台者偶一疏神，辄有被大风吹落下方的危险。在五台山的五台之中，当以此顶的情形，最令游客心惊胆战的了。

---

① 　餐薇：宁死不屈节。[清]洪炳文《悬岙猿·展墓》："孤臣自抱餐薇志，节士同坚蹈海心。"
② 　《续清凉传》作"宝台高峻足穹苍，师子遗踪八水傍"。
③ 　见于《续清凉传》卷上。
④ 　原文作"斗峰"，应为"叶斗峰"，脱误。

北台之令人惊异的处所，尚不仅台顶的风云变幻莫测一节。在登上台顶的中途，有着叫做"红门岩"的险要。此路山岭，为游北台者必经之路，一交冬令，大雪寒途，人马偶一不慎，即行跌落万丈深谷以内。即在夏秋之间，亦往往大风突然而至，将茶杯大小的石块，刮到天空，人马当之，无不焦头烂额。那种风云的变化莫测，令人几疑置身到蒙古的大沙漠中。

台顶庙貌巍峨，气象空旷。寺院的局势，比着其他各台更为庄严而巨丽。寺中古碑林立，最令游人注目的是清乾隆帝立的那座"大清乾隆丙午年恩赐布施五千两"的御碑。殿中供奉神佛的种类很多，远自天皇、地皇、人皇的所谓三皇，下至《封神演义》上被姜太公封赠的角色，无不应有尽有，济济一堂。而最令游人感到兴趣的，是那座高有一丈五六，宽有三丈的铁瓦殿。此殿从底到顶，全用一色铁料修成，里边供有大铁佛一尊，小铁佛、小铜佛无数。此殿当初创自何人，已不可考。直到民国五年，有位女太太出了三万大洋的布施，从天津铸成铁板，运至北台重修铁殿，造下了无边的功德。而这位女太太的外子，便是那位垂名青史的辅佐着宣统皇帝复辟的张勋了。

台顶有黑龙祠，又名金井池，池侧另有龙王专祠一座，在天气亢旱的时候，台下居民往往成群结队的来祠求雨。台东有罗汉台，相传唐时有十六梵僧，在此台上坐化。由此南去，便是有名的龙门谷，为全山云气出没之处。北有藏云谷，下有留云石，为高僧妙峰刺舌血书《华严经》处，这倒是一件真实不虚的古迹。其余关于北台的传说还多，大半因其荒诞无稽，阙而不录了。

附明云中释觉同①《咏北台》诗："北来乘兴上崔嵬，天外扪萝鸟径回。寒谷未秋先落叶，阴崖不雨自生雷。低悬银汉星千点，俯视沧溟水一杯。笑指曼殊栖迹处，几径劫火不曾灰。"②

（五）中台顶

中台顶位居四台中部偏西，高约四十里，台顶平坦广阔，周围五里左右。中台风景，较之其他各台别饶一种空灵之致，远望层峦耸翠，烟霭浮空，所以又名翠岩峰。

由菩萨顶西南走十里左右，可以直达中台山脚。再由此前进，过七仙洞曲折而上行十余里，就可到达中台的寺院了。游人到此，左可望恒岳的高岭，右足瞰滹沱的长流，四顾崇山峻岭之间，到处可以看到古寺凌霄、老松参天的胜景，而整个的五台的形势，便完全收入到视线之内。

中台顶的寺庙，虽不及北台的雄伟，而建筑的精细，则为其他各台寺庙所望尘莫及。黄瓦的宫殿，白石的栏杆，以及金身的佛像、名贵的法器，这一切都能给予游人以庄严而崇高的启示。此外还有那座高约十丈的舍利佛塔，巍然矗立在寺院的中庭，仿佛是作了全五台二百多处寺院的领袖。塔石上面刻画的佛像人物，神态生动，衣饰灵活，大有唐吴道子③的笔意，这也算五台山上一

---

① 觉同：明代僧，字无辩，云中人。
② 此诗见于万历《清凉山志》卷十《名公题咏》。以上内容刊载于《道德半月刊》1936 年第 4 卷第 1 期，署名"金台"。
③ 吴道子（680～759）：又名道玄，唐代河南府阳翟（今河南禹州）人。古代著名画家，在画史上，被尊称为画圣。

件富有艺术性的古迹。关于此塔的历史，据说唐朝有位蓝谷法师，从西域番僧乞得舍利若干颗，先造一小型铁塔将舍利盛在里面，然后建造这个大塔，将那小铁塔藏了起来。后来，直到明万历的庚辰年间，大塔将要倾毁，忽然一夕怒雷大震，塔形复归于正。

中台顶的北面，古有小池一方，名为万圣澡浴池。池水澄洁，于天光云影之间，有时可以看见水中出现人物、莲花、锡杖等等的形状，人们多以此水为文殊盥掌之所。每于盛夏之际，群持香花投掷池中。池上有亭，为远道游人休息静坐的地方。由此池西北行，另有大池名曰太华。池上烟霭霏霏，水深不测，游人临池下窥，就觉心中有点儿惊惧。

在太华池折而西南行，有峻岭一道，昔人曾见许多狮子在岭上游戏，所以给这岭命名叫狮子窝。到了万历丙戌年间，有名僧智光、净立等人，在岭上修筑茅篷，结念佛社，十方学人前来皈依的很多。现在岭上的残屋犹存，但在那些败瓦颓垣之间，已经看不见一个修行人了。

附明处士滕季达①《咏中台》诗："壁立中台万丈峰，半空空翠落芙蓉。千年古塔函金象，满谷寒冰卧玉龙②。晴壑倒悬南涧瀑，

---

① 滕季达：明代苏州人，生平不详。光绪《代州志》收录有滕季达所撰《宋工部侍郎谥忠节滕府君神道补纂碑阴记》。
② 玉龙：指雪山。

春雷隐约下方钟。春鞋久混缁黄①迹，瑶草②天花处处逢。"③

第三章　寺院巡礼

五台山的寺院，在台顶的不过一小部分，其余大部分的寺院，完全分布在台下山麓之上。这些寺院的建造年代，多半很古，有的建自汉唐各代，最晚的也都在元明以前。我们巡礼各寺，于惊叹其年代的悠久与建筑的伟大以外，还有不少关于考古上与美术上的发现。在或一④意义上，五台山在中国文化史上的地位，是较之云冈的石窟，并无多让⑤的。

在这篇小文之内，要想把全五台山大小数百家寺院来一一加以详细的描写，自然不为篇幅所许。现在，仅将我所巡礼过的几家最著名的寺院，用一种简略的笔墨，将它们的轮廓图画下来。读者假如觉得不甚满足的话，那我劝你还是亲自到五台走一趟吧。

（一）五郎庙

我们熟知的关于五台山的故事有二：一个是《水浒》上说的

---

① 缁黄：指僧道。僧人缁服，道士黄冠，故称。［唐］独孤及《谢敕书兼赐冬衣表》："缁黄载跃，斑白相欢。"
② 瑶草：古代神话传说中的仙草。［唐］李贺《天上谣》诗："王子吹笙鹅管长，呼龙耕烟种瑶草。"
③ 此诗见于万历《清凉山志》卷十《名公题咏》。
④ 或一：某一，某种。
⑤ 多让：逊色。

鲁智深的大闹五台山；另一个就是宋杨业的第五子，被困五台，因而出家修道。前者自然是文人的游戏笔墨，并非信史；而后者却是实实在在曾经有过那么一回事的。就是现时的五台，也还有供奉着杨五郎的规模颇大的庙宇，同记载着杨五郎出家原委的古代的碑碣呢。

五郎庙，位置在五台山楼观谷的西山麓。东面同碧山寺为邻，西南同红泉寺为邻，北依北台，南临深谷。这庙在杨五郎出家以前，就已存在，那时名为龙王庙，到了杨五郎在此庙出家以后，就改为现在的名字了。

庙的建筑很好，院宇极其空阔。所祀神像，除了诸佛菩萨之外，另辟一室专祀五郎。室中五郎的塑像，白脸长身，浓眉细目，金盔战甲，气象儒雅而庄严，一定出于塑像名手。室中陈列五郎当年征战用的大铁棍一根，长约一丈，粗及二寸，上面铸成"共重八十二斤，段思圣作"一行小字。相传五郎将韩昌一下打成两截的，便用此棍。棍的一端，已经断裂，据说是杨五郎用它打人时打断的。

关于五郎在五台山出家的历史，据庙里的僧人对我叙说是这样的："从前潘仁美与杨家有仇，设计陷害，于是怂恿着宋王去五台山进香，命杨家弟兄随驾保护，一面却暗在金沙滩埋下一枝伏兵。这时天庆王在雁门关雄据一方，听得宋王到五台山进香，就请宋王去金沙滩聚会。宋王这时进退两难，就暗命杨大郎化装宋王，带了七个兄弟去金沙滩赴会，在酒席之上，起了战争，天庆王虽被射死，然而杨家也大败亏输。大郎、二郎、三郎都兵败身死。四郎、八郎被擒，招了驸马。七郎回营搬兵，又被潘仁美射死。六郎单人独马，保宋王还京。这时五郎正想逃命，忽然逢见一位道人，劝他出家，他便逃来五台山的龙王庙，剃发出家了。……"这种传说确实与否，让读者自己去考证好了。

距离五郎庙不远，还有五郎阅兵台一座，是一件令人感慨的古迹。

附明燕京释镇澄①《咏五郎庙》诗："国士寥寥马不嘶，白云深锁五郎祠。宋家世界空成梦，铁棒常拈欲恨谁。"②

（二）碧山寺

碧山寺为五台山著名丛林之一，位置在北台山麓之下，北依金刚窟，南对南台，西隔五郎沟，东方一片绿茸的平原，几处隐约的青山，景物的清幽绮丽，为其他各寺所不及。

五台山的寺院，多半由黄衣僧——即喇嘛——住持，但这碧山寺却完全由青衣僧——即和尚——管理，并且不是子孙世袭的庙宇，而是一个十方僧众聚合的道场。自从今年春天能海法师接座此寺方丈之后，四方僧众，闻风而至者数百人。能海法师留学西藏十年，精通梵藏经典，专宏"密教"。四方僧众，远来学法，极其踊跃。

---

① 　镇澄（1547～1617）：明代华严宗僧。俗姓李，字月川，别号空印，河北宛平（今北京）人。明万历十年（1582），与憨山德清在五台山建无遮法会，后于紫霞兰若壁观三年，大悟。二十四年，撰《清凉山志》十卷。四十五年入寂，世寿七十一。

② 　此诗见于万历《清凉山志》卷二《五峰灵迹·五郎祠》。

　　国内信仰佛法的居士，来碧山寺学法的也很多。最著名的有胡子笏^①居士同其夫人及女公子等，都是常年住在寺里，一意诵经养道，那种勇猛精进的热诚，堪为国内在家学佛人的一种表率。此外尚有上海的菩萨学会，近在寺中设立分会办事处，同译经处，目的在造就译经人材，大开译经道场，以便将藏文佛典之未经译成中文的，都一一翻译出来。这种计划的伟大，也是值得我们钦佩的。

　　全寺的面积很大，建筑因年久失修，微嫌残破一点。然近因各方捐款甚多，正在动工修筑新屋。预计一年之后，当可焕然一新了。

　　在碧山寺的正殿上挂的有两块字塔，传说是出自唐朝袁天罡同李淳风的手笔，每块字塔上书画藏经一部，为碧山寺的贵重宝物。此外清圣祖^②的《御制碧山寺碑文》，典雅富丽，不愧帝王之作。今照录于下：

　　　　原夫园成祇树，聿标鹫岭之奇。香满旃檀^③，定据琳宫之胜。况山雄云代，宇结清凉。文殊演教而开基，天龙八部。

---

① 胡子笏（1876～1943）：字瑞霖，法名妙观，湖北沙市人。民国初年佛教中知名的大居士和教育家。早年留学日本，曾任福建、湖南二省省长。民国八年（1919），因听太虚大师说法而皈依三宝，此后追随太虚，参与弘法活动。民国二十三年（1934），因避寇乱，举家迁入五台山。后依喇嘛修餐石法。著有《餐石日记》。

② 清圣祖：即清康熙帝。

③ 旃檀：香檀。

迦叶瞻容而俯首，螺髻千身。惟朔塞之名区，实梵王之法界。经驮白马，睹贝画之常新。地布黄金，喜蓍[①]林之重灿。兹碧山寺，栋构台阿，翚飞岩畔。牓[②]传普济，化城之玉碣犹存。谷号华严[③]，德水之青莲时现。银龛珠洞，映三藏之神光。叠嶂层峦，萃五方之灵秀。浮烟蓊翠，迥接苍穹。含霭流清，傍分绿涧。荷群峰之凝碧，绕丈室以增幽。雁塔崚嶒[④]，朱夏带阴山之雪。鹤林高下，白毫连紫极之云。兹因岁月迁移，川陵委寂。禅枝忍草，侵榛蔓以交芜。宝铎雕甍，历风霜而黯色。朕亲来佛地，藉祝慈禧。爰整金绳，丕施珠纲。启琉璃之净国，宝树攒香。灿璎珞之红楼，昙花四照。相轮自备，巧傍新幡。丹凤飞来，还栖旧刹。苾刍[⑤]竞集，弘参不二之宗。象力攸崇，众证无为之果。用镌贞石，永焕名山。

　　读了这道碑文的描写，未免觉得这位皇帝的笔下，过于华丽了一点，然而只要你是曾经到过碧山寺游览一下的人，就觉得那些华丽的话语，也正是诚实的话语了。

---

① 原文作"檐"，应为"蓍"，讹误。
② 原文作"榜"，应为"牓"，讹误。
③ 原文作"岩"，应为"严"，讹误。
④ 崚嶒：高耸突兀。[南朝·宋]沈约《游钟山诗应西阳王教》诗之二："郁律构丹巘，崚嶒起青嶂。"
⑤ 苾刍：即比丘，佛教指出家受具足戒者。[唐]玄奘《大唐西域记·僧诃补罗国》："大者谓苾刍，小者称沙弥，威仪律行，颇同僧法。"

附正秀^①和尚《咏碧山寺》诗："斋余聊结伴，来此叩禅关。古寺开前代，危楼倚北山。僧持灵锡去，龙带岭云还。寂寞烟霞里，优游^②且共攀。"^③

（三）显通寺

显通寺位置在五台山的中心，被称为五台山的"主庙"。关于此寺建造年代，据说当后汉明帝永平十年，迦叶摩滕同竺法兰二位尊者，从印度来到中国，宣言清凉山乃文殊化宇，于是奏请明帝建造此寺，题名"大孚灵鹫寺"。到了元魏孝文帝时，加以再建，置十二院。今显通寺，就是当年的善住院，菩萨顶则为真容院。十二院今只存此二院，其余都湮没了。唐太宗时，又加重修，到了武则天皇后时，改称"大华严寺"。至于现在这个显通寺的名字，是明太宗文皇帝^④御赐的。

这座寺院，既然被称为五台的"主庙"，所以^⑤在形式上有许多地方，是他庙所不及的。建筑的宏丽，院宇的宽大，古迹的繁多，都有加以深切注意的价值。常住的僧众，虽然仅有一二百人，远不及碧山寺的僧人为多，然而此寺的僧众多为黄衣僧，在宗教

---

① 正秀：僧人，生平不详。

② 优游：悠闲自得。《诗经·大雅·卷阿》："伴奂尔游矣，优游尔休矣。"

③ 此诗见于万历《清凉山志》卷三《诸寺名迹·普济寺》。

④ 明太宗文皇帝：即明朝第三位皇帝朱棣的庙号，嘉靖年间改为成祖。

⑤ "既然"和"所以"连用，常被看作关联词语搭配不当，对此问题语言学界常有争论。邢福义先生主编的《现代汉语》对这种语言现象持肯定态度，认为"跟'既然'或'既'呼应，后分句前边有时用'所以''因此'"；《现代汉语虚词例释》提到："近来，用'既然'和'所以'来相呼应也很普遍。"

上的派别，既与碧山寺不同，而且隐然是五台山的一个最有权威的集团。寺中庙产极其丰富，住庙的僧人，终年饱食暖衣，无忧无愁，那种出世的清福，是被他们享尽了。

寺中有铜殿一座，高约丈余，宽约八九尺，全用铜质修成。进殿一看，里面铜梁铜柱、铜钟铜鼓、铜鼎铜炉、大铜佛像，所见无一非铜。建造那个铜殿的人，就是明朝的妙峰大师。这位大师，当年在西台的山尾开矿炼铜，建此铜殿。又以余铜铸成铜塔五座，每塔高自二丈至一丈七八不等。这位法师的毅力，实在令人惊叹不置①了。

寺中古物，除此铜殿、铜塔之外，还有无字石碑二座，最使游人注意。每座石碑高约一丈，宽四尺，石质黝黑，并无一字，所以不能断定它的年代。游人小坐碑下，微风吹过，碑亭四角的铎铃，随风振荡，那种钉铛的音韵，听来觉得心旷神怡。

附王啸庵②《咏显通寺》诗："五月行踪入大孚，万松如剪雪平铺。寻真③客到青萝嶂，驻锡僧居白玉壶④。几代苔文留锦字⑤，诸天

---

① 惊叹不置：同"惊叹不止"。不置：不舍；不止。
② 王啸庵：明代人，生平不详。
③ 寻真：寻求仙道。[唐] 皇甫冉《同裴少府安居寺对雨》诗："共结寻真会，还当退食初。"
④ 白玉壶：指仙境。《后汉书·费长房传》："市中有老翁卖药，悬一壶于肆头，及市罢，辄跳入壶中。市人莫之见，唯长房于楼上睹之。……长房旦日复诣翁，翁乃与俱入壶中。唯见玉堂严丽，旨酒甘肴，盈衍其中，共饮毕而出。"
⑤ 锦字：锦字书，此指华美的文章。[唐] 骆宾王《艳情代郭氏答卢照邻》诗："锦字回文欲赠君，剑壁层峰自纠纷。"

钧乐①护灵符②。炉烟经卷停云阁，不信人间有画图。"③

（四）塔院寺

塔院寺位居显通寺之南，浮图屹立，群山环绕，为清凉山第一胜境。院内有阿育王所置佛舍利塔，及文殊发塔，是汉明帝时代建造的。历代帝王都曾加以修饰，直到明万历间，圣母李太后大加改造，于是此寺的辉宏壮丽，冠绝古今了。

佛舍利塔，又名大宝塔，高三十六丈，形状略似北平的北海的白塔。塔底作八角形，每角筑室五间，每间一丈见方，周围共房四十间。周围约四百尺，即此可以推知这座宝塔是怎样的雄伟了。

在大宝塔的左侧，有"佛足碑"。关于此碑的来历，按《西域记》上的记载，在印度摩竭陀的波咤厘精舍，有大石一方，上有释迦所遗双足迹印，长一尺六寸，宽六寸，作千辐轮相，光明耀目。相传从前释迦北去拘尸那城④，将示寂灭，告阿难言"吾今最后，留此足迹，以示众生。有能见者，生大信心，瞻礼供养，灭无量罪"云云。到了唐贞观年间，玄奘⑤法师，自印度将此石上足迹图写持归中土，太宗敕令照图刻石，存之祖庙。以后辗转传刻，直至明万历年间，始有僧人明成等，在五台山募众立石，建

---

① 钧乐：钧天之乐，指仙乐。此处喻指寺院钟鼓佛乐之声。
② 灵符：上天的符命。此处指佛法。
③ 此诗见于万历《清凉山志》卷三《诸寺名迹·大显通寺》。
④ 拘尸那城：佛陀入灭之地，在今印度北方邦哥拉克浦县凯西郊外。
⑤ 原文作"装"，应为"奘"，讹误。

此"佛足碑"。碑上的图形，是同《西域记》上所说并无二致的。

去佛足碑不远，便是文殊发塔。相传从前文殊化为贫女，遗发藏此塔中。万历间，方广道人加以重修。法本[①]曾有一首诗歌，赞美此塔的功德，读来极其生动有趣，他说："昔有氀[②]女，领犬复携儿。入众乞辰斋，既得还索之。我固无贪妒，愍尔多瞋痴。个中无是物，何必生嫌疑。飞空明玉相，断发留金丝。大士乘通去，灵踪万古遗。绀塔凌云霄，慈光破世迷。稽首大智王，神功不可思。"[③] 这真是一首绝妙的叙事诗。

在塔的前左方，尚有般若泉，这泉也是一个传说中的古迹。相传唐僧慧潜，结庵于此，日读《金刚经》百遍，日子久了，庵侧忽有清泉涌出。当我们用山瓢汲饮泉水的时候，觉得味道甘芳，尘烦顿消。

附白下[④]释正秀《咏塔院寺》诗："佛刹岧巍倚碧空，诸天寒色照帘栊。琼楼静掩娑罗[⑤]月，宝塔香飘薝卜[⑥]风。百道明霞浮几上，数声清梵落云中。万年慧炬通霄汉，洪福应归圣主宫。"[⑦]

---

① 法本：明代僧人，生平不详。
② 氀：原指毛羽散垂的样子，此处意同"褴氀"，指败絮，即破旧的棉絮。《古尊宿语录》卷六："抖擞多年穿破衲，褴氀一半逐云飞。"
③ 此诗见于万历《清凉山志》卷二《五峰灵迹·文殊发塔》。
④ 白下：古地名，在今江苏南京西北。唐移金陵县于此，改名白下县。后为南京的别称。
⑤ 娑罗：树名。世俗多指月中桂树为娑罗，故以之代月。
⑥ 薝卜：郁金花。［唐］卢纶《送静居法师》诗："薝卜名花飘不断，醍醐法味洒何浓。"
⑦ 此诗见于万历《清凉山志》卷三《诸寺名迹·大宝塔院寺》。

（五）大文殊寺

大文殊寺位于五台的中心，一名菩萨顶，又名真容院。此寺为蒙藏喇嘛聚集的道场，常住喇嘛二百余人，每年蒙藏远来朝山的喇嘛，多半在这个寺院内暂住。

有清一代的帝王，多年崇信佛法，又因发源关东，对喇嘛极其信仰。清世祖入关登极以后，屡次下令喇嘛启建护国祐民道场，于顺治十二年及十四年，各派数十喇嘛，住五台山建道场，诵经祈福。十八年，又特命阿王老藏喇嘛住持五台大文殊院，督理全山番汉僧众。现在大文殊寺的正厅之上，还陈设着大喇嘛问事的公案，气象庄严，俨如法庭。

从山门外登上一百零八级的石阶，过一座大书着"灵①峰胜境"的牌楼，再上九级石阶，便是大文殊寺的正殿。全寺庙貌巍峨，规模宏大，建筑的富丽堂皇，颇有故宫三殿的风味。

关于这寺又名"真容院"的原因，据说唐朝有位名叫法云的和尚，募资建立殿堂，预备塑造菩萨圣像，苦于不知菩萨的真容。乃于七日夜中，至心顶礼恳祷，忽于天半云霞之中，现文殊像，因照像模塑，神态如生，而此寺遂又名为真容院。到了明永乐初年，敕旨改建大文殊寺，并且敕赐贝叶经文、梵文藏经，以及钦造文殊镀金圣像。自是而后，此寺在五台的寺庙中，便占一重要的地位。

---

① 原文作"雪"，应为"灵"，讹误。

附释秋崖 ①《咏大文殊寺》诗："古今皇帝敕，寺启鹫峰头。客喜松间屋，僧栖云外楼。群山皆北向，二水自南流。名字闻天竺，神僧荷锡游 ②。"③

（六）殊像寺

殊像寺位居五台山的梵仙山左，台怀街与杨林街的中间，距离大文殊寺三里左右。寺中供有文殊驾狻猊的圣像，鬼斧神工，望之令人肃然起敬。

寺中除了供奉诸佛圣像之外，另有静室三间，匾曰"静善堂"，上款为"三皇姑坐静处"，下款为"康熙甲辰年六月立"。关于"三皇姑出家"这个故事，在民间是流行颇广旳，现在无意中在殊像寺发现了这个可贵的史料，我便向着本寺住持的和尚详细询问一切，结果蒙他的好意，将这个动人的故事，原原本本告诉了我，下面记的，就是他的话：

三皇姑是清世祖顺治帝的三妹子，清圣祖康熙帝的三姑母，所以名为三皇姑。明朝末年，李自成破了北京，吴三桂引清兵入关，击走闯贼。清世祖封吴三桂为平西王，命他镇守云南，一面又怕吴三桂叛变，故将自己的三妹子许配给三桂的儿子吴应龙为妻，留在燕京，作为抵押。到了圣祖时候，

---

① 秋崖：法名祖印，号天玺，别号秋崖道人。明广宗寺住持。
② 原文作"逝"，应为"游"，讹误。
③ 此诗见于万历《清凉山志》卷三《诸寺名迹·大文殊寺》。

因为撤藩问题，三桂举兵造反，自封天下都招讨兵马大元帅。圣祖闻变，勃然大怒，先把三桂的儿子吴应龙斩首，三皇姑见丈夫已死，伤心已极，便到五台山的殊像寺削发出家去了。自从三皇姑来寺出家之后，清圣祖曾数次来寺进香，并且拨内帑白金一万五千两，加以重修，这便是三皇姑出家的始末。

上面和尚的话，虽然未可尽信，然而在康熙的《御制殊像寺碑文》上，也明明写着"朕为慈闱①祝厘，故尔法驾戾止。悯兹颓废，爰命缔修。梵宇再兴，呗筵如故"的话。这样看来，三皇姑的出家，或许有几分可信。

附释镇澄殊像寺诗："吉祥妙德相难穷，有作②何能尽至功。唯有菩提心界里，一轮秋月下寒空。"③

（七）玉花池

玉花池位居中台之后，距菩萨顶十余里。传说昔有五百梵僧，在此地过夏，有白莲生于池中，坚莹如玉，遂名此池为玉花池。一说池名玉花的缘故，因为它的水清石洁，一眼可以看到池底，池底泉眼细而且多，水泡上升，有类碎花形状，所以名为玉花池。两说究竟谁是谁非，留此待考。④

---

① 慈闱：旧时母亲的代称。古称皇后为天下之母，故以"慈闱"称皇后。
② 有作：有所造作，与"无作"相对。
③ 此诗见于万历《清凉山志》卷三《诸寺名迹·殊像寺》。
④ 以上内容刊载于《道德半月刊》1936 年第 4 卷第 2 期，署名"景西"。

　　游人从菩萨顶，向西北曲折行去，在不大工夫，就可望见玉花池的蓝瓦红墙的寺庙。庙的规模虽不伟大，然而建筑甚为精巧。最令人感到兴趣的是那个"罗汉殿"，内供生铁罗汉五百名，济济一堂，很是好看。

　　这五百罗汉的排列法，也很特别，无论从那方面看去，都是乱七八糟，不成行列，所以相传这些罗汉虽然名为五百，实则没人能够清楚的数上一遍的。

　　因为从古就有"罗汉数不清"的传说，所以清圣祖康熙游山的时候，命人做了五百件袈裟，给一个罗汉披一身，谁想到披到后来，有的披了三身，有的披了四身，有的一身没披，结果闹了个一塌糊涂。后来乾隆来山，命人焚起五百大香，一个罗汉立一根，谁想立到后来，仍然有的多立了，有的一根也没有立。到了光绪时，慈禧皇太后上山，硬不服邪，仍想数一个确数，便命人做了五百顶小帽，如法试验，仍然不得结果。以上这些传语，听来虽觉奇怪，然而以我亲生的经验论，这些罗汉的排列的漫无次序，却也无法加以清数。至于别人究竟有没有这种耐心去数，那就不得而知了。

　　关于这些铁罗汉的来历，据本寺一位和尚对我叙说是这样的：

　　　这些铁罗汉，名为五百，实在只有四百九十九个。他们全是清朝初年，一位无名善士赠送给本寺的。这位善士在孟县的铁厂内定铸下五百生铁罗汉，铸成之后，他也并不用车马转运，只用一柄三尺长的生铁小棍，就把他们一齐赶羊似的赶到玉花池来了。当他赶着这群罗汉，从盂县走到五台县的时候，在路上过了一条小河，一个大姑娘，坐在河边洗衣。其中有个不老成的罗汉，起意调戏这位姑娘，便求这位姑娘，掬水给他喝，谁想姑娘生性节烈，不但不从，反而申斥他道："你莫非是铁铸的，不能自己弯①下腰去喝一口吗？"这两句话说出之后，那位罗汉就立刻恢复了他那生铁原身。姑娘一见，也不顾得洗衣了，吓得撒腿就跑。而这个现形的铁罗汉，便永远作了大队的落伍者，立在那儿，一步也走不动了。……

这个传说虽然极其怪诞，然而却是一个富有趣味的传说，而且内中也含有不少的讽刺与幽默的意味。

附释觉玄《咏玉花池》诗："何代池开白玉花，香风拂拂散天涯②。云行尊者飞空去，万古芳声不浪夸③。"④

（八）黛螺顶

黛螺顶位于五台山的东部，游人经过清水河源，向东上行十余里，就可到达黛螺顶的寺院了。

这个寺院，是由清圣祖康熙帝一手造成的。寺中殿宇华丽，松柏参天，前清皇帝游山，多半住在这儿。除了供奉佛像的大殿

---

① 原文作"湾"，应为"弯"，讹误。
② 原文作"香风拂散天涯"，应为"香风拂拂散天涯"，脱误。
③ 万历《清凉山志》作"跨"。
④ 此诗见于万历《清凉山志》卷二《五峰灵迹·玉花池》。

外，还有康熙帝避暑的七间大殿，称为"龙棚"。这个龙棚，全用雕花白石修成，上覆黄瓦，气象极为庄严而华贵。

龙棚内的陈设，多半是御用的古物，金碗、古瓶之类，不下数十百件。墙上挂一幅傅青主画的《张果老骑驴过桥图》，价值连城，最为游人所欣赏。

康熙帝住在这儿的次数既多，于是便从这位皇帝身上，发生了很多有趣的故事。相传康熙帝，有一次从寺里出外闲逛，无意间于山村内看见一位村女正在碾米，他便口吟一首绝妙好词道："骑骏马，过荒庄，偶遇女子碾黄粮。勤起箸，慢簸扬，几回停步整容颜。汗流满面花含露，尘扑蛾眉柳带霜。可惜这样风流女，配与谁家田舍郎。"这首村歌是否出自康熙御口，因事隔数百年，无从考证。然而黛螺顶的山民，差不多人人会唱这支歌，并且人人相信是康熙作的。

附乾隆帝《咏黛螺顶》[1]诗："峦回谷抱自重重，螺顶左邻据别峰。云栈屈盘列霄汉，花宫独涌现芙蓉。窗间东海初升日，阶下千年不老松。供养五台文殊像，阇黎[2]疑未识真宗。"

（九）金刚窟

金刚窟位居楼观谷的左崖之上，东邻碧山寺，西邻五郎

---

[1] 原名《登戴螺顶》，清乾隆五十一年（1786）作，见于清高宗《御制诗集》五集卷二十二。
[2] 原文作"都"，乾隆《御制诗集》作"阇"，据之改。阇黎：亦译作"阇梨"，梵语"阿阇黎"之省也，意为高僧，也泛指僧人、和尚。[唐]王播《题木兰院》诗："上堂已了各西东，惭愧阇黎饭后钟。"

庙，北依北台，南对南台，登上窟顶远望，四周山色苍茫，风
景佳丽。

在金刚窟的山内，相传三世诸佛的供养之器，都藏在这里。
考之内典记载，从前迦叶佛时，楞伽鬼王所造神乐，以及金纸银
书的毗奈耶藏[①]，与银纸金书的修多罗藏[②]，在佛灭度后，完全收入
到窟里面去了。

金刚窟原有新旧两个洞口，旧洞口在山门外的东面山脚下，
现已封闭，相传这是那个真正的金刚窟。新洞口在寺院内东楼下，
洞口窄小，向内侧身爬行十余步，就到窟顶，在窟顶的石板上供
小佛数尊。这个新窟，完全是人工造成的了。

金刚窟寺院内的建筑物很少，气象极其萧条。正殿供释迦、
文殊、普贤的木质大像，东殿已毁于火，西殿乱堆零碎物件。

在金刚窟的东楼上，供密宗神像三尊，形式如同北平雍和宫
的"欢喜佛"。本寺住持僧人，仅有二三人，都是喇嘛，生活情
形，颇为寥落[③]。

当我向那位住持的大喇嘛询问有没有其他古迹，可以供我们
远道游人玩赏时[④]，他略微踌躇了一会，便从屋内箱中，取出一幅
长长的字卷。打开一看，原来是苏东坡手写的墨宝，字体龙蛇飞
舞，墨光耀目，的确是一件难得的古物。细读上面的文字，原来

---

① 毗奈耶藏：指律藏。
② 修多罗藏：指经藏。
③ 寥落：冷落；衰落。[西晋]陶渊明《和胡西曹示顾贼曹》诗："悠悠待秋稼，寥
　落将赊迟。"
④ 原文作"可以供我们远道游人的玩赏时"，因语句不通，将"的"字删除。

是记载的唐佛陀波利入金刚窟的故事。今照录于下：

　　唐佛陀波利，北印度罽宾国[①]人，亡身徇道，遍探灵迹。
及闻震旦，有文殊住处，远涉流沙，特来礼谒。以仪凤元年，
达此土。至台山南，蹑虒阳岭，俛仰[②]之间，桥木干云，名花
匝地，翘首五峰，生大欣慰。五体投地，问空白云"如来灭
后，众圣潜灵，唯大圣文殊师利，大悲无尽，于此山中，激
引群生，教诸菩萨。某痛恨生遭世难，不睹圣容，远涉流沙，
故来瞻礼。伏望大慈，令我暂识真容，聊接慈语"。言已，悲
泣，向上顶礼。忽见老人，自谷中出，作婆罗门[③]语，谓波
利曰："汝谓情存至道，远访圣踪，汉地众生，多造罪业，出
家之士，多犯戒律，西方有《佛顶尊胜陀罗尼经》，能灭众生
重恶业垢，汝持来否？"波利答曰："贫道直来礼谒，不将经
来。"老人曰："既不将经，徒来何益，纵见文殊，岂能识之？
汝当速返，取此经来，利济此土多苦众生，即是面见诸佛，
亲奉供养，岂一文殊不能见哉？"波利闻已，不胜忻庆，礼老
人足。未举头顷，忽然不见。悲喜交切，倍更虔诚，毕老捐
生，复还西土，求《佛顶尊胜陀罗尼经》。于弘道元年，回至

---

① 　罽宾国：汉朝时的西域国名。位于印度北部，今喀什米尔一带。
② 　俛仰：比喻时间短暂，"俛"同"俯"。[东晋] 王羲之《兰亭集序》："向之所
　　欣，俯仰之间，已为陈迹。"
③ 　婆罗门：祭祀贵族，四种姓之一。自称是梵天的后裔。学习和教授《吠陀》，
　　行祭祀，接受布施，位居四姓之最上位，与刹帝利种姓构成了古印度社会的统
　　治阶层。

长安，具事上闻。高宗大悦，命日照三藏①，与波利参译。已而上赐波利绢三千匹，经留于内。波利泣奏曰："贫道委命取经，为济群品，非以富贵也，愿陛下开一视同仁之心，而流布焉。"上闵其志②，乃留唐本，还其梵文。波利将诣西明寺③，与沙门正顺等再译。译讫，波利持其梵本，往诣五台山④，入金刚窟，竟不复出。或云，既入窟已，见光网庄严，圣真穆穆。顾同行在外，复出招之。未旋踵间，圣境即失，唯山穴存焉，波利遂于岩畔坐脱。其《尊胜咒》盛行于世。⑤

据住持的喇嘛说，这件墨宝，为金刚窟的精华。从前康南海⑥来窟看见，曾出价二千两购买，不卖给他。最近又有一德国人，出价五千元，仍然不卖。他并且说，这件古物，将继续保存直至永远，用来增加金刚窟的声誉。

附法本《金刚窟》诗："无著寥寥不复闻，古岩余瑞尚氤氲。游人千载希灵迹，犹向峰头礼白云。"⑦

———————————

① 日照三藏（613～687）：中印度僧。广通三藏，兼善五明。高宗仪凤初年至唐，介绍印度中观派之学。又致力于译经事业，共译出《大乘显识论》《华严经入法界品》等十八部三十四卷。
② 原文作"老"，万历《清凉山志》作"志"，据之改。
③ 西明寺：在今五台县沟南乡刘家庄村。
④ 原文作"五台"，万历《清凉山志》作"五台山"，据之改。
⑤ 此段引文见于万历《清凉山志》卷六《菩萨显应·波利入金刚窟传》。
⑥ 康南海：即康有为（1858～1927），原名祖诒，字广厦，号长素，广东广州府南海县人。中国晚清时期重要的政治家、思想家、教育家，资产阶级改良主义的代表人物。
⑦ 此诗见于万历《清凉山志》卷二《五峰灵迹·金刚窟》。

第四章 物产风俗

讲到五台山的物产风俗，因我居留五台的日子，既然很短，见闻并不怎样广博，兹仅就我所亲见及访问所得的几点，择要写出来，以作本文的结果吧。

（一）采药的僧人

当你在五台的山巅水涯徘徊散步的时候，常常可以看见一两个僧家装束模样的人，背着一个破旧的黄布口袋，手里拿着铁锸一柄，向着那些乱草丛生的沙石中随走随掘，一面口中念念有词，也听不清他说的是什么话。这类人，据说就是五台山的采药者。

五台的交通闭塞，医药缺乏，幸而山上出产药草数十种，足以供给人们的需要。我曾从一个采药者的口中听得，五台山出产的药物，统计起来，不下数十种，它们的名字是：柴胡、木瓜、桔梗、白芨、天麻、麻黄、沙参、苍术、茯苓、芍药、回香、茵陈、长松、菅仲①、木贼、黄耆②、黄连、百合、秦艽、黄精、细辛、钟乳石。

这些药品的产量，非常丰富，除了供给本地人的需要外，还批发到外县偏僻的农村里去。

每到夕阳西下的时候，采药者的一日工作完毕，便背起他们那个沉重的黄布药囊，走下山去，他们那种态度的轻松、愉快，

---

① 原文作"管仲"，万历《清凉山志》作"菅仲"，据之改。
② 万历《清凉山志》作"黄芪"。

是难以言语形容的。

（二）美味的天花

凡是到过五台的人，无不喜吃五台出产的天花。天花是五台土人称呼蘑菇的别名，这种食品很是贵重，在远处多称之为"台蘑"，它在食品中的声誉，是并不下于所谓"口蘑"的。

天花生长在深山柴木之上，雨后到处丛生。采得后，用它做下饭的汤菜，清香美味，芬芳扑鼻。这种东西，每年运往外埠出售的数量极大，差不多是台上居民一种主要的收获。

在从前专制时代，五台县的官吏，嗜食台蘑，每年逼令五台僧众，纳奉天花若干。这件事的流弊很多，所以镇澄和尚曾有诗一首，揭发这事的黑幕，读了之后，不禁为那些受逼勒的僧众呼冤，原诗如下：

> 君不见，五台山上产灵蔬，山人目之为天花。多在巅崖深险处，枯木云蒸抽菌芽。厥色浑如玉，厥味薄如瓜。樵牧①得之如获璧，持来献入司公衙②。司公得之亦甚喜，歌筵舞席争相夸。烹羊宰鹅不足美，必得是物充珍佳。在上欲得索其下，公使展转来山家。僧吏鸣钟告其众，众闻官令惊复嗟。

---

① 樵牧：樵夫与牧童。泛指乡野之人。［唐］李白《古风五十九首》诗之五八："荒淫竟沦替，樵牧徒悲哀。"
② 司公衙：上司的官署。

裹粮探求入深谷，岂辞猛兽及毒蛇。求之不得须贷易，归
来典却佛袈裟。昔谓人间苦尘役，偷闲学道归烟霞。岂知
寂寞寒岩下，营营公事数如麻。异物有时尽，人欲自无
涯。我愿君子心，如月绝疵瑕。清光遍照饥寒屋，肯令一
念恣骄奢。[①]

这诗描写的深刻，正无异读一篇《捕蛇者说》。谁知到了今
日，那些久居五台的土豪劣绅，以及官僚政客之流，还有向各庙
僧众大索台蘑之举，这不能不说是一件怪事。

（三）莜麦面

五台的农产，以莜麦为大宗，其次就是豆类。因为地多山岭，
土壤贫薄，又无施肥等的改良，所以农产并不丰富。每年出产所
得，尚不足自给，所以必须依赖外县的输入，而生活程度便逐渐
高涨起来。

莜麦，为五台的特产。用它磨成面粉，为五台农民主要食料。
这种东西有一个缺点，就是不能把它过于吃饱，否则便要腹胀胃
痛，而且吃过之后，在夜间必须睡在火炕上，方能消化下去。五
台山的人家，即在六月，也睡火炕，好在天气永远是那么清凉的，
不然岂不是活活热死了吗？

五台的寺院，都有所谓"庄子"的庙产。庄子大小不等，平

---

① 此诗见于万历《清凉山志》卷二《五峰灵迹》。

均自数十亩以至数百亩。每庄置庄头一人，司收租及管理一切杂物。地主对于庄头，有绝对支配之权，差不多到了命之如何便如何的程度，这也是五台山的一个特有的风气。庄头有事朝见地主时，五体投地的叩头之外，还须献上地主所喜欢的礼物，否则，他的饭碗，便有点危险了。

（四）青衣僧

五台山的青衣僧，比起喇嘛的数目，尚不足十分之三四。这些青衣僧，多半来自各省，来此的目的，完全是为着修道。他们日常生活，除了随众念经，就是打坐参禅，那种对于佛法的虔诚的信心，是为国内其他任何地方寺院的僧众，所不及的。

青衣僧虽也间有一二不守戒律的，然而大部分都知洁身自爱，一心办道。他们严守佛教过午不食之戒，一天吃一点粗糙的莜麦面，喝一点清水，除此以外，再无所求于人，所以在精神上，自能养成一种孤傲而高洁的气概，看去很能使人钦佩。

青衣僧以碧山寺为大本营，其他寺院虽有，但为数不多。碧山寺的僧人，有些极能用功，曾见几位禅定功夫很深的人，终日喜怒不形于色，沉默寡言，举止雍容不迫，那种内心的安乐境界，就非凡情所能加以揣测了。

看了碧山寺的修道人的苦行，很容易令人联想到古代欧洲的修道院来。

（五）喇嘛的蓬帐 ①

你不到过五台，你永远不会相信五台喇嘛的人数，会多到那样使你吃惊。除了长期住在各庙的喇嘛不计外，随处可以看见一个个白色的小小的蓬帐，支起在露天下，并且从那里面，传出来的摇铃击鼓的声音，曾使你疑心走到了一个神话中奇异的世界。

黄色的上衣，红色的围裙。头面的须发，有如乱草似的丛生。下面的两脚，是永远那么赤露着的，这便是从蒙藏远来朝山的喇嘛的形状。他们的蓬帐，多半依山靠水的支起，在未支之前，他们先要选择一个合宜的地点，并且摇铃击鼓的念一会经咒，然后小心的将那面蓬帐，用木竿及铁钉子支了起来。远远望去，并不像军队的营幕，恰似一座小小的坟墓的样式。

每一帐蓬之中，最多不过住三个人。而且在每一地方，不能住过一宿以上的时间。他们主要的功课是念经，那些经卷全是西藏文的，念的时候，并且要摇铃击鼓，举行一些密宗的仪式。

在深夜，蓬顶挂上一盏玻璃罩的小灯，就着灯光，喃喃的念些希奇的藏文的咒语。即在睡眠的时候，他们也并不卧倒，而且永远取一种静坐的姿势的。

外面的暴风雨袭来了，他们仍然镇静的念经修法，在雨水将他们的蓬帐冲去以前，他们决不在功课未完之前，离去他们的法座。他们才配称为佛教的圣徒。

---

① 蓬篷：今帐篷。下文中"蓬帐""帐蓬"所指一样。

（六）六月的大会

可惜的很，因为我们朝山的时间过早，未能赶上参加那种热闹的"六月会"。在这里，仅将我所耳闻的关于六月会的一切，扼要的写了下来。

六月会照例在阴历六月初一到三十日举行。在这悠久的会期之内，五台山的每条街道的群众，都是多到满炕①满谷。这里面，有从后藏来的喇嘛，有从外蒙来的骡马，有从绥远包头一带来的娼妓，还有其他数不清的从四面八方赶到这里来的贩卖货物的小商人。

当六月十五这天，喇嘛跳鬼的仪式开始了，据说那情形较之雍和宫的打鬼，加十倍的热闹。这种热闹的盛会，无论谁都是喜欢观光一次的，虽然置身到那种拥挤的群众中，会使你感到生命的危险。

据一位久住五台的老僧告诉我说，这个六月会实在是造孽的！除了一切嫖赌的恶事多半在这六月会中发生之外，在每次跳鬼这天，至少要挤死一个小孩，或者失踪一位少女呢。

（七）一曲山歌

本文是结束了，我且把我在五台山听来的一曲山歌②，抄在下面。这山歌是由一个十多岁的小和尚的口中听到，唱起来的那种

---

① 原文作"坑"，应为"炕"，讹误。
② 即《五台歌》，《山西五台山清凉圣境全图》（民国华严顶法云寺印本）有收录。

悠扬而宛转的韵调，是难以用我这枝粗笔形容出来的。

　　　　五台山，清凉境，文殊菩萨留踪影。溪冰谷雪最难消，
三春亦似三冬冷。

　　　　岩花馨，岩树青，山名久在《华严经》。四面环基五百
里，毒蛇猛兽皆潜形。

　　　　中台好，生细草，顶上无尘何用扫。四十里高接半天，
远沧溟水一杯小①。

　　　　东台高，愁猿跳，春无野兽并山桃。三十八里路虽险，
游人不说双足劳。

　　　　南台寂，少人迹，亦有清泉从此出。路自根头至顶头，
计里还高三十七。

　　　　西台宽，西风寒，三十五里登临难。法密岩②中长松树，
千年翠色成奇观。

　　　　北台险，云常掩，远望都似丹青染。金狮③背上驾文殊，
行处红尘无半点。

　　　　游五台，真快哉，不辞劳苦年年来。感应随机或相遇，
百千万劫同消灾。

　　　　古庵院，多更变，敕建光明铜瓦殿。蒙此恩典庆幸多，
文殊更睹黄金面。

---

①　《山西五台山清凉圣境全图》作"远望沧溟一杯小"。
②　即秘魔岩，《山西五台山清凉圣境全图》作"法秘岩"。
③　《山西五台山清凉圣境全图》作"金猊"。

众沙门，思报恩，怀香远谒不动尊。经讽《华严》解深意，普贤《行愿》堪同论[1]。

香心妙，心灯照，文殊欢喜亦含笑。芒鞋步步踏清凉，三有四恩同一报。

松风清，松月明，搜穷圣迹方还京。心与文殊默相契，慈悲广度诸众生。

明年春，再如此，未到五台心不死。凭谁寄语老文殊，借我金毛小狮子。

狮子来，我便去，终身只在台山住。东南西北游台人，莫道云深不知处。[2]

此篇游记刊载于《道德半月刊》1936年第4卷第1期、第2期、第3期。

---

[1] 《山西五台山清凉圣境全图》作"经讽华严岭深意，普贤行愿堪同伦"。
[2] 以上内容刊载于《道德半月刊》1936年第4卷第3期，署名"西"。

礼五台山小记

（1936 年）

　　尘空，太虚大师弟子，南京普照精舍僧人，曾担任
《海潮音》记者。另作有《朝山日记》《朝礼普陀山记》等
游记。

　　1936 年 5 月 18 日（农历闰三月二十八日），尘空由汉
口乘火车赴太原，路行六日，于 23 日抵至碧山寺。之后
的三个月，在碧山寺安居，未出游。8 月 31 日（农历七月
十五日），安居结束。次日，与同参僧人一起朝台，自南而
北，依次朝拜南台、西台、中台、北台、东台，完毕后返
回碧山寺，此行费时四日。朝台结束后，继续巡礼台内诸
寺，或一人独往，或结伴同行，但未及详载。最后，尘空
在游记篇末详述五台山僧人类型，并附录《山西五台山清
凉圣境全图》（民国华严顶法云寺印本）中的《五台山歌》
和朝台路引。

一、台前

朝山是禅和子①本分上的一件要事，古德②多于朝山途中参访知识，磨炼性情，以作自利利他的基础。朝山是我的宿愿，我受戒以后，就想要修行，但是不知修行从何下手，看见朝山的禅和们，忍苦耐劳，淡泊自甘，人家都称他老修行③。我以为朝山就是修行，修行只有朝山，于是发愿朝山。去年朝了峨眉，今年又朝五台，说不定明年也会将九华、普陀一齐朝。最初是在宜昌，预备先上四川朝峨眉，由峨眉朝五台。等了半个月都没赶上船，或因打兵差④不搭出家人，或因水浅船不敢开。每次都是上了船又退下来，最后急得我痛哭而止。大家劝我不要急，说因缘还未成熟。这是民国十七年的事。

今者⑤得偿宿愿，总算是我生平的快事。所惭愧者，根基浅

---

① 禅和子：指和尚，也可以称为参佛人。
② 古德：佛教徒对年高有道的高僧的尊称。《景德传灯录·诸方广语》："先贤古德，硕学高人，博达古今，洞明教网。"
③ 老修行：对虔诚和德高望重的道士的尊称。
④ 打兵差：装兵运粮。
⑤ 今者：即民国二十五年，公元 1936 年。尘空《朝礼普陀山记》(《中流月刊》1948 年第 6 卷第 2 期) 载："廿五年再朝五台山。"

薄，福微障重，不获像净宗的法照①、律宗的古心②等诸大祖师，屡
睹圣境，亲蒙菩萨③授记。但五台山是人间净土，文殊化域，有释
迦真身舍利塔，常有万菩萨众围绕其间（见《华严经》）。古德常
云：若人一生能朝五台山一次者，死后绝不落恶道。我今得以遍
五台及释尊塔、舍利塔，也算是此生中的幸事了。为的要赶到山
上参加文殊圣诞典礼（四月初四），及作前安居④（四月十六），于
闰三月二十八日（阴历），谢绝了师友的劝留，决志提前上山。收
拾了简单的行李⑤，就到中国旅行社买好由汉口到太原的火车联票。

　　傍晚，辱承⑥谈立、止安、慧泉诸师送我到车站。生活如云
水⑦，惯于行脚⑧的我，似乎没有什么离别之感。我们一路谈些各
人在南北行路的经验，反觉出家人无身家之累，有云水之乐。上

---

① 法照（约 747 ～ 821）：唐代高僧，中国佛教净土宗第四代祖师。
② 古心（1540 ～ 1615）：明高僧，俗姓杨，名如馨，字古心，赐号慧云律师。古
　心为恳求戒法，三逾寒暑，徒步跋涉来到五台山，于此悟通大小乘律后，返回
　南京兴建古林寺律宗道场。弟子寂光曾于万历年中在五台山起皇坛传戒，中兴
　南山律宗。弟子远清自幼出家五台山，从如馨律师学律后，又返回五台山，精
　研律部，传戒授法，遂使五台山法戒大盛。作者在此引用意在呼应上下文"屡
　睹圣境"。
③ 原文为"善萨"，应为"菩萨"，讹误。
④ 安居：结夏之时期，旧译家分前、中、后三期，前安居始于农历四月十六日
　者，后安居始于农历五月十六日者，中安居始于其中间者，其日数则为九十
　日。在此期间，出家僧众禁止外出，聚居一处精进修行。
⑤ 《佛教日报》版无上述文字。
⑥ 辱承：谦词，可译作"承蒙"。
⑦ 云水：僧道云游四方，如行云流水，故称。[唐] 项斯《日东病僧》诗："云水
　绝归路，来时风送船。"
⑧ 行脚：游方；游行。《古尊宿语录》卷六："老僧三十年来行脚，未曾置此
　一问。"

了车，穿单衫摇纸扇，还觉热得不堪。第二天晚上过了黄河，又使我冷的不堪，一直冷到太原，才取得行李包加上夹衣。第四天转同蒲路车至五台县东冶镇，还是南方正月天气。一路都是孤行，没遇得①熟人和同参②。第六天晚上就安然达到了目的地——广济茅蓬③。山上时犹飞雪，俨若寒冬，一路境界，刹那变迁。七日之中，经过了数千里的空间，领略了半年的气候。天南地北，风俗人情，语言习惯，迥不相同，虽有异趣之乐，不免孤寂之感。

圣诞日，能海法师接广济茅蓬④的方丈，上海居士打了一堂千僧斋⑤，也就平淡的过去。法师劝我加入念文殊仪轨及大威德仪轨，安居以后再朝台，尊欢喜（七月我仔细想：朝山，山，土石荒草也。礼像，像，木刻泥塑也。不若先念仪轨、礼菩萨法身，安居学律，得世十五日解夏⑥自恣，名佛欢喜日，佛喜比丘三月精进功德圆满也），于是进了念诵堂。结夏⑦以后，每日功课多到十余小时，初觉有些累，惯了反觉闲矣！以无外缘萦心故，身虽累而心

---

① 《佛教日报》版作"认得"。
② 同参：佛教语，僧侣之相谓也。[北宋] 王安石《驴二首》诗之一："临路长鸣有真意，盘山弟子久同参。"
③ 广济茅蓬：在碧山寺侧。乘参、恒修两位大师朝礼五台山，创立了"广济茅蓬"，供朝礼北台的僧人和居士们歇脚和饮居，从北台顶下的碧山寺买了一部分房产，使山上山下联成一体。后来，广济茅蓬又与碧山寺合成一体。
④ 《佛教日报》版作"广茅蓬"。
⑤ 千僧斋：指供养千僧的斋会，又称千僧供养、千僧会。
⑥ 解夏：安居圆满结束之日，又叫僧自恣日。由于僧众精进修行，十方诸佛心生欢喜，所以七月十五这天还被称为佛欢喜日。
⑦ 结夏：安居之首日。

自闲，心闲即不觉苦。每日学戒、习定、修慧，光阴似箭，不觉三个月就完了。

七月十五解夏自恣，但重实际不重外表，佛事完了，连饭都不开，我们跑到外面赶斋，一连赶了四家，这天都有好斋，一家得一个大馒头。这才预备正式朝山了。①

二、南台

七月十六日，安居功德圆满了，有的朝台，有的下山，几百人的身心都动了。朝台的有几班，有的向东走，有的向南走。我们一伴②有三十多人，因为就路程的便利和向右绕的关系，先朝南台。台上空气特别冷，人太多了，恐怕台上没有这多衣被御寒，雇了四匹骡马，带上一些棉袄和大被，一面走疲了的也可以骑一程。我起初发心很勇猛，预备不用生口③，借只小背架自己背着。后来一位年老的同参，他独自雇好小毛驴，忽因要事不能去了，他很姑惜我，一定要把毛驴让给我。

红日初升的时候，我们很整齐的出了山门，经杨林街，我先去敬龙王爷（文殊化身之护法山神，极灵显，朝山者必先往拜）。

---

① 以上内容刊载于《正信》第九卷第十五期。
② 一伴：同"一伙"。伴：同在一起而能互助的人。
③ 生口：牲畜。

一路经玉皇庙①、南山寺、白云寺，都是些九公道②的庙子，我们没进去（九公道：形是和尚而习外道法，坏灭正法，莫此为甚！）。到半山千佛洞才歇脚吃午饭。寺后有一石洞，其口③甚小，扁身而入，身瘦者不觉松，体肥者亦可进，洞内可容十余人，举灯视之，石上隆起现脊骨及心肝五脏之相及似佛像者，故又呼为佛母洞。入洞而出者，如从佛母脱胎而出，有此生即可成佛之意，故朝山者必求一入为快。饭罢前进，山渐陡，日渐热，人马喘喘。正走得口渴心慌，不胜其苦之际，忽然浓云数片，纷飞了几点细雨，一阵清风，带着野花的香气，沁心欲凉。大众感慈光之加被，有望山礼拜者，有称念菩萨名号作狂歌之欢呼者。一时山谷震响，精神百倍。约四时许达南台顶。

台顶高三十七里，名仙花④山、锦绣峰，庙名普济寺，内供智慧文殊。台上野花茂发，绿草如茵，天青气朗，极目千里，可惜晚景无多。我们茶浣、烧香礼拜毕，随即往古南台，瞻礼古道场，往还七八里，回时日已暮矣。晚风吹身欲僵，速加棉衣登热炕，始复原状。台上风云变化莫测，风大时人不敢出，殿宇皆石墙铁瓦，墙厚盈丈，否者不御寒不支风也。夜间多有起来拜智慧灯者，

---

① 玉皇庙：即普化寺。
② 九公道：清朝兴起的一个会道门团体。清光绪年间，李向善徒步至山西五台山南山寺，落发为僧，法号普济。这位披着袈裟的民间宗教徒交结四方，广揽门徒，在不长时间里把遍布华北及东三省的教徒罗致门下，在北方形成了一个庞大的、网络无边的教派，号曰九公道。
③ 《佛教日报》版作"其中"。
④ 原文作"华"，应为"花"，讹误。

此灯于黑夜现于山间，如峨眉山上万盏明朝普贤之灯然，但不及峨眉之多，见之颇不易。寺后有普贤塔，每于晨曦云雾中，塔影上现五色圆光，此次我们共见之，诚不可思议之境界也。同伴中有一南台子孙，故饮食起居照顾甚周。台上清洁寂静，最是养道之地，予羡之不忍去，但我们是团体朝山，须随众计日以行。将塔摄一影，寺内请一印，此台即算朝毕矣。十七早饭罢，随众踏露而行。

三、西台

十七日发自南台，我们先行，夫马后来，一路望西台而行。前班先到金阁寺报信，说我们要来赶午斋。众人绕道至清凉寺，一者请金印①（重四十八两），一者看清凉石。中殿前有巨石，上平下悬，撼之可动，动不可知，于座旁塞一小石，小石落，则知大石动矣。② 文殊曾于石上说法③，石上方圆约丈许，传谓曾容五百人，真神物也。这庙子正殿有四大重，还有很多陪房，修得整齐庄严，地势也极幽静。祝颢④有诗云："后岭⑤前峰迭送迎，景多目眩乱吟情。青山影里僧家住，绿树阴中客骑行。流水洗心尘垢净，

---

① 金印：即"清凉摄受"印。
② 以上内容刊载于《正信》第九卷第十六期。
③ 原文作"法说"，应为"说法"，倒误。
④ 祝颢（1405～1483）：字维清，江苏长洲（今江苏苏州）人。明代官员，官至山西布政司右参政，兴学重教，精于书画诗文。
⑤ 原文作"领"，万历《清凉山志》作"岭"，据之改。

凉风吹鬓梦魂清。山高已见诸天近，明日登临见化城。"①可惜现在
被九公道占住了，里面没有一个懂佛法的和尚。那位当家曾经到
过普陀山，也在北平住过丛林，知道行脚的苦处，所以对于朝山
的禅和子还客气。

翻过山转了湾，就是金阁寺。昔人于此见金阁浮空，因建寺
以名之。寺院伟大壮丽，牌坊所谓"秀冠名蓝"，称之无愧。方
丈听说香客中有两位法师，特别出来招待。平常朝山赶斋吃
的是油麦面②和小米饭，今天特做的白面条和大馒头，还未尝
不是我们前队交际员之所赐。饭罢，同伴们香包一背都走了，
我们几位上座要在后面敬宾主之礼，方丈因为对我们抱了一
种希望才如此客气，我们不能吃了就走，须得在佛前上一点
香灯之资。

前进都是上坡路了，天阴有风，走路也要穿大棉袄。远望山
下竹林寺，已衰落，殿宇存无几矣，因不便道未去（唐法照于此
见化境"大圣竹林寺"，闻文殊说法，因创寺名焉）。过狮子窝，
寺宇亦朽，惟琉璃塔尚健好，年久尘封，顶上已生大树矣。众中
有绕塔、登塔者，予望塔礼三拜，摄影而去。风云渐紧，行亦速，
恐落雨也。

过清凉桥③，礼灯笼文殊。两泉夹寺不见桥，问其故，则云乾

---

① 此诗见于万历《清凉山志》卷三《诸寺名迹·清凉寺》。
② 《正信》版作"丐"，系"麨"字之简写；《佛教日报》版作"麵"，简体为
"面"。
③ 清凉桥：又名吉祥寺。

隆皇帝朝山过彼处日已暮，文殊提灯笼迎之，引乾隆从桥上过，乾隆过，后来者即不见桥矣，入寺则提灯者亦不见矣，故名其寺为文殊也①。寺内有假作之文殊衣、文殊鞋、文殊所用之碗及文殊牙印等，众人争戏穿着之。

复前行，浓雾笼罩，同行前后相隔数武，闻声②不见人，风大不可支，急奔达台顶，汗出而身冷矣。台高三十五里，名明月山、挂月峰，庙名法雷寺，内供狮子吼文殊。此台现属广济茅蓬照管，我们出门时，茅蓬已送大批食物上山，故我们到时如到自己家，毫不客气，呼饮呼食，咸自若也。夜间礼拜念经，各自精进，请印发愿等，自不待言。惜终夜达旦，浓雾如细雨，翌晨临行似不见台之真相也。

四、中台

十八日早起（在西台），和合诵经，早斋毕，天仍不开，当家明知雾无妨，但要表示亲热，说天不好，留我们多住一天。予知台顶雾乃常事，人多主客均不安，极力劝大众要走，即命配备③生口，束装毕，薄日忽现④，欢喜告别，直发中台。出门里许雾复作，前队迷路，已走入歧途矣。急命马夫追之，据崖狂呼，此呼彼应，

① 《正信》版作"故名其寺名其文殊也"，《佛教日报》版作"故名其寺为文殊也"，据之改。
② 《佛教日报》版作"风声"。
③ 原文作"配被"，应为"配备"，讹误。
④ 《佛教日报》版作"忽见"。

彼呼此应，但不见人，而已差至数里矣，直抵中台始会合（离西台仅八里）。

　　中台地势极佳，泉①甘土肥，草花茂盛。②遍山土起小包，如狮子头上之包然，山上草细而匀，如狮子身上毛然，有谓山即文殊狮子。山上生香菌，山民有倚之为生者，盖气派丰足使然也。台顶高三十九里，名平顶山、翠岩峰，庙名演教寺，内供儒童文殊。寺中有一石塔，为雾所隐，但予见塔必摄影，拟集成一图，名《五台山之塔》。知客云，此塔摄影者多，鲜有现者，或只现半节者，盖常在雾中，雾浓影即不现。予以此塔在吾计划图中最重要，恨无法拨开云雾使之清朗，乃不惜牺牲底片，再三拍照。寺前有说法台，传谓文殊曾在彼处现身说法，台用石条砌成，中央及四角均有小石塔。予于浓雾中观想台上有文殊说法之状，望之礼拜，亦摄一影以作经验。寺中所住系山上子孙，寺产足自供，故对香客甚淡然，自修亦未见精进也。佛前生尘，塔殿前堆满作燃料之牛粪。我们先预备每台住一宿，今看此情形不佳，且时尚不及午，故到北台③过午留宿。按《志》载，中台建自唐时，寺中原系铁塔④，藏有舍利，今寺及石塔不知何时改建也。秋崖有诗记胜云："嵯峨高万丈，气宇眇蓬莱。塔影连空⑤汉，钟声出斗隈。龙

---

① 原文作"枭"，应为"泉"，讹误。[南宋] 阳枋《云山避地》诗："径草蒙头云覆屋，泉甘土肥似盘谷。"另外，《佛教日报》版作"水甘土肥"。
② 以上内容刊载于《正信》第九卷第十七期。
③ 《正信》版作"北前"，《佛教日报》版作"北台"，更契合文意，据之改。
④ 原文作"培"，应为"塔"，讹误。
⑤ 原文作"云"，万历《清凉山志》作"空"，据之改。

池藏日月，圣地绝尘埃。天下多名胜，难同是五台。"[1] 每于天朗气清，昊日当空时，据顶下望，遍山皆金色，故五台山又称金色世界，诚不可思议之圣地也。

五、北台

十八日由西台经中台全在云雾中行，虽然足下生云，而不能乘云前飞，反觉云雾湿衣，累身欲重。在中台烧香礼拜、请印、吃茶毕，全体会议，决到北台投宿，中途遇雨不得互相怨。众人已行，予独恋塔不忍去，祷雾开时再摄一影。摄毕奔出已不见一人矣，蒙知客指路，急行半里许才于浓雾中觅得大队伴侣，而全身已汗流浃[2]背矣，盖身急心慌恐落伍也。由中台至北台全在岭上行，地愈高而风大雾愈多，大雾如小雨，须眉皆结水珠，衣履尽湿，风大时身几不支，手足亦寒，若非瞻礼菩萨道场，谁肯吃此苦耶！一路尽荒山绝岭，觅一休息处不可得，且风雨逼人，不得不努力前进。北台近处有怪石所铺之路数里[3]，又是上坡，巴[4]到顶时，汗出身冷，腹中亦饥，如大病临身然。入[5]寺不暇礼拜，即向主人索食，主人即出茶点，多安慰之。静心思之，我们为拜菩萨而来，今不先拜菩萨，而以先受人之供为慰，此何故耶？饥寒交

---

[1]　此诗见于万历《清凉山志》卷三《诸寺名迹·演教寺》。
[2]　原文作"夹"，应为"浃"，讹误。
[3]　《佛教日报》版作"数队"。
[4]　巴：爬，攀登。
[5]　《佛教日报》版作"不"。

迫使然也。经谓地狱众生不能忆及三宝，不能修行者，于此有所体验矣，地狱之苦，岂只饥寒而已哉！

北台顶高四十里，名云雾山、叶斗峰，庙名灵应寺，内供无垢文殊。五台惟此台山高风猛，人难措泊，往往有冻馁而死者。民国初年，有乘参、恒修二大师朝山，见台上有冻馁死者二人，遂发愿化缘来山结茅以济众，此即广济茅蓬之发源地也。^①台顶正殿，系民国九年乘、恒二师募得一杭州施主，在汉阳铁厂定造大钢版二百块所盖。我们到时，有碧山寺禅堂诸师由东台左绕已先到，一时台上有人满之患，晚课因殿小不能容，分两班，一班上殿，一班念经，翌早亦如之。

闻山后有万年冰，五月犹飞雪，积雪成冰，长年不化。山顶有黑^②龙宫，内供广济龙王，宫前有黑^③龙池，龙王曾现身为山上护法，故乘、恒二师所结之茅蓬，名曰广济茅蓬^④。山顶高入云霄，云在山下，幻现云海。殿前有联云："鹫岭显妙高，近瞻星斗临北极；龙宫昭灵应，幻现云海覆南山。"又五台县长亦献一联云："宦^⑤游四载喜登临，柱杖徘徊，寄情雨露；冰积万年消不尽，奇峰突兀，扪手云霄。"此二联可表台顶处境之胜也。

---

① 以上内容刊载于《正信》第九卷第十八期。
② 原文作"赫"，应为"黑"，讹误。
③ 原文作"赫"，应为"黑"，讹误。
④ 《佛教日报》版作"广经茅蓬"。
⑤ 《佛教日报》版作"宙"。

六、东台

　　十九日，天晴日出，雾落山底，昨日之倦容亦随长夜消逝矣。早斋毕，即束装向东台出发。出门十五里下坡石板路抵华严顶法云寺，当家招待甚客气，拿出水果、点心等不少，大众亦尽量用之。该寺系唐三昧姑[①]开化处，现重修不久，道场虽不大，却很庄严洁净。客堂出售有新出版之《清凉山志》《五台山全图》[②]及《童子文殊画像》。大众请像及山图甚多，予亦随喜请二张。

　　茶毕复前行，又十五里上坡路到东台，一路奇花异草，颜色鲜美，惟无林木。山上土色亦佳，予私念若得一二大资本家来山兴农林，将来修庙结茅蓬，岂不便宜多矣。山上牧牛羊者成群，而不见一农家庄，不知从何而来，知者谓住家均在山下避风处，故不易见。台近有陡坡二里许，颇费力[③]也。

　　台顶高三十八里，名清岚山、望海峰，庙名望海寺，内供聪明文殊。先在[④]华严顶即遣一马夫先到台上报信，至台顶正午时，台主已为我们炊好小米饭矣。烧香礼拜、请印，这是每到一台人人必行之事，文中自不必详言。寺旁有石塔二，闻一系舍利塔，

---

① 《古清凉传》载："古德相传云：有天女三昧姑者，亡其年代，自云：'大圣命我居华严岭……'。"
② 即民国年间华严顶印制的《山西五台山清凉圣境全图》。
③ 《佛教日报》版作"劳力"。
④ 《佛教日报》版作"先生"。

一系祖师塔，予各摄一影。寺之左边岩下里许，有黑①龙洞，众邀予往观，乃一潮湿滴水之石洞也。内有一铁铸之小屋，屋内供一佛像，屋外供一宗喀巴②祖师像，向无人理，地污不能下拜。因此不能起人之敬，有在洞中念文殊咒及心经者，有高唱狂呼者，盖洞中逼音，声小而响大也。予见③此状，敬心既不生，慢之恐有罪，即在洞外礼三拜，独自先返。

饭罢圆香，诸事已毕，互相庆祝。予相机上尚有余片，即在聪明文殊殿前自摄一影以留纪念。连日山上云雾特多，恐天变，急赶回茅蓬。一路下山如暮鸟归林，行之甚速。予亦一心望归，随众急行，到家时腿痛而足泡矣，然功德圆满，心安而意乐也。④

七、台后

遍礼五台以后，觉得台上所胜者，是自然风景及不可思议之圣境也，而寺庙之盛，仍在台下。五台排列成圈形，五台之中名台怀，台怀及台之前后左右，共有寺院八十余所（唐盛之时号称三百余所），青黄两僧各居其半。我们朝台以后又去朝庙，或一日朝数庙，或数日又去朝一庙。或一人独往，或三五人同往。五台

---

① 原文作"赫"，应为"黑"，讹误。
② 宗喀巴：藏传佛教格鲁派（黄教）的创立者。
③ 《佛教日报》版作"观"。
④ 《佛教日报》版所载文字至此而止，无下述文字。以上内容刊载于《正信》第九卷第十九期。

山的境界宽大，幽然无尽，望之前若无路者，但是转一湾越一岭，就又是一个世界。除了喇嘛庙（吃荤）以外，到处都可以赶斋，只要你吃得苦，放得下，就可徜徉于山林之间矣。我初到山上，觉得荒山绝岭，率然无趣。后来朝了几处大庙，礼了几处圣迹，看了一些幽雅清静的茅蓬，才知静中有闹，其趣无穷。我初到台怀街，觉得鄙①陋不堪，冷落异常，什么都没有。后来才知他们的买卖都在内里，不但应有尽有，而且出家人不用的不应在圣地名山出现的怪物都有。处处总成华藏界②，处处皆有地狱因，仁者各自认取吧。

　　山上出家人，可分四大类。一、黄衣僧，多蒙古西藏人，以菩萨顶为其总机关，设有札萨（藏语），汉云执政，管理喇嘛一切事宜，由西藏升级而来。另有章嘉活佛（前清封为国号），现由国民政府封为蒙藏宣化使，住镇海寺，有卫兵，食国帑，俨如官府衙门。二、青衣僧，又分三类：（一）本山子孙，多本地土人，以显通寺为其总管处，有僧会长，由僧中公选，管理僧中一切事宜（喇嘛中分子极复杂，以语言不通，未得其详，子孙则除食宿外，寻快乐而已，可谓堕落已极。近年青黄两派共欠外债二百余万元，寺庙几不可保）。（二）九公道，多关外人，以南山极乐寺为其总本山。彼等形是和尚而习外道法，以普济和尚为其祖师。彼之道

---

① 原文作"都"，应为"鄙"，讹误。
② 华藏界：莲华藏世界的简称。佛经说，在风轮之上的香水海中有大莲华，此莲华中含藏着微尘数的世界，所以叫作莲华藏世界。

所谓当初以来，混元一气，天地回复，日月光明，玄机高钧，老主无生。又谓现值末法，将换天盘，不入彼道者，皆属在劫难逃。然彼等化缘之魔力最大，如南山寺、九龙岗等处，每修一庙，辄费①数百万元。皆金碧辉煌②，净如天府。而主其事者，皆关外居士，和尚则拜于座下，食于掌握，听其指导，而为寺庙之招牌耳。若非近年关外受制于外人，山中就正于十方，则五台山几尽为彼等所有矣。（三）十方僧，南北各省都有，以碧山广济茅蓬为其总会集之处。真实发道心，礼圣迹，来山潜修者固不少，而游山玩景以广见闻者尤其多。以气候寒冷关系，每年四五六月上山者为最多，七月后即各自东西，寥寥无几矣。山上可记载之事尚多，因为我这是一篇小记，且止于此。③

八、附录④

（一）《五台山歌》⑤

五台山，清凉境，文殊菩萨留踪影；溪冰谷雪最难消，三春亦似三冬冷。

岩花馨，岩树青，山名久在《华严经》；四面环基五百里，毒龙猛兽皆潜形。

---

① 原文作"废"，应为"费"，讹误。
② 原文作"皇"，应为"煌"，讹误。
③ 以上内容刊载于《正信》第九卷第二十期。
④ 下述文字系誊录自民国华严顶法云寺印本《山西五台山清凉圣境全图》。
⑤ 《山西五台山清凉圣境全图》作"五台歌"。

中台好，生细草，顶上无尘何用扫；四十里高接半天，远望沧溟一杯小[①]。

东猄高，愁猿猱，春无野杏并山桃；三十八里路虽险，游人不说双足劳。

南台寂，少人迹，下有清泉从此出；路自山根至顶头，计里还高三十七。

西台[②]宽，西风寒，三十五里登临难；法秘岩中长松树，千年翠色成奇观。

北台险，云常掩，远观恰似丹青染；金猊[③]背上驾文殊，行处红尘无半点。

游五台，真快哉，不辞辛苦年年来；感应随机或相遇，百千万劫同消灾。

古庵院，多更变，重建法云光明殿；睹慈恩典庆幸多，文殊更睹黄金面。

众沙门，思报恩，怀香远谒不动尊；经讽华严岭深意[④]，普贤行愿堪同伦[⑤]。

心香妙，心灯照，文殊欢喜亦含笑；芒鞋步步踏清凉，三有

---

① 金台《五台记游》（《道德半月刊》1936 年第 4 卷第 3 期）作"远沧溟水一杯小"。

② 原文作"西猊"，《山西五台山清凉圣境全图》作"西台"，据之改。

③ 原文作"金台"，《山西五台山清凉圣境全图》作"金猊"，据之改。

④ 原文作"经讽华岭深意"，《山西五台山清凉圣境全图》作"经讽华严岭深意"，据之改。

⑤ 金台《五台记游》作"经讽《华严》解深意，普贤《行愿》堪同论"。

四恩同一报。

松风清，松月明，搜穷圣迹方还程；心与文殊默①相契，慈悲广度诸众生。

明年春，再如此，未到五台心不死；凭谁寄语老文殊，借我金毛小狮子。

狮子来，我便去，终身只在五台住；东南西北游台人，莫道云深不知处。

（二）朝台路引

五台山在山西省五台县属，距省北四百里，县城在山南一百二十里。南门以大塔院寺②为中心地，东门龙泉门③，西门峨口，皆距塔院九十里，惟北门东山底距塔院七十里。五台，台离台总共一百六十五里。东台距南台六十里，过清河④。南台距西台五十里，经清凉石，由清凉桥绕上。西台距中台十里，中台距北台十五里，北台距东台三十里。

山上有五大道：一、由平汉路之定州，雇驾窝或步行，则由五台东门龙泉关上山；二、由太原乘东冶汽车，或步行至东冶镇，经五台城，由清凉石或南台上山；三、由雁门关及太和岭，由五台西门峨口上山；四、由平绥路之大同，步行或乘汽车，经太和

---

① 原文作"点"，《山西五台山清凉圣境全图》作"默"，据之改。
② 原文作"大塔寺"，《山西五台山清凉圣境全图》作"大塔院寺"，据之改。
③ 龙泉门：即龙泉上关。
④ 清河：清水河。

岭，至阳明堡转车，由五台北门东山底上山；五、由北平步行经
南口^①、蔚州^②、平型^③关，亦由北门上山。^④

此篇游记刊载于《正信》1936年第9卷第15期至第21期，
共7期。同时，又刊载于《佛教日报》1936年11月27日第3版、
28日第3版和第4版、29日第2版、12月5日第3版、6日第2
版、7日第3版，但内容多有删减。本文以《正信》版为底本进行
校注。

---

① 南口：位于燕山山脉关沟南侧出口处，今归北京市昌平区南口镇管辖。
② 蔚州：即今河北蔚县。
③ 原文作"刑"，应为"型"，讹误。
④ 以上内容刊载于《正信》第九卷第二十一期。

游五台日记

（1936 年）

周肇祥（1880～1954），字嵩灵，号养庵，又号无畏，别号退翁，室名宝瓡楼，浙江绍兴人。清末举人，曾肄业于京师大学堂、法政学校。中国近代书画家，北洋政府官员。周肇祥工诗文，精鉴藏，通文史，著述甚丰，著有《东游日记》《山游访碑目》《退翁墨录》等。

1936 年 9 月 8 日（农历七月二十三日），周肇祥与傅增湘、邢端等一行六人，由北京出发作五台山之游，于 9 日晚八时到达太原。10 日，在太原停留一天，游览晋祠及会见山西政要。11 日，由太原北行，取道槐荫村、五台县、尊胜寺等地，费时二日至清凉寺。13 日，从清凉寺出发，往游金阁寺、南台，取道千佛寺、白云寺、南山寺等寺院，至塔院寺宿。14 日，遍游台内诸刹。15 日至 16 日，自东而西，周礼东台、北台、中台、西台，取道玉华池，回至塔院寺。17 日，踏上返程，经由长城岭、龙泉关、阜

平县、曲阳县等地，行四日至定县。20 日夜半，搭乘火车
返回北平，于次日中午抵达北平。此游往返共费时十四日。

　　震旦三灵山，五台居晋北，于幽燕为近。三山之游，当自五
台始。九月八日①，即夏历七月二十三②日，晚十一时三刻，趁平汉
车首途，同行者傅沅叔③、邢冕之④，沅叔之四侄毅如⑤，冕之挈一仆，
余则以园头⑥胡士林从。

　　九日黎明，过定县，此为入五台大路。沅叔以孙药痴⑦已为
料理，故取道太原，归途当由定县也。八时，抵石家庄，饭于明
盛园，肴馔⑧适口，石门第一家。市多卖果，桃大如拳，云来自深
州。试之，味甘汁少，非深产。巨梨皮粗而色黝，未之购。后遇
识者，云极清脆，颇悔之，物固不可以貌取也。下午一时，改乘
正太铁路车，经获鹿、井陉、娘子关，而入山西界。夏旱，河流
微弱，水碾水车，卸置崖岸。三时二刻，过平定属之阳泉，待输

---

① 《立言画刊》版作"九月八日（民国二十五年）"。
② 原文作"二"，应为"三"，讹误。
③ 傅沅叔：傅增湘（1872～1949），字润沅，号沅叔，别署藏园居士、藏园老人
　　等，四川宜宾江安人。中国近代著名藏书家。
④ 邢冕之：邢端（1883～1959），字冕之，号蛰人，贵州贵阳人。清光绪三十年
　　（1904）甲辰科三甲进士。中国近代著名书法家，著有《蛰庐丛稿》等。
⑤ 毅如：傅通谟，字毅如，傅增湘四侄，藏园称其为"通郎"。
⑥ 园头：园丁。
⑦ 孙药痴：孙奂仑（1887～1958），字药痴，号庸斋，河北玉田人。善书法。
⑧ 肴馔：丰盛的饭菜。[三国·魏] 曹植《侍太子坐》诗："清醴盈金觞，肴馔纵
　　横陈。"

之煤山积。而寿阳，而榆次，抵太原已八时。药痴候于站，赵次陇遣秘书长王谦代表来迓，并派员照料行李，于山西饭店为之适馆授餐^①，可感也。

十日^②八时，药痴来邀同游晋祠，汾河桥已告成，非复十八年前之跋涉矣。九时一刻，抵晋祠。祠踞山麓，《山海经》所谓悬瓮山也。有石如瓮，水出其中，即晋水也。重读唐文皇^③《晋祠铭》^④，不知何时为伧夫^⑤所剔，笔画涩钝，无复瑰伟峻绝之观。杨埙复就已剔者摹刻之，几不成字。碑阴列名诸臣，长孙无忌等仅四人。以高宗《万年宫铭》^⑥例之，宋人题名，当有被磨去者矣。

过叔虞祠，有宋吕惠卿题名。观台上宋铸铁人，风饕雪虐，无稍剥损，真硬汉也。于北周柏下，为三君写影。因忆宋僧仲^⑦皎诗云："古松古松生古道，枝不生叶皮生草。行人不见树栽时，树见行人几回老。"^⑧此柏阅人多矣，赫赫如李家父子，今何在耶？相与慨叹。祠祀女神，相传为叔虞母邑姜，然叔虞与武王同母，叔

---

① 适馆授餐：对于食宿特别优待。
② 原文作"十八日"，应为"十日"，衍误。
③ 唐文皇：即李世民。
④ 《晋祠铭》：全称《晋祠之铭并序》，唐太宗李世民撰文并书丹，创于唐贞观二十年（646），书体为行书。
⑤ 伧夫：指贫贱的粗汉。[明]袁宏道《谢于楚历由草引》："夫使穷而后工，曹氏父子当为伧夫，而谢客无芙蓉之什，昭明兄弟要以纨绮终也。"
⑥ 《万年宫铭》：唐碑，今存陕西麟游。唐高宗李治撰并书，永徽五年（654）刻，篆额"万年宫铭"。碑阴自长孙无忌始，刻从臣题名48人。碑空处有宋熙宁戊申（1068）王竦题名。
⑦ 原文作"伯"，应为"仲"，讹误。
⑧ 即[宋]释仲皎《静林寺古松》诗。

虞封唐，母后未从之国，与晋人何关？非所应祀。既为晋水所出，宜祀晋水之神。珠冠锦帔，抟塑端严，列侍二十女像。女神古亦多有，洛水宓妃①，洞庭湘君②，九子山神亦女身，不必强指为何人。邑姜之说，始于阎若璩。元顾思孝撰《平定行祠记》③，直谓之水神，其说甚是。殿有"显灵昭济圣母"额，宋熙宁中以守臣请锡封。相传祠建自宋天圣中，而无碑刻可证。今所存皆明重修记，及水利禁定之文。盖水分三派，农田资以灌溉，在宋时虽有北七南三之制，然渠堰之争，终未已也。联匾多旧制，有嘉靖二十三年晋府给住持谕文刻木，河东王府仪宾王世贤施联。古色古香，玩赏不尽。左有泉曰善利，右有泉曰难老，善利额无款，难老额傅山书。亭后为水晶宫，亦祀女神，土人呼曰水母祠。《通志》已有之，殆即娘子庙耶？晋水从殿下喷薄而出，西流界以石，瀺瀺④有声，荇藻⑤澄鲜，萦回⑥荡瀁⑦。其上嘉木交荫，不见阳曦⑧。虽凉堂无可踪迹，而徘徊上善亭，亦可称胜处。西为黄氏新辟园，不足观。复折而东，梯级直上，过七贤祠、吕祖阁，至

---

① 宓妃：中国古代神话中司掌洛河的地方水神。
② 湘君：湘水之神。
③ 即元延祐七年（1320）《重修昭济圣母祠记》，原碑已佚，《山右石刻丛编》有收录。
④ 瀺瀺：象声词。流水声。
⑤ 荇藻：多年生草本植物。
⑥ 萦回：同"潆洄"，回旋环绕。
⑦ 荡瀁：同"荡漾"，波动貌。[唐]张说《江上愁心赋寄赵子》赋："鸟为花兮猿为子，纷荡漾兮言莫拟。"
⑧ 阳曦：阳光。[北魏]郦道元《水经注·潍水》："山势高峻，隔绝阳曦。"

待凤轩食茶。更上为存元阁、云陶洞，额皆傅山篆隶。复下山而
西行，过江叔海①讲舍，门人为构置。叔海殁，行将易主矣。

南为晋溪书院，有屋三间，夹以银杏，左尤高壮。晋溪，明
吏部尚书王琼别号。河东三凤，琼其一焉。南为奉圣寺，有敕赐
"奉圣禅院"额，凝重②似大苏③书。二门左，有元皇庆二年④重修
奉圣寺碑，甚漶泐⑤，据《县志》为王居实撰。参以万历五年⑥碑，
云尉迟敬德自以平生杀戮甚重，惕然⑦心悔，就智满禅师请开示，
师告以一念善心生，获福无涯涘⑧。因舍别业为寺，奉圣之额，神
尧⑨所赐，旧塑鄂国像，久废。又有万历九年碑，在门右，隆庆举
人邑人孟口⑩撰，万历举人邑人石珂书，字甚秀美。象设⑪非古，
元末火毁，当出后塑。庭前松柏杆楸，各植一隅。阶下有《灵山
会集图》残刻，惟晋府字可辨。舍利生生塔，已与寺隔绝，添屋
设校，遂非寺有。塔本唐建，杨二酉重修之。每层门上，皆题四

---

① 江叔海：江瀚（1857～1935），字叔海，号石翁，福建长汀人。近现代著名的
　学者、教育家和诗人。
② 凝重：庄重；稳重。
③ 大苏：即苏轼。
④ 皇庆二年：公元1313年。
⑤ 漶泐：即漫漶泐损，指字迹不清。
⑥ 万历五年：公元1577年。
⑦ 惕然：警觉省悟貌。《史记·龟策列传》："元王惕然而悟。"
⑧ 涯涘：边际，尽头。[南朝·齐]谢朓《拜中军记室辞隋王牋》："沐发晞阳，
　未测涯涘。"
⑨ 神尧：即唐高祖神尧大圣大光孝皇帝李渊。
⑩ 原文用"口"表示此字漫漶不能识别。
⑪ 象设：指佛像。

字额，撷拾①梵典，以多致厌。舍利生生之名，或亦杨之所取，昧于不生不灭之旨矣。

归途至药痴家午饭，晤山西高等法院长邵竹琴，曾官北平者。药痴出示所藏，有史可法②为灵峰上人写《唐人诗册》、傅眉③《天池图》、汪芗④《山水册》、李鱓⑤《花卉册》，皆真。忠正遗迹罕有，此尤健胜，旧藏山西某家，乡人俞涵青曾言之，双钩⑥上石，是所望⑦于药痴也。

归店稍息，次陇遣秘书方闻，持赠⑧所刻傅书《金刚经》《霜红龛集》《山西文献类征》诸书。竹琴于清和元邀食羊肉。太原羊肉，天下第一，该铺乃回人所业，创于前明，炰⑨制精洁。羊腰之爆，不减鸭肝，亦太原第一也。

七时，赴省政府之招，次陇近复吐血，少谈即入。晤李尚仁、冀公权、朱兰荪诸君。食榆次张堡桃，汁多微酸，亦佳品。九时即散，游旧书铺，有明本《白孔六帖》、耿氏《藏书记稿》、明拓

---

① 撷拾：收取；采集。[唐] 柳宗元《裴瑾崇丰二陵集礼后序》：“由是累圣山陵，皆撷拾残缺，附比伦类，已乃斥去，其后莫能征。”
② 史可法（1602～1645）：字宪之，号道邻，河南开封祥符人。明末抗清名将。
③ 傅眉（1628～1683）：字寿髦，自号小蘗禅，傅山之子，山西阳曲人。清代画家，工诗书画，亦能篆刻。
④ 汪芗：初名封，字玉书，号芥亭，江苏苏州人。清代画家，善山水。
⑤ 李鱓（1686～1762）：字宗扬，号复堂，江苏兴化人。清扬州八怪之一。
⑥ 双钩：中国画技法名。用线条钩描物象的轮廓。
⑦ 望：期望。
⑧ 持赠：持物赠人。[北宋] 欧阳修《乞药有感呈梅圣俞》诗：“谓此吾家物，问谁持赠公。”
⑨ 炰：煨。

《隋皇甫诞碑》[①]。得崇宁传形[②]大钱一枚，归途失之。

　　十一日早六时，药痴以公用摩托车两辆来，乘人载物，仅可敷用。八时开驶，出北门，过傅山故里，烟囱林立，皆新建设。而炼铁厂日可出五百吨，其矿石即取之附近西山也。公路狭窄，道少行人，晋省生殖不繁。据《嘉庆一统志》，人口一千三百万。生聚百年，仅增四百万耳，吸鸦片海洛英之明效也。五十里青龙镇，有大河。六十里石岭关，断山通道，叠石为关，历朝用兵，在所必争。唐至德间，于此置石岭军焉。五十里忻县，城大而完，依山建筑。四十里定襄县，古秀容郡，土地沃美。昔尔朱[③]居此，有马二十谷，因以乱魏。四十里河边村，绕道十里至济生桥。跨滹沱河，全用石筑，长二十九孔，费逾廿万，工亦巨矣。论河边之胜，紫荆山[④]控其后，左文山，右世火山，缠护周密。山水明秀，佳气所钟。栋宇连云，甲于城邑，皆阎氏之所经营也。路坏，车不能直抵东冶，而五台县代备架窝、骡马亦未来，遣警士相报，勉强前进。为土人所绐[⑤]，误入歧路，滔于泥淖[⑥]，百计始出。至槐荫村[⑦]，卸装完毕，已下午二时。六里东冶，为五台大镇，民户六

---

① 即《隋柱国左光禄大夫弘义明公皇甫府君碑》，唐于志宁撰文，唐欧阳询书，现藏西安碑林博物馆。
② 传形：刻成正字的阴文范铸成之钱。
③ 尔朱：即北魏末年将领尔朱荣。
④ 紫荆山：今称紫金山。
⑤ 绐：欺骗。
⑥ 泥淖：烂泥；泥坑。［北宋］王安石《再次前韵寄杨德逢》诗："翻愁陂路长，泥淖困臧获。"
⑦ 槐荫村：即今槐荫村，为五台县东冶镇下辖村。

百，县城所需多取办于此。八里龙王堂①，二里望景冈②。过通济桥，铁苗③透露。十二里黄土坡，高原大坂，块坚如石。层垒兀立，俨若削成。二里下西村④，八里南关村⑤，二里五台县。县长王鹤青廷芝，率属讶于西门外，假居歇业商店。

依山筑城，周仅二里，民户百余。中衢恩光坊，为成化举人郑鋆建，其后裔清季登贤书者，镌名坊末。忠节坊，则四川按察司佥事王源御贼蓝廷瑞死难立也。鹤清，安邑人，一任五年。因赶路午未打尖，饭后倦卧。比醒已十时，腹鸣泄泻，服药自疗。半夜之间，再起如厕，食之不洁所由致也。

十二日早起，鹤清来谈。知辖境广长，划分六区，户三万余，人口二十一万有奇。正杂各税才一万三千余两，每两折合不及三元。视河北为轻，出产煤为大宗。药材椒果，输出亦四五十万。地不宜棉，半耗于布帛，皆购自灵丘、曲阳、行唐诸县。若买纱自织，费当较省，地方官绅所宜倡导者矣。

八时出南门，折而东，渡河。二里河东村⑥，八里阁道岭。将雨则云起，故"阁道盘云"为邑之胜景。岭头筑门，曰"清凉境门"。五里南大贤，五里苏子坡⑦，二里牧护岭⑧，下岭为智家村。五

---

① 龙王堂：具体位置不详。
② 望景冈：即今望景岗村。
③ 铁苗：即铁锚，铁制的停船器具。
④ 下西村：即今下西村。
⑤ 南关村：即今南关村，为五台县台城镇下辖村。
⑥ 河东村：即今河东村，为五台县台城镇下辖村。
⑦ 苏子坡：即今苏子坡村，为五台县茹村乡下辖村。
⑧ 牧护岭：又名慕姑岭。

里龙王堂①，三里滹阳岭，滹阳河②所发源。入尊胜寺，有《再建思阳岭院尊胜陀罗尼幢》③，寺以是得名。真容院表白、讲《法华经》、明慧大师、赐紫沙门广传述，真容院赐紫沙门圆超篆额并书。莲座宝盖，高广庄严，有"大中祥符五年"字。书本瘦健④，似出晚唐，序中凡"大唐"字皆空格。疑此幢本唐造，宋人磨去一面改镌。即"再建"二字，亦似磨改。寺久荒废，近年释普济募款关东重建。二门有"古真容院"匾。《嘉庆一统志》：真容院在灵鹫峰，后改大文殊寺。宋张商英述《清凉灵感文》⑤云："癸卯，至真容院，止清晖阁。北台在左，东台在前，直对龙山，下枕金界。"四至甚明，缁流未能深考，只以幢有真容院沙门撰书字，便以此地为古真容院。不知"思阳岭院"已具标题，在当日是为真容下院，故经幢之立，真容诸大德为之命笔焉。寺额"晋文思堂题"，明晋王书，旧额弃置，新乃摹刻，而印章倒镌，上题民国纪元，殊为不当。住持含岩外出，知客灵禄导游。因山筑殿，层累七重，三皇三教，莫不包罗。最后为万藏塔，环以圆殿，以奉三十三天。像塑出定县杨匠手，尚可观。定人以伪造北朝石像为业，流风所被，故能不失规范也。工筑十数年，费至二十余万，而无资粮之备，惟恃募化，其何能久？东墙外一松古茂，百年外物。盎中虎

---

① 龙王堂：即今龙王堂村，为五台县茹村乡下辖村。
② 滹阳河：即今泗阳河。
③ 即北宋天圣四年（1026）《佛顶尊胜陀罗尼之幢》。
④ 瘦健：书法字形细长而挺拔有力。
⑤ 即《续清凉传》。

头梅方盛开，叶如石竹，而微赪①，花深紫，如虎昂头而张吻。五台产，不易得，许以籽种见给。寿安草木，行将多一异卉矣。于此馓粥②行，已逾未。二里西峡口③，五里酱房④，五里南道头⑤。踏溪砾十余里，过东会、西会⑥、溪南⑦、四沟⑧。有塔踞山坡，形制甚古。三里下柳院，二里上柳院，五里佛生村⑨，遂入清凉谷。乱石无路，颓阳⑩已倾。十五里至瓦厂⑪，已不辨路径，但闻水声喧腾。七里路尽，涉水攀登，极为艰险，人马呼号，努力向上。寺僧秉炬出迎，曲折抵清凉寺，已九时。住持灵众，接待殷勤，乃北平拈花寺律院生，曾有一面之缘者也。

　　十三日早起，出而周览。相传寺建自元魏孝文帝时，倚圣宝山而面豆村岭⑫，局势稠密，松杉成林。大殿后有万历十四年晋府遣内使蔺如进香，梦游清凉石，同妃梁氏捐金五百两，重修大殿勒石纪事。清凉石系二石纵横叠积，上石突出，于距离间支小石，

---

① 赪：赤色。
② 馓粥：吃粥。[清]方文《卖卜润州郏沂公有诗见赠赋此答之》诗："所求升斗供馓粥，不向侏儒说姓名。"
③ 西峡口：即今西峡村，为五台县蒋坊乡政府所在地。
④ 酱房：即今蒋坊村，为五台县蒋坊乡下辖村。
⑤ 南道头：具体位置不详，推测在五台县东道头村附近。
⑥ 东会、西会：即今东会村、西会村，为五台县豆村镇下辖村。
⑦ 溪南：具体位置不详。
⑧ 四沟：即今寺沟村，为五台县豆村镇下辖村。
⑨ 佛生村：即今伏胜村，为五台县豆村镇下辖村。
⑩ 颓阳：落日。[南朝·宋]谢瞻《王抚军庾西阳集别时为豫章太守庾被征还东》诗："颓阳照通津，夕阴暖平陆。"
⑪ 瓦厂：即瓦厂村，至于是东瓦厂村，还是西瓦厂村，则不详。
⑫ 豆村岭：即窦村岭，又名汉岭。

以肩触之，小石立堕，与盘山摇动石同一理也。有印二，一合金质，祥云纽，文曰"清凉摄受"，篆文方整，疑出晋府，浅刻久钤①，笔道渐灭。一铜质，兽纽，曰"清凉石印"，篆颇拙陋，亦明代物。后殿前置铜造多宝无量寿佛塔，九层，高七尺余，雕镂精致，翳泽可鉴。万历三十四年四川川东府江津县秦肇立，陈廷梁等捐造，以荐其父母者，各省施资人名，遍镌塔座，为寺中瑰宝，远在印上，而游客辄钤印以去，何哉？

出寺南行，折而东，五里金阁寺。地居南台北岭，视清凉为壮阔，而紧密逊之。唐时见金阁浮空，因建寺。有五丈三尺、三头四十二臂、观音变相铜像，明代王遣②承奉正王相监造。殿左，嘉靖三十七年《造像行实碑》③，兵部右侍郎④云中蒋应奎撰，赐进士第云中李承武书篆。称唐释道义，以寺图绘进，太宗命天下十节度为创建，不知何据也。殿右，有《代府张氏斋僧积善记》⑤，嘉靖三十六年"钦差提督五台山兼管蕃汉一带寺宇、僧录司左觉义、兼大金阁寺⑥开山了用大机⑦书撰"。大机有塔，在北平天宁寺前。入殿瞻礼，臂乃木造，上覆以阁。登阁乃睹真面，镇州龙兴宋像外，此

---

① 钤：盖章，盖印。[清]王士禛《居易录谈》卷上："揭御笔二字，钤以御玺。"
② 原文作"遗"，应为"遣"，讹误。
③ 即明嘉靖三十七年（1558）《五台山重建金阁寺造立大佛五丈三尺金身行实碑记》，详见《五台山碑文》。
④ 原文作"兵部侍郎"，应为"兵部右侍郎"，脱误。
⑤ 即明嘉靖三十六年（1557）《云中代府张氏斋僧积善行实碑记》，详见《五台山碑文》。
⑥ 原文作"金阁寺"，《五台山碑文》作"兼大金阁寺"，脱误。
⑦ 原文作"大机了用"，应为"了用大机"，倒误。

为最巨。相传曩日瓦亦涂金，壮丽可想，久经废坠。住持中空，饶有智略，于民国初年募修大殿，继以后阁、廊庑，凡百余间。旧有茂林，代充材用。今无纤柯，寺失所护，惜哉！殿内有明钟、磬各一，钟乃弘治十四年僧净寿造，磬则万历九年石佛庵僧海金造。

由寺西南行，复折而南，十五里南台。曰仙花山、锦绣峰，以杂花遍布如铺锦得名。寺曰普济，宋建，近年重修，形制卑狭。门外有明洪武壬申①六月二十一日，晋王同颖国公傅友德、安庆侯仇正、西凉侯濮玙，至此勒石。盖明初太祖屡命晋王㭎、燕王棣，出塞捕虏，并命冯胜、傅友德受节制，故得同游。越二年，友德赐死，傅山即其后也。余尝读山所撰家传而悲之。殿前有明正统十一年刻文殊示见圣像，侧镌梵文、唐古忒文。后有石塔，礼毕题名僧房而去。遍地异花，五色灿烂。有名黄罗伞者，尤清艳。望见古南台，一脉斜撑，寺踞其上，未往。

东北下行，十里金灯寺，元建，亦未入。二里千佛寺，丹崖绿树，天然幽丽。上有千佛洞，深奥若堂室，后为石罅，解衣推挽乃可入。僧云内有文殊石像，洞外左边有足迹石。步行里许山神庙，一松纠结，面面可观。对山草树未陨，掩映岩石，皆作黄金之色。泉声一路相送，颇不寂寞。三里白云寺，古接待院也。康熙敕修，御制寺碑莫详所始，极言其景物之胜。有彭定求②撰蕴真禅师行表，吴嘉猷书，颇能秀雅。地当通途，而局度宽拓，溪山回合，长松秀石，使人开颜。溯溪而北，有水自东来会，声势甚壮。溪随山转，境尤清异。过普安寺，番僧居之。林木森秀，寺当其隈，曰镇海，章嘉呼图克图幽栖之所。恐妨禅定，未敢修谒①。十里交口②，两水交会处，东行，一山峭然，上为万圣佑国寺，俗呼南山寺。元海印大师居此注《肇论》，英宗为建寺，明清屡修。今楼阁稠叠，梯级高壮，俨如宫阙。三皇三母、九仙老母等殿，皆以铜为饰。住持含虎，不识之无③，榜额坊联，多不可解。愚居士一段公案，尤为葛藤④。捐资巨万，成此杰构，乃不觅一二通人，相与参订，大书镌刻，祸及贞珉⑤，诚笑柄也。

五里台怀镇，为五台中区，杨林、营房三街相接，贸迁⑥有无，器用皆备。第六区区长杜能宽，于大宝塔院为借屋。院居鹫峰麓，以阿育王塔得名。明初大宝法王葛倪麻⑦东来，永乐五年遣太监杨升、杨忠及藩省官员，备匠役二万人，为建大吉祥显通寺以居。法王见佛舍利塔，制度微隘，请为修拓，乃出内帑建造。嘉靖十七年觉义大师、大慧法王明玄，集诸山高僧祖邱、圆亮等

---

① 修谒：进见。《周书·柳霞传》："梁西昌侯深藻镇雍州，霞时年十二，以民礼修谒，风仪端肃，进止详雅。"
② 交口：位于车沟与清水河交汇处。
③ 之无：之字与无字。借指简单易识之字。
④ 葛藤：比喻纠缠不清的关系。
⑤ 贞珉：石刻。
⑥ 贸迁：贩运买卖。[东汉] 荀悦《申鉴·时事》："贸迁有无，周而通之。"
⑦ 葛倪麻：即葛哩麻。

六十余人，各罄己资助修，碑①为祖印撰书，祖云篆额。万历十年慈圣敕中官范江、李友再修，张居正奉敕撰碑②，赐塔额曰"大慈延寿宝塔"，殿曰"大慈延寿宝殿"，为母祝厘③。殿可因事立名，塔藏佛真身，岂可易额？孝不以道，其是之谓矣。塔高二十五丈，印度式，相轮华盖，清净庄严。基有级可登，上下置大小转轮藏。蕃汉僧俗，终日五体投地，香灯礼拜不绝。住持仁义，指方丈西偏④院为下榻。地当塔后，铃铎吟风，终宵不断，梦寐亦殊清稳矣。

十四日，早起独游。塔殿相接，塔座嵌万历壬辰⑤安肃邢云路《敕修塔院寺赠西竺僧》⑥、又《赠重玄》⑦诸作，又万历庚寅⑧东莱董基《题大塔院》⑨诗、紫柏道人《重登叶斗峰怀西竺禅人》七言古诗，皆清凉诸志所不载，搜辑陋矣。邢为周公之胤⑩，海内无二族，冕之敬宗笃谊，宜于诸邢撰述，辑而刊之也。塔后为经楼，有康熙御题"金乘来仪"字。而乾隆塔院之作，榜于其下

---

① 即明嘉靖十七年（1538）《五台山大塔院寺重修阿育王所建释迦文佛真身舍利宝塔碑并铭》，详见《五台山碑文》。
② 即明万历十年（1582）《敕建五台山大塔院寺碑记》，详见《五台山碑文》。
③ 祝厘：祝福。《史记·孝文本纪》："今吾闻祠官祝厘，皆归福朕躬，不为百姓，朕甚愧之。"
④ 原文作"徧"，应为"偏"，讹误。
⑤ 万历壬辰：即万历二十年，公元 1592 年。
⑥ 即《敕修塔院寺赠西竺》诗，详见《五台山碑文》。
⑦ 即《赠诗僧重玄》诗，详见《五台山碑文》。
⑧ 万历庚寅：即万历十八年，公元 1590 年。
⑨ 即《题大塔院寺》诗，详见《五台山碑文》。
⑩ 胤：后代；后嗣。《左传·僖公二十四年》："凡蒋邢茅胙祭，周公之胤。"

曰"两塔今惟一尚存，既成必坏有名言。如寻舍利及铢发^①，未识文殊与世尊"。是于大塔有所致疑，不知文殊发塔别在寺东南隅，规模甚小。前有明万历十年^②鸡鸣山真休正秀^③撰书《重修碑》^④，或未及访耳。

粥后乘蓝舆^⑤出游，知客师为导。先至凤林谷梵仙山，访殊像寺。殿奉文殊驾狻猊像，其高充栋，仪容最胜，相传神人所造。嘉庆御书联句"宝髻拥祥云，即空即色；瑞毫腾异彩，无量无边"，可云贴切。清代銮舆巡幸，至嘉庆而止，故录之。阶下明碑四，弘治十三年^⑥《重建碑》^⑦，沙门署庵定旺^⑧撰，溥元太初^⑨书篆；弘治己未《行实记》^⑩，谓铁林果禅师，晋州安平县博陵郡名家子，为清修禅师名下上首，主殊祥日，得古碑，乃元皇太后建，因发愿募修，书法遒古，不知谁氏笔，因知寺所由始，而铁林塑像至今附祀殿隅；万历二年《翻修碑》^⑪，记住持如镜与比丘尼德仙、德

山募修事，撰文代王玄孙洪铃，衔题"大明皇太祖开国凤阳府敕
建大善龙①兴寺广福院第七代玄孙②"，追述祖德，而列于题衔，
殊为不伦；万历戊申比丘明春又修，贤首宗③竹林道人镇澄为撰
碑④，是有明一代四经修葺。而康熙三十七年发帑重建，树立御制
之碑⑤焉。

　　折而东，从塔院寺后绕至显通寺。当门为楼，上悬巨钟。门
内两旁列肆，建大阁为库藏，规制宏壮，有唐宋大刹之风。汉
明帝时，摩腾、法兰见此土为文殊住处，并有佛舍利塔，山形若
西土之灵鹫，因奏建大孚灵鹫寺。五台梵刹，斯为最古。后魏孝
文，环鹫峰置十二院。唐初重修，武后以新译《华严经》，具载此
山，改称大华严寺。清凉国师，于此造疏。阅世千八百余年，屡
经修造，而古碑绝无。殿前立天顺二年《护持敕谕》⑥，又万历三十
五年《颁发藏经给五台山护国圣光永明寺住持⑦福登敕谕》⑧。明之
中叶，寺曾易名，于此可证。殿奉释迦佛像，疑与塔院初为一寺，
至明万历始析耳。后为无量殿，二层⑨七间。又西有阁，皆作旋

① 原文作"隆"，应为"龙"，讹误。
② 原文作"孙"，应为"玄孙"，脱误。
③ 贤首宗：中国佛教宗派。因以《华严经》为根本典籍，又名华严宗。
④ 即明万历三十六年（1608）《重修殊像寺碑记》，详见《五台山碑文》。
⑤ 即清康熙三十九年（1700）《御制五台殊像寺碑》，详见《五台山碑文》。
⑥ 即明天顺二年（1458）《皇帝敕谕护持五台山显通寺碑》，详见《五台山碑文》。
⑦ 原文作"住寺"，应为"住持"，讹误。
⑧ 即明万历三十五年（1607）《敕谕山西五台山敕建护国圣光永明寺住持福登及
　 僧众人等碑》，详见《五台山碑文》。
⑨ 原文作"成"，应为"层"，讹误。

门，通体白垩，中间朱栏。清净瑰丽，西方式也。前有崇祯九年《重修永明寺七处九会大殿碑》①，北山寺如璧撰，记长椿寺寿公发念，得上林苑刘可敦②为母捐金兴修事。自左蹑级而登，台上列涂金铜塔五，形范各殊。东下塔座，镌"钦差御马监太监张其法明闻"字；东上塔，有万历三十八年本寺僧胜洪③及四川、云南、湖北各省善信姓名；西上塔，有"钦依赐紫皇坛读经律传贤首二十六代永明寺十方主人云峰④、法须、朗空⑤"字，下镌楞严神咒及捐造资荐父母人名。年久金脱，铜色如漆。台前叠石作栏，刻"清凉妙高处"五字，草法遒茂⑥，万历壬子⑦"江陵苏惟霖为妙峰登公题"。后有崇祯十年"少师兼太子太师、兵部尚书上谷阎鸣泰，率男举人阎兆震⑧"题名。更上，为铜殿二层⑨，雕缕精致。中奉文殊菩萨，四壁上铸小佛像，无虑千数，因名万佛殿。外镌捐造人名，左侧有"崇祯三年三月代州原平镇李梧⑩"等题名。东室奉妙峰祖

① 即明崇祯九年（1636）《重修永明寺七处九会殿碑记》，详见《五台山碑文》。
② 《立言画刊》版作"效"。
③ 位于该塔束腰须弥座之底层西面，原文为"大明万历三十八年岁次庚戌年中秋月铸造吉旦，五台山敕造圣光永明寺僧人胜洪"。
④ 原文作"云文"，应为"云峰"，讹误。
⑤ 位于该塔束腰须弥座之底层西面，原文为"钦依赐紫皇坛读经传贤首第二十六代兼敕建护国圣光永明寺十方主人云峰、法须、朗空"。
⑥ 遒茂：刚健美好。[唐]杜牧《上宣州高大夫书》："其旨意所尚，皆本仁义而归忠信，加以辞彩遒茂，皎无尘土。"
⑦ 万历壬子：即万历四十年，公元1612年。
⑧ 原文作"兆震"，应为"阎兆震"，脱误。
⑨ 原文作"成"，应为"层"，讹误。
⑩ 位于该殿外一层东面第七隔扇之下，原文为"代州崞县原平镇李梧、李登、司福、白天节、王谦，崇祯三年三月　日"。

师像，西室奉千手铜文殊像。妙峰名福登，山西平阳人，起身孤微，卒能于人天中，作广大法事，立愿造三铜殿送三名山，此其一也。住持禧骘延入^①禅房，甚为幽净，惜未于此税驾^②。

从寺右东行，不数武，大圆照寺，住持方祯为导。有隆庆三年《重修圆照寺碑》^③，陕西巡抚谢兰撰，云元大德间创寺，曰普宁佑国。明初印度僧室利沙，封"圆觉妙应辅国光范大善国师"，赐金印，遣送台山居住。宣德初，应诏入京，辞归未许，明日示寂，火化，敕分舍利为二。一塔于西郊，建寺曰真觉。一塔于台山普宁故基，建寺曰圆照。真觉已无寸椽，圆照则就普宁佑国而改建，今塔峙院中。后有万历二年海岱环洲道人、前进士李华^④甫《晓发北山感湛空上人远送》^⑤之作，草书遒迈不群。又有隆庆三年《彻天和尚行实碑》^⑥，当亦圆照高僧也。

北行上坡，折而西，从大文殊寺后门入，即菩萨顶古真容院。唐僧法云恳祷七日，感光现文殊像，安生图而塑之，院因以名。明永乐初，敕旨改建，所赐梵文藏经、锦囊丝线，袭什^⑦完好，

---

① 延入：引入；请进。［北魏］郦道元《水经注·溱水》："使者谨依其言，果有二人出外，取书并延入水府，衣不沾濡。"
② 税驾：休息或归宿。《史记·李斯列传》："物极则衰，吾未知所税驾也。"
③ 即明隆庆三年（1569）《重修圆照寺碑记》，详见《五台山碑文》。
④ 原文作"苌"，应为"华"，讹误。
⑤ 即《晓发北山道中憩华严禅林感湛空上人远送之雅德此别之》诗，详见《五台山碑文》。
⑥ 即明隆庆三年（1569）《五台山凤林寺彻天和尚行实碑记》，详见《五台山碑文》。
⑦ 袭什：即什袭，物品一层一层地包裹起来，形容珍重地收藏。

庋①置殿中。殿奉文殊金像，亦明内府钦造，万历辛巳②遣太监李
友重修。前殿二松，不高而茂，苍翠照人。西为带箭文殊殿，相
传仁皇好射猎，与唐雁门太守李靖射圣事迹相类。今箭犹存，殆
菩萨托迹以启止杀之心耶！天王殿，有所射虎、豹各二。门外为
"灵峰圣境"坊，正对现圣台诸山，眼界高旷。文殊寺旧为缁流所
主，乾隆二十五年于寺改建行宫，遂归喇嘛所管，扎萨克阿旺依
喜驻此。清世祖出家五台之事，茆溪森③实为之先导。仁皇四次
巡幸，于此寺若有密契，改汉为蕃，覆以黄屋，谅非无故。或云
斯寺即世祖栖真之地，番僧愚鲁④，言语支离，莫得而详询也。山
雨霏微，气候顿冷，仰视北台，雪已盖顶。下行渡溪，睹中台下
脉，倒坐蓝舆，以观其窍，鹫峰实为神秀之所钟也。

过七佛寺，喇嘛居之。十里北山寺⑤，前为塔院，明无极、无
论、古灯、太空诸禅师之塔在焉。地名华严谷。明成化间孤月禅
师行闻于代王成炼，因捐金代木为建寺，请于朝，赐额普济。丁
未五月五日，感释迦像见，白衣金面，命其臣驯撰寺记⑥，妃姚氏，

---

① 庋：放置，保存。
② 万历辛巳：即万历九年，公元 1581 年。
③ 原文作"筇"，应为"茆"，讹误。茆溪森：即行森。行森（1614～1677），俗
  姓黎，字慈翁，号茆溪，广东博罗县人。清代禅僧，为清初名僧玉林通琇之弟
  子。有《明道正觉茆溪森禅师语录》存世。
④ 愚鲁：愚蠢粗鲁。[唐] 柳宗元《为韦京兆祭杜河中文》："余弟宗卿，获庇仁
  宇。命佐廉问，忘其愚鲁。"
⑤ 北山寺：即碧山寺。
⑥ 即明成化二十三年（1487）《敕赐普济禅寺碑记》，详见《五台山碑文》。

夫人王氏、吴氏，子若孙，皆书于后。别一碑[①]，为直文华殿、吏部验封清吏[②]司员外郎、云间张骏撰，大理寺卿、东吴朱奎书，直文华殿、中书舍人仝[③]泰篆额。谓寺古名普济，有泉甘冽，可以疗疾，守卫怀安等处太监金公驻节此间，召住持僧澄募捐增拓。盖代王兴建于前，而孤月又募增以成其胜。孤月名净澄，燕市西河漕张氏子，嗣法广福灵谷，为临济下二十六世。按其行实，并读所作居山诗，确有见地，实至名归，非偶然也。其后有德满，字太空，于台北张先生沟大兴庵，苦行潜修，赤脚十二年，一旦明心见性，与堂弟德崇号古灯，合力重修，不三载焕然一新。五台广宗寺天玺祖印为撰书《功德记》[④]，京都圆通寺讲经论沙门桂庵祖月篆额，时嘉靖四年[⑤]也。

寺久荒落，主僧与喇嘛因缘为奸，遂起纠纷，经佛教会处理，遂改为广济茅蓬，近复名普济寺。住持能海，修秘密法，未出晤。知客严清接待，办斋供客，味极芳馨。南中居士于此修持，火头乃所挈来，故于深山得饫[⑥]佳馔也。展观寺藏四大部经塔，整纸，

---

① 即明成化二十三年（1487）《敕赐普济禅寺碑记》，详见《五台山碑文》。碧山寺戒台殿前东侧有两通明成化二十三年碑，碑文内容不一样。

② 原文作"史"，应为"吏"，讹误。

③ 原文作"全"，应为"仝"，讹误。

④ 即明嘉靖四年（1525）《皇明五台山敕赐普济禅寺太空满禅师重修功德记并系》，详见《五台山碑文》。

⑤ 原文作"十四年"，应为"四年"，衍误。

⑥ 饫：饱食。[唐] 杜甫《丽人行》诗："犀箸厌饫久未下，鸾刀缕切空纷纶。"

纵丈六尺，横六尺，字如蝇头，莲座、花草、狮子诸形，栏楯[①]、相轮，皆以字集成。塔凡七层，层三佛。下左方书"姑苏邓尉山圣恩禅寺住持沙门济石，书成四大部经塔一座，供奉五台山普济禅寺常住，永远流通"；右方书"康熙庚午虞山弟子许德心咸和氏敬书，程嵋眉山氏绘像"。此乃济石捐资，而倩[②]许德心写造。德心曾官都察院经历，余收其红丝罗文纸写经，为都宪明珠祝寿者，书法圆湛，尚有明人气息。殿壁嵌明人诗刻颇多，孙枝、赵梦麟、杨彩、王傅等，颇可诵。

出寺复西，约里许，溯沟北上，石门巍然，曰楼观谷，俗呼五郎沟。看北山来脉，发自北台，而端重灵崇，自成一局。台东诸寺，此为最贵。二里般若寺，门外二松短古，下有碣曰"菩萨示迹处"，晋阳张朔书，秀劲可观。唐释无著访金刚窟，童子谓是般若寺，回首人寺不见，因建刹，遂以般若名。明释道玉，字宝山，解州秦氏子，从净海师精修立禅，有悟，道行见重晋王，遂为重建。阶下有《重开山缘起实行功德碑》[③]，祖印撰书、篆额。正殿中释迦，左普贤，右文殊，有乾隆御书"妙音如意"额。喇嘛所居，匣藏佛牙，长尺许。城南法源、翠微、灵光皆有之。佛之报身无异常人，安得有是？殆古巨兽牙，入土年深作黄褐色。洛潼治道，所出颇多。余曾收得半段，不足异也。蓄恶犬，极狰狞，

---

① 栏楯：栏杆。［北宋］苏轼《兴国寺浴室院六祖画赞（并叙）》："都人闻之，观者日众，汝乃作栏楯以护之。"

② 倩：使，请。

③ 即明嘉靖十七年（1538）《五台山金刚窟般若寺重开山第一代住持嗣临济二十四世宝山玉公大和尚缘起实行功德碑》，详见《五台山碑文》。

见人狂吠欲搏，挣铁索几断，童子以身蔽客出。东崖有石洞，深约两寻，后窦已塞，云即金刚窟。康熙御题曰"雁堂"。按《清凉山志》，三世诸佛供养之器，俱藏于此，唐时佛陀波利入此不出。佛陀波利，罽宾国人，文殊嘱将西土《尊胜陀罗尼咒》取来，利济多苦众生，古今流通，即其本也。

更上有释迦净室①，隐见林木间，如张图画，久闭无守者，遥瞩其胜而已。渡桥西南数十武，一寺傍崖，曰太平兴国，杨招讨延朗祝发处也。昔沙门睿见结庐于此，平生自誓眼不观非法之色，耳不听非法之声，口不道非法之语，心不缘非法之事。太宗平晋，建寺赐额，以睿见主之。后有僧真宝，靖康之乱为金兵所杀。五郎祠在西庑，有铁棒断为二。余虽孱弱②犹能举之，云是五郎之遗，殊未能信。而真宝之祠，久已绝矣。今亦喇嘛居之。

归途过报恩寺，未入，抵罗睺寺。唐建，宋张商英于此见神灯，出钱修饰之。明弘治五年赵王重修有记③，长史云中马良④撰，教授长安王琼书，审口⑤副京山何汉篆，皆王府官也。天启甲子⑥又修之。前殿奉文殊，有铜海灯，明惠王、瑞王、桂王等造。中殿奉释迦，重檐露天，他处未见。后阁有康熙御书"悟色香空"

---

① 释迦净室：即普乐院。
② 孱弱：瘦弱。《资治通鉴》卷二百五十："郑祇德更募新卒以益之。军吏受赂，率皆得孱弱者。"
③ 即明弘治五年（1492）《赵府重修五台山罗睺寺碑记》，详见《五台山碑文》。
④ 原文作"庚"，应为"良"，讹误。
⑤ 原文用"口"表示此字漫漶不能识别。
⑥ 天启甲子：即天启四年，公元1624年。

额。喇嘛启扉，导参莲开见佛①。下为宝池，莲叶上诸天②罗汉围绕，池中设机括，一人入推，则回旋而动。其上红莲舒放，一瓣一佛，中心四方各一佛，宝盖华鬘，交络于上，瞬息复合。北平黄寺有之③，盖取法于此者。纳资而出，回抵塔院寺。

稍休息，步行入龙神祠④，额曰"龙参"。东阁下有万历三十一年⑤《五台县禁约》⑥，称巡按山西监察御史赵牌，有司官⑦所用天花、蘑菇，不许令僧人置纳。区区物产，亦为寺僧之累，可叹息也。又有万历四十一年⑧《五台山各寺免粮碑》⑨。守僧留茶，以日暮谢之。晚间有商贩来售土产，得天花蕈、金莲花、零陵香、党参、六道木杖、木碗、串珠等，费十二金。

十五日辰刻，为四顶之行。十里东台沟，十里华严岭。大风忽起，所乘架窝，两骡不逐队行。风掠作胡旋舞，几至倾坠。十里至东台，曰望海峰，寺曰望海寺⑩。东南群山络绎，大行、王屋皆在足下。极目无际，光气若浮，即渤海也。旧有望海楼，今

---

① 莲开见佛：又名花开见佛。
② 《立言画刊》版作"诸大"。
③ 《立言画刊》版作"有的"。
④ 龙神祠：即万佛阁，俗称五爷庙。
⑤ 原文作"二十一年"，应为"三十一年"，讹误。
⑥ 此即明万历三十一年（1603）《太原府代州五台县为禁约事碑》，详见《五台山碑文》。
⑦ 《立言画刊》版作"有官"。
⑧ 原文作"万历二十三年"，应为"万历四十一年"，讹误。
⑨ 即明万历四十一年（1613）《五台山各寺免粮碑记》，详见《五台山碑文》。
⑩ 《立言画刊》版作"镇海寺"，讹误。

圯。寺创自后魏，明秋月禅师重建。有万历七年阳曲县白家庄功
德主张铎等造铁钟。住持可慧外出，其徒圆成为作粥饭。东下为
那罗延窟，宋政和间代牧赵康弼同慈化大师，见异僧入窟，留笠
子于外，建塔藏之。顶上有一石塔，小而无名。饭后写诗于壁，
志壮游。

　　同人以风大欲返，余慰藉之，回抵华严岭。古法云寺圯尽，
今建华严寺。门外杂花迎风如笑，住持照体供茶留住。风息急行，
又十五里至北台。乱石巉峣[1]，气势森厉。顶有天池，中积碎石，
碧水环之，已见微冰。峰名叶斗，五台此最高，出海面九千七百
余尺。已属苔莎带，无树木，但生花草。每年冬令大雪封山，路
断行人，地高风猛，几难立足。北望沙漠，穷阴凄惨，夜视星斗，
去人甚近。明隆庆间，僧圆广与徒明来居此，煮粥供客。万历间，
僧佛秀募造文殊像，未就而死。感梦慈圣，施金成之，遣中使陈
儒载送至山，建殿供奉，故寺名灵应[2]也。康熙时火毁，今于故
基南建复五楹，石垣铁瓦，聊蔽风雪。石像七尊，犹是旧物。一
碑覆地，不能起读。隐峰塔在寺东，仅余石座，覆以顶盖。隐峰，
嗣法马祖，唐元和中游五台，路出淮西，属吴元济拒命，交锋未
决，师掷锡空中，飞身而过，将士仰观，斗志顿息。于金刚窟前
倒化，塔舍利于此，亟宜修复，以彰灵异。迤东有黑龙池，祷雨

---

① 巉峣：高耸的样子。《汉书·扬雄传下》："泰山之高不巉峣，则不能浡滃云而
　　散歊烝。"
② 原文作"灵感"，应为"灵应"，讹误。

辄应。龙神祠已废，寺属普济①，一切皆取给②。主僧肯修，与众同作苦，有南方僧寿延、龙显等十七人，来此打七念佛，巡礼五顶。晤彭县杨君甫，妻丧，将舍家求道。晚近③辄白，欲急于成就，多习密宗，受法于喇嘛，杨君亦其一人。闻普济居士中，且有归皈红教者，真不可思议也。晤热河朝阳杨姬，年八十三，耳聪目明，步行朝台，今为第五次，子孙禁不使往。夜间拔关出，以人多嘈杂，天未明便行，众恐其冻僵，留待日出。余赠以糖果，劝令早归，但使心中时时有文殊，虽足不出户，与文殊相见了也。

十六日，粥罢西南行。十里中台，其顶平广，峰名翠岩，寺名演教。唐建，明弘治间重修，久圮。近年修复，山门、钟鼓楼悉具，五顶中威仪最胜④。前殿奉铜造阿弥陀佛，正德七年比丘圆贵、太谷王武等造。中为舍利塔，唐蓝谷法师从梵僧得舍利，盛于铁塔，复琢石为大塔藏之。巨腹七层，雕刻神王、金翅鸟，复有青石镌唐古忒文。万历庚寅⑤塔将倾，一夕雷震复正。民国七年，白昼放光，慈恩、圆福亲见之。住持僧语我：今年三月光复见，其白如电而有芒。西北有池曰太华，渟⑥而不流。寺前西南，有祈光塔。明成化间，秋崖法师同晋王祈光愿遂，因建，累石为

---

① 即碧山寺。

② 原文作"绐"，应为"给"，讹误。取给：指取得物力或人力以供需用。《史记·货殖列传》："今治生不待危身取给，则贤人勉焉。"

③ 晚近：近世。

④ 《立言画刊》版作"五顶威仪最胜"。

⑤ 万历庚寅：即万历十八年，公元 1590 年。

⑥ 渟：水聚积而不流动。[东汉]马融《长笛赋》："于是山水猥至，渟涔障溃。"

台。中峙大塔，四隅各置一塔。大塔前复有二小塔，今多废坏。

冒风而行，将三里，于山缺处望见塞北诸山 [1]，恒岳如肘腋间物。风益劲，欲挟人飞去。将近西台，而冕之单乘从岔道而下。巳刻到顶，曰挂月峰，寺名法雷。本唐建，明释法聚葺之。今重修才二十余年。住持可明，礼诵甚虔，供赞而后食。门外池水澄澈，殆古所谓八功德水耶，于此午飧。可明，繁峙人，与共话。因悉五台之脉，发自东北，盖恒岭西折，回龙顾祖，腾骧 [2] 盘郁，孕此灵奇。山中之水，东南流者注清河，西南流者迳峨谷而入滹沱。山川萦带，千里犹户庭也。五台原是一山，五峰环峙，其上皆宽平如台，可以栖泊，故曰五台。支分蔓布，涧谷幽深。茂林清泉，随处皆是。虽地处高夐 [3]，自成山国，而中间宽广，可田可庐。若南北二路修通，则由太原或大同入者，即日能达。经营建设，视黄山为便。蒙族深信佛教，得资维系，于国家亦属有益。十余年来，东北捐资建寺 [4]，数逾百万。若有人为之纪纲计画，台山早已改观。惜乎官府不过问，而募化者但知崇饰屋宇，而昧于弘法利生之道，为可惜也。墙下有文殊像赞刻石、明晋王等登台石记，与南台同。以可师非常僧，出楹帖赠之。

饭后下山，过玉华池 [5]。骡夫懒于绕越，竟欲从陡坡直下，屡

---

① 《立言画刊》版作"诸峰"。
② 腾骧：飞腾；奔腾。［东汉］王延寿《鲁灵光殿赋》："虬龙腾骧以蜿蟺，颔若动而躨跜。"
③ 夐：广阔遥远。［唐］李华《吊古战场文》："浩浩乎，平沙无垠，夐不见人。"
④ 《立言画刊》版作"捐资建寺者"。
⑤ 玉华池：即玉华寺，又名玉花池。

濒于险。藏园遂不往，余改从大路行。三里抵寺。隋时有五百应真栖此，池生白莲，坚莹若玉。后建寺，因以名。明弘治八年《重修玉华池万寿禅寺碑》①，南京陕西道监察御史崞山清溪田益撰，纂修实录、九原朴庵李璜篆额。谓昔为红绵师插草之处，径山愈公来居，偕门人蕴公，奋志规复，蕴殁，其徒印空继之。成化辛丑②蒙上发心，以钦造文殊像及供器，遣太监梁、李二公诣台安设，赐额万寿。又有天顺二年，敕谕五台山僧俗人等、护持圆照寺圣旨二道③，行愈等立石，即碑所称径山愈公者。其于圆照，疑有法属之亲也。大殿构造精良，天井斗拱，绘彩如新。金像壮丽逾常，五百八尊阿罗汉，皆番帽胡装，分置前后殿，当亦明造。"天开渌池"匾及后殿"华严龙海"匾，皆康熙御笔。佛前设宝座、云龙靠垫尚方之物。寺为鹫峰后小院，五台不乏大刹，仁皇舍而弗居，独于此不胜其惓④恋，其意可知矣。后有塔曰"五百罗汉塔"。其东岭及西冈，僧塔林立，天阴欲雨未能访。喇嘛导观玉华池。方不及寻，渌水依然，玉华久绝，人杰则地灵，讵不信耶？

　　回塔院寺，而藏园、冕之往游大罗顶⑤，不及从。晚间检点行

---

① 即明弘治八年（1495）《重修玉华池敕赐万寿禅寺记》，详见《五台山碑文》。

② 成化辛丑：即成化十七年，公元 1481 年。

③ 即明天顺二年（1458）《皇帝敕谕五台山僧俗人等碑》、《皇帝敕谕护持山西五台山圆照寺碑》，详见《五台山碑文》。

④ 惓：恳切诚挚的样子。[战国·楚] 宋玉《神女赋》："寨余帱而请御兮，愿尽心之惓惓。"

⑤ 大罗顶：即黛螺顶。

装，将由东路归。杜区长来，复为备架窝、骡驮，辞不可得，自付脚价亦不允。省府有令，渠不敢违，愧谢而已。谈及台山之无古刻，据云^①明以前有一度兵祸，僧众逃散，入居者毁以灭迹。其然，岂其然乎？询以唐张处贞《五台山灯台颂》^②刻石所在，亦不能举也。

十七日早起，仁义以念珠、木椀、陀罗经为馈，报以楹帖，共送三十番金。卯刻起程，仍经台怀镇。帝释宫^③已改僧寺，殿柱皆雕龙贴金，东北人^④所捐办，真堪发噱^⑤。五里交口，西山有万佛洞^⑥，新修未入。十二里白头庵，昔有行者，生而皓首，颇多神异。嘉靖间卓庵于此，一松出墙，以端直见赏。十里干河里^⑦，五里金刚堡^⑧，过海会寺^⑨。门外"皇图永固"字，皇易为国，便不成文。五里蛤蟆石^⑩，有古佛寺。金星结局，门外石坊镌以恶札，木石刹竿，两相对峙，如南中贵家坟祠。一僧出应，蓝袄而黑缘，举动有女子相。门外卖黄李，百钱得一钵，食之甚甘。七里普济寺，三里石嘴。

---

① 《立言画刊》版作"据杜区长云"。
② 今代县边靖楼内藏有原代县东章村观音寺的一座唐代石灯台，其上刻有唐张处贞撰《五台山及灯台颂》。
③ 帝释宫：即玉皇庙，今名普化寺。
④ 《立言画刊》版作"某地人"。
⑤ 发噱：引人发笑。
⑥ 万佛洞：今名真容寺。
⑦ 干河里：即今大甘河村，为五台山景区金岗库乡下辖村。
⑧ 金刚堡：即今金岗库村，为五台山景区金岗库乡政府所在地。
⑨ 海会寺：即海会庵。
⑩ 蛤蟆石：即今蛤蟆石村，为五台山景区金岗库乡下辖村。

午飧毕而骡夫饭未熟，迟迟乃行，时日已西。五里台麓寺，地名黄台村。康熙二十四年西巡过此，射虎殪之，因建寺，又名射虎川。形势壮阔，松杉弥望。二喇嘛居之，富甲一方。天王殿为驻军储械所，启视，一虎一豹之革存焉。五里南铁堡^①，十里长城岭，燕晋交界处，有关扼之。俯视万山杂沓，如波涛之起伏，羊肠一线。又如修蛇之纵壑，虽无东台旷邈之观，然已畏其途之艰险。逾岭步行，磊砢^②不受足。复乘架窝，则倾欹欲堕，莫可枝拄^③。宜乎清昭圣太皇太后^④，及此而遂止也。八里流行庵^⑤，有人家。四里益寿寺，明建，康熙幸台，移印钞石^⑥尖营于此，颇有林泉之胜，未得流连。里许有坊，题曰"拥翠峰"。天已昏黑，冥行荒崖乱涧中，履巉岩而披林莽者，将十里，抵龙泉关，已戌初矣，宿薛家聚福店。阜平三区区长李庆样来，云阜平山县，幅员广袤，置警察五十五名，保安队六十名，地瘠民淳，否则殆矣。

十八日，黎明即起。登关楼，其上关帝庙面衢立，有万历二十八年铁钟。堞间卧废炮，识曰"崇帧戊寅总监军门方捐造、监造把牌尚邦"。明代边防，偏关、宁武、雁门为外卫，紫荆、倒马、龙泉为内卫。阜平辖境，龙泉、茨沟皆称险要。时移势易，

---

① 南铁堡：即今铁堡村。
② 磊砢：指众多委积的石头。［北宋］梅尧臣《拟水西寺东峰亭九咏·幽径石》诗："缘溪去欲远，磊砢忽碍行。"
③ 枝拄：支撑。［清］纪昀《阅微草堂笔记》卷十八："各尊所闻，各行所知，两相枝拄，未有害也。"
④ 即孝庄文皇后，乃清皇太极之妃、顺治帝之生母。
⑤ 流行庵：即龙宿庵。
⑥ 印钞石：即今印钞石村，为阜平县龙泉关镇下辖村。

长城关隘，仅存古迹以供凭吊而已。下关二里三箭山，康熙西巡
过此，箭三发皆逾山剟注①，乃名其山，而大书刻崖上，与后魏太
武、文成灵丘御射相同。从臣谫陋②，魏书、郦注，未曾窥忆，否
则建台制碑，踵其故事，岂非佳话？读直督方观承③所勒石，而叹
其取譬④之不伦矣。南为招提寺，小而精雅，康熙书额，乾隆有诗
刻石。寺创建无考，庑悬万历二十二年钟。青翠欲滴，疑亦明刹
所改建。庭前岩桂⑤盛开，遥忆西湖满觉垅，不知作何景色。住持
真禅，以凤凰松⑥见告，菜圃中翠羽襹褷⑦，俨然翘首而展翼，于松
下为藏园摄影。畦边牛蒡，叶大如蒲葵，因折以蔽日。北流河绕
出寺前，障以茂林，便觉深邃。六里八里庄⑧，二里石佛湾⑨，有观
音堂。五里大校场⑩，旧有御营。岭头一松，视凤凰⑪为高壮，惜
未得而近玩之。五里西下关，一里东下关⑫，山水交会，颇具形胜。
十里栗园⑬，饭于吕家德义长店。

***

① 剟注：古代五射之一。谓矢发之疾，瞄时短促，上箭即放箭而中。
② 谫陋：浅薄。
③ 方观承（1698～1768），字遐谷，号问亭，安徽桐城县人。清朝大臣，官至直
　隶总督。著有《述本堂诗集》等。
④ 取譬：打比方，比喻。《诗经·大雅·抑》："取譬不远，昊天不忒。"
⑤ 岩桂：木犀的别名。
⑥ 《艺林月刊》版作"凤凤松"，《立言画刊》版作"凤凰松"，据之改。
⑦ 襹褷：羽毛初生貌。
⑧ 八里庄：即今八里庄村，为阜平县龙泉关镇下辖村。
⑨ 石佛湾：即今平石头村，为阜平县龙泉关镇下辖村。
⑩ 大校场：即今大教厂村，为阜平县天生桥镇下辖村。
⑪ 原文作"凤皇"，应为"凤凰"，讹误。
⑫ 东下关：即今东下关村，为阜平县天生桥镇政府所在地。
⑬ 栗园：即今南栗元铺村。

　　五里双河岭①，二里不老树②，五里安子岭③，四里黄土岭④，五里圣水⑤，旧有寺濒河，被冲圮。五里塔子铺⑥，二里李家台⑦，一路山水清异，林木秀美，尘襟顿豁，长途苦短。二里羊马口⑧，渡派河⑨。派水即恒水，源出繁峙白坡头口村⑩，三十里入阜平，迳城之东南，经曲阳、行唐、新乐，又东过定、祁，而合于滋河⑪。上龙王冈⑫，二里法华村⑬，旧有御营。八里阜平南关，警官赵文斌率队出迎，借住惠通盐店。

　　县长李敷廷玉琛来，询悉全境丁口十一万余，钱粮额征三千五百圆。省令附加不许逾原额，政费弗给，警察欠饷积五月。某县令力陈窒碍请酌剂，省府已批准，旋撤职拘禁，无人敢为解说，至今犹滞囹圄中。武人未谙政术，不亲良士，不闻谠言⑭，智短才疏，而自是自恣，措施安有当乎？《易》曰"鼎折足，覆公𫗧"，

---

① 双河岭：具体位置不详。
② 《立言画刊》版作"不老松"。不老树：今不老树村，为阜平县天生桥镇下辖村。
③ 安子岭：即今鞍子岭。
④ 黄土岭：即今黄土梁村，位于色岭口村以西。
⑤ 圣水：即今圣水，位于色岭口村以西。
⑥ 塔子铺：即今塔子铺村，位于色岭口村以东。
⑦ 李家台：即今李家台村，位于色岭口村以东。
⑧ 羊马口：即今养马口村，位于色岭口村以东。
⑨ 派河：即今沙河。
⑩ 白坡头口村：即今白坡头村，为繁峙县平型关镇下辖村。
⑪ 滋河：即磁河。
⑫ 龙王冈：具体位置不详。
⑬ 法华村：即今法华村。
⑭ 谠言：正直的言论。《晋书·姚弋仲传》："性清俭鲠直，不修威仪，屡献谠言。"

吾为国家地方忧矣。晚间应人求书，顷刻尽十余纸。借阅《县志》，阜平金明昌四年置县，清顺治间废，并入曲阳、行唐。康熙中，绅民请复县，许之。城在大派山南，背山面河，与五台略同，而气势开拓，南关秦姓为大族。清初有贡生履恕者，六度迎銮。仁皇两幸，赐克食、帑金、防虎枪。雍亲王代祀还，亦驻其家，赐"玉树堂"额，复书联曰"山居良可爱，俗客到应稀"。履恕以孝廉方正举，官山西阳曲县①知县，八十七而卒，赐物犹存，可谓邑之故家矣。

　　十九日，早行。三里三官庙②，五里清沿村③，七里方代户④，五里张庄⑤，入普佑寺。读明万历《御制敕建长寿庄洪慈普佑寺碑》⑥，谓妙峰法子，奏请建寺，圣母诺许，差御马监太监陈儒、奉御阎鸾监造，书法秀整，当出中书之手。监院慧宽出接待，寺亦近年募修。大殿二重，东西廊屋各二十六楹，其上有楼者十四。台山各寺，无此壮阔。就地烧砖，近山市木，费三十余万，东北人之捐资为多。今以力绌停工，钟鼓楼、山门尚未完也。后殿隆崇如杰阁，中奉阿弥陀佛铜像，高三丈六尺，左右两像亦将二丈。视金阁略变其制，不须登楼，而佛面可仰睹。读《憨山梦游集》，具载妙峰建寺范像，并置供赡田数顷，今已沦没矣。

---

① 原文作"曲阳县"，应为"阳曲县"，倒误。
② 三官庙：即今三关庙，位于保阜路与东寺大街交叉路口东北方。
③ 清沿村：即今青沿村，为阜平县阜平镇下辖村。
④ 方代户：即今方太口村，为阜平县王林口镇下辖村。
⑤ 张庄：具体位置不详。
⑥ 即明万历四十二年（1614）《敕建长寿庄洪慈普佑寺御制碑记》。

　　出寺，三里西庄，一里东庄①。过岭，沿河东行，三里杨树湾②。地多青杨，高柯大叶，萧瑟有声。普佑之材皆是物，柔韧耐久，远过松榆，诚良材也。一里寺口③，麻菽蔽野，林木深蔚，有茆舍④对宇卖茶。阜平沃土，惟此一区耳。六里西王御口⑤，二里东王御口⑥，五里武庄湾⑦，五里五凤岭⑧，五里王快镇，午馇。本名王怀，康熙所更易。山曰王怀山，寨曰王怀寨，疑王怀为古之武士，保有此方者。志乘无考，赖此以传。地为阜平大镇，昔年寄治于此。商民四百二十户，有小学校。进士、元魁之匾数见，阜邑文风此其盛矣。

　　二里绕道看古柏，五人不能围，苍翠塞空，赤日⑨不到。旁有亭，碣曰"云溪古柏"。迤西为龙池，池上神庙已颓坏。八里夹口⑩，十里郑家庄⑪，十里党城，自此入曲阳境。二里槐树埝⑫，五里满石岭⑬，三里口南，宿刘家智生店。

　　二十日早行，三十里曲阳县。距城十里，已见北岳庙脊，高

---

① 东庄：即今东庄村，为阜平县王林口镇下辖村。
② 杨树湾：即今杨树湾，位于东庄村与寺口村之间。
③ 寺口：即今寺口村，为阜平县王林口镇下辖村。
④ 茆舍：即"茅舍"，以茅草搭建的房屋。
⑤ 西王御口：即今西王林口村，为阜平县王林口镇下辖村。
⑥ 东王御口：即今东王林口村，为阜平县王林口镇下辖村。
⑦ 武庄湾：即今五丈湾村，为阜平县王林口镇下辖村。
⑧ 五凤岭：即今五福岭，位于王快村以西。
⑨ 《立言画刊》版作"赤阳"。
⑩ 傅增湘《五台山游记》作"峡口"。夹口：具体位置不详，疑为王快水库淹没。
⑪ 郑家庄：即今郑家庄村，为曲阳县党城乡下辖村。
⑫ 槐树埝：即今槐树埝村，为曲阳县党城乡下辖村。
⑬ 满石岭：即漫石岭。

蠹若邱陵。自北门入，觅店休息。步行至岳庙，其东纯阳宫、真武庙，皆改作学校。庙无廊庑，大殿岿然，额曰"德宁之殿"，款署"大朝至元七年"①"特旨重修真定路转运使司经历官""诚明道人书"②。端重瑰奇③，榜书上乘也。中五楹，东西夹室，像设非古，供器久撤。壁画真灵，丹青剥落，其上端略存故迹，云是吴生笔，恐未然也。基构高宏，前壁石脚，雕刻人物。柱多束铁为箍，不知几经修葺矣。飞神刻石与《五岳真形图》，并在东阶下。前二碑楼立明敕建碑，东洪武，西嘉靖，皆高逾二丈，厚至半寻。《魏邸珍碑》④，附置东碑楼。唐以下诸碑，分列两序，余多有拓本。新访得者，有宋绍圣四年《北岳大殿增建引檐碑》⑤，王易撰并书；金《满公禅师塔幢》⑥；元至元五年《代祀碑》⑦，揭傒斯⑧文并书。飞石仅余半段，高尺许，白质黑文，吾乡明樊献科⑨大书二字勒石，真无谓也。其他元明代祀、祷雨、题诗诸刻，盖不胜数。归当遣人选拓之，别著《北岳访碑录》，详加考订焉。道官田志奎允为料

----

① 此为下款，楷书阴刻，全文作"大朝至元七年正月一日施主建"。
② 此为上款，楷书阴刻，全文作"特旨重修真定路转运使司经历官李庭瑞奉明真人命书"。
③ 《艺林月刊》版作"瑰哥"，《立言画刊》版作"瑰奇"，据之改。
④ 即北齐武平五年（574）《魏故侍中散骑常侍定州刺史司空邸公之碑》。
⑤ 即北宋绍圣四年（1097）《北岳大殿增建引檐记》。
⑥ 即《第四代满公禅师塔》（年代不详）。
⑦ 即元至元五年（1345）《代祀北岳之记》。
⑧ 揭傒斯（1274～1341），字曼硕，号贞文，龙兴富州人（今江西丰城）。元朝著名文学家、书法家。
⑨ 樊献科（1517～1578），字文叔，号斗山，明浙江缙云人。

理，志奎以庙屋被占，出居城隍庙，情意殷勤，送我回店，长揖①
而去。

代理曲阳县长王佩金来谈，曲阳与阜平同为三等县，而岁收
十倍之。地多平原，无极贫巨富之家，均平易治。语我水窦岩②之
胜，有东坡"浮休"二字刻石，诸家所未录也。

饭后行，三十里南明镇③，居民雕琢白石为业。北平古董肆所
有伪造像及观音、狮子等，以售诸外国人者，皆由此取给。十五
里田家儿④，十五里高明堡⑤，五里高明镇⑥，十二里甘德⑦，八里定
县。冕之甲辰同榜进士张诒燕季⑧，已候于吉兴栈，偕乘人力车入
城。城大而荒，道路不修，无灯炬之设。平民教育会，岁费巨万，
建设如此。近且收束器用，移诸湖南。爱居知风，斯会有焉，为
之叹息。饭于大东街会芳园，烹调不良，远逊石门。夜半登车，
坐而假寐。

二十一日⑨巳刻过保定，抵北平日方中也。

---

① 长揖：旧时拱手高举继而落下的一种敬礼。
② 水窦岩：又名济渎岩，为曲阳古八景之一。位于曲阳县城西 1 公里处独古
　庄村。
③ 南明镇：具体位置不详。
④ 田家儿：具体位置不详。
⑤ 高明堡：应为高门屯，即今高门屯村，为曲阳县东旺乡下辖村。
⑥ 高明镇：应为高门镇，即今大高门、北高门二村，为曲阳县东旺乡下辖村。
⑦ 甘德：即今西甘德，为定州市长安路街道（原赵村镇）下辖社区。
⑧ 原文作"张季诒燕"，应为"张诒燕季"，讹误。张诒，字燕季，河北定州人。
　清光绪三十年（1904）甲辰科二甲进士。傅增湘《五台山游记》作"张燕季"。
⑨ 原文作"二十日"，应为"二十一日"，脱误。

此篇游记刊载于《艺林月刊：游山专号》1937 年第 9 期，篇末还附有周肇祥在晋祠、南台、千佛寺、东台、北台、塔院寺六处的题名以及游览途中所作的三十四首诗 ①。1942 年，《立言画刊》又以《游五台山日记》为题将该游记分十四期连载，分别是 1941 年第 170 期和 1942 年第 172 期至 176 期、179 期至 186 期，但多有删减，另外篇末只附有五首诗 ②。本文以《艺林月刊》版为底本进行校注。

① 分别是《五台县赠王邑侯》《自西峡口取道清凉沟》《夜投清凉寺》《金阁寺》《南台》《自南台东麓赴台怀镇道中》《金灯寺》《菩萨示迹处》《楼观谷》《罗睺寺》《东台》《登清凉山北台作》《北台》《隐峰塔》《中台》《西台》《玉华池》《早发台怀度长城岭夜宿龙泉关途中所历以诗纪之得七十二韵》《早发台怀过白云寺作》《白头庵》《台麓寺（二首）》《过长城岭》《长城岭至龙泉关》《宿龙泉关》《晨访招提寺》《三箭山》《过大校场行宫》《行阜平山中偶作》《阜平晓发》《龙池古柏》《谒曲阳北岳庙》《曲阳岳庙排律二十韵》《六道木杖铭》。
② 分别是《南台》《东台》《北台》《中台》《西台》。

| 赵露清

五台山进香记

（1936 年）

赵露清，生平不详。

1936 年 9 月 16 日（农历八月初一日），赵露清与其亲戚王铭庵一同前往五台山朝圣，他们从上海出发，取道徐州、郑州、石家庄等地，费时四日到太原。20 日，在太原停留一日，游览晋祠。21 日，又自太原北行，经河边村、五台县、尊胜寺等地，费时二日至清凉寺。23 日，又自清凉寺出发，往登南台、古南台，取道千佛洞，至显通寺宿。24 日至 25 日间，从东至西，遍礼东台、北台、中台、西台，而台内诸寺仅访过太平兴国寺、碧山寺。26 日，整装下山，经原路返回，于 28 日至太原，是晚又回至石家庄。次日，行抵北平游览。

题名

五台山进香记
高潜子 ① 书端
丁丑 ② 孟春 ③ 下浣 ④ 印于海上 ⑤

序

　　夫神山可访，诗题玉女之峰；佛国能游，梦兆 ⑥ 金人之像。从来灵境别具庄严，自非胜缘，孰亲登涉。五台山者，天临忉利 ⑦，地号清凉。竺兰传白马之经，师利敷金狮之座。孤云一握，扪星斗于罗绵；层台五方，绕烟云于绀 ⑧ 髻。昔年穆满 ⑨ 曾停八骏之蹄，再世善才亦下三摩之拜。关临落雁，岭接飞狐。寻显化之灵踪，访多罗之宝境，洵可善也。

---

① 高潜子：高毓浵（1877～1956），字淞荃，号潜子，河北静海（今天津）人。清光绪癸卯科进士。
② 丁丑：即民国二十六年，公元 1937 年。
③ 孟春：农历正月。
④ 下浣：亦作"下澣"，指农历每月的下旬。
⑤ 海上：指上海。犹言沪上。韩邦庆《海上花列传》第一回："只因海上自通商以来，南部烟花日新月盛。"
⑥ 梦兆：梦中所预示的征兆。《晋书·挚虞传》："河滨山岩，岂或有怀道钓筑而未感于梦兆者乎？"
⑦ 忉利：即忉利天，梵语的音、意兼译"三十三天"。
⑧ 绀：黑青色。
⑨ 穆满：周穆王。[南朝·齐] 王融《三月三日曲水诗序》："穆满八骏，如舞瑶水之阴。"

露清夫人，夙蕴妙因，思酬宏愿。巾车①命驾，携象宝②以偕陈。拾级登岩，望龙华③而远上。千盘磴道，寒冰敲碎玉之声。五色圆光，晓日射布金④之地。松林吼瀑，宛闻天半雷音。芝篆凝烟⑤，更结空中宝盖。云泉澄澈，品功德而弥甘。花雨纷缊⑥，挂珠璎⑦而不落。瞻眺既遍，赞叹焉穷。爰裁贝叶⑧之篇，遂作珠林⑨之记。何必远寻天竺，别求般若经文。但能心印菩提，即是文殊弟子。

丁丑孟春下旬六日，静海高毓澎序。⑩

---

① 巾车：指整车出行、郑重其事。[唐]权德舆《离合诗赠张监阁老》诗："帐殿汉官仪，巾车塞垣草。"

② 象宝："佛教七珍"之一"白象宝"，即白象。"佛教七珍"又称佛教七宝，即七种珍奇宝物：金轮宝、主藏宝、大臣宝、玉女宝、白象宝、胜马宝、将军宝。

③ 龙华：即龙华树。《法苑珠林》卷十六曰："弥勒得道为佛时，于龙华树下坐。"因花枝如龙头，故名。

④ 布金：指布施。[唐]皮日休《奉和鲁望闲居杂题五首·寺钟暝》诗："百缘斗薮无尘土，寸地章煌欲布金。"

⑤ 凝烟：浓密的雾气。[南朝·宋]刘铄《歌诗》："凝烟汎城阙。凄风入轩房。"

⑥ 纷缊：盛貌。[东汉]班固《东都赋》："宝鼎见兮色纷缊，焕其炳兮被龙文。"

⑦ 珠璎：珍珠璎珞，指佛像的项饰。[唐]刘禹锡《送僧元暠南游》诗："从此多逢大居士，何人不愿解珠璎。"

⑧ 贝叶：古代印度人用以写经的树叶，借指佛经。

⑨ 珠林：指佛寺。[明]王恭《仲夏过灵瑞招提》诗："夜半青山有梵音，晓携清兴问珠林。"

⑩ 《晶报》版未收录此序。

五台山进香记

姬赵露清撰

五台山又名清凉山，为文殊师利菩萨显化之地，华严圣迹，著名中外。余夙有朝山之愿。丙子^①秋八月朔，自上海启程，是晚至徐^②。

翌日抵汴^③。下车稍憩，即午游禹王台，观铁塔、龙亭。复登车，晚十时抵郑^④，转平汉路北行。

初三日晚，宿石家庄。

初四日早，乘正太路车西行，山路盘旋迂回，沿途山洞二十余处，娘子关尤为险峻。下午至太原，宿山西饭店。

初五日，游晋祠。祠内有铁人四，周柏、唐槐六七株。大殿奉圣母像，即武王正妃邑姜也。姜生成王及叔虞，成王翦桐封弟叔虞于唐，后为晋国，即此地。李唐发祥太原，又从而增修之，祠宇甚古，代有修葺，碑铭俱^⑤在。东偏殿为水母祠，下注泉水极清，鱼游其中，细鳞片片可数。水母柳氏，因有功于民，故祀之。

初六日，由太原启程，经河边村、济生桥，抵东冶镇，晚宿五台县城。自东冶至五台县约四十里，两端为岭，中间为山，自

---

① 丙子：即民国二十五年，公元 1936 年。
② 徐：指江苏徐州。
③ 汴：河南开封之别称。
④ 郑：指河南郑州。
⑤ 原文作"具"，应为"俱"，讹误。

久居平原者观之亦甚崎岖矣。

初七日，从五台城过通台门，向东北行十八里，至木虎关①。又二十五里为尊胜寺，相传为文殊显容处，故又名真容寺②。此四十余里，两端皆山，中间为岭，下有平原，路更较险于前。复北行二十里，经柳园村③，沿途皆山涧乱石。行约四小时，晚八时至清凉寺。内有清凉石二方，上下相叠，方约二丈，厚七八尺，一人肩之即动。又云文殊显圣时说法台。进香后，是晚住此。

初八日，由此东行三十里，至南台。此为五台之一，台顶为普济寺④。内有平房数间，文殊殿规模不大，后有石塔一座。下修一洞，亦奉观音。又南去数里为古南台⑤，此台现往朝者不多。十二时启行下山往千佛洞，计十五里，下山之路险恶难行。余步行而下，如履平原。舍亲⑥王君铭庵，年逾五旬，下山后则寸步不能行矣。二时至千佛洞，礼佛后至观音洞，又名佛母洞。洞门阔仅五寸，长不满尺。洞内方约五六尺，其内俨有五脏六腑并两胁。香客至此，多入其中，即曰身为佛母所生。余入是洞，见上下有水，四周湿润，出则衣无纤毫⑦湿痕，亦一奇也。晚六时半，至台怀镇显通寺。是时忽雷雨交作，半时即晴。寺中方丈禧骘招待甚

---

① 木虎关：即牧护关。
② 原文作"显容寺"，应为"真容寺"，讹误。
③ 柳园村：即柳院村。
④ 原文作"济生寺"，应为"普济寺"，讹误。
⑤ 《晶报》版作"古台"。
⑥ 舍亲：对人谦称自己的亲戚。［清］曹雪芹《红楼梦》第三回："若论舍亲，与尊兄犹系同谱，乃荣公之孙。"
⑦ 纤毫：极其细微。［唐］杜甫《夏夜叹》诗："虚明见纤毫，羽虫亦飞扬。"

优。余持佛陀居士所书二丈大佛字以献，伊极欣谢，并谆谆请书五尺大佛字二幅。王君铭庵与谈数语而退。

初九日早七时，往东台，道经五郎沟，入五郎祠，观五郎像。庙距显通寺约五里许。庙有喇嘛住持，并云五郎像为肉身，加泥敷金，似不可信。像前有铁棒，重约二百余斤，折为两段，每段长约三四尺。手举其一，尚极费力。去此至碧山寺，即广济茅蓬，内有僧人三百余众。庙藏前僧手写《华严经》，为宝塔式，字如粟米，一笔不苟。其心虔，其意诚，其功极伟大。其余小楷《四部经》，与邓尉山僧书字及所画梅花，因为时太迫，均未及观。

自此往东台，皆系山路，行二十里至慈航寺①，稍息进食。是时天忽雨雪，饭后即止，即往东台。然细审途径，由显通寺至东台，从慈航寺经过绕行费时，至东台已十二时有余。若不绕道慈航寺，可早到两小时，多朝一台。山僧如此，遑云修行，下午一时登北台。斯台高十八里，而山坡间"之"字形羊肠仄径，宽不满尺。左靠悬崖，右临陡涧。涧深无虑数丈，崖峻山高，人马难并行。饥马狂嘶于前，御者惊呼于后。山风吹来，人畜如秋水飘摇，举目不敢下顾，昂首忽遇飞砂。行至此处，死生听诸天命，吉凶卜诸素行。有念皆端，无意不慈。山逾陡而路逾险，台逾高而风逾猛。西日已坠，东月未升，天渐曛黑②，前路尚远。及至北台，已近八时余矣。风狂如虎，石动若羊。雪飘天空，四望无

---

① 慈航寺：具体位置不详，推测即华严岭法云寺。
② 曛黑：日暮天黑。［南朝·宋］谢灵运《拟魏太子邺中集诗·陈琳》："夜听极星阑，朝游穷曛黑。"

际。而台上之屋，石筑如洞，暂蔽风雪，胜于琼楼玉宇①，在此小住一宿。

初十日早十时，雪虽止而云未散，一丈之外，不辨东西。天气寒肃，凛若隆冬。口嘘气而结冰，衣重裘而不暖。十时许，天始晴明，仰见红日，俯看白云，云在足下，日在当头，光摇银海，四顾无垠。岂真菩萨有灵，吾辈诚心远道而来，故示欢喜。用使雨师洒道，风伯清尘，阿香鸣炮相迎，滕六②结绮祖饯③耶④。下山南行，山径凹凸，雪积涧平，少有不慎，陷落涧底。北台引道僧人甚迂拙，然诚实可嘉，持锡铲除雪，开路先行，不避劳险。虽不如名刹客僧巧于应对，然亦可谓实心任事者矣。由是以观，始知巧即慧之障，愚为佛之基，不禁浩叹。经北台、中台之间，见一石桩，高约三尺，四面刻字，各示其往某某台之途径、方向及相距若干里，此即曹福死处。

过此上山，是为中台。较北台稍低，然比西台、南台为高，至此雪已消融一半。进香后，西行二十五里是为西台。由此下山，时已二时有奇。北台引道之僧，已回原山。显通寺知客僧，言语娓娓不绝，云某处近若干里，某处坦平⑤易行。又走二小时，至清

---

① 琼楼玉宇：形容瑰丽堂皇的建筑物。
② 滕六：传说中的雪神名，用以指雪。[南宋]徐照《朱可肥陈西老徐灵渊携酒饯别饮罢以周兴嗣千》诗："滕六花更无赖，冰花斗欲舞。"
③ 祖饯：践行。[唐]李白《闻李太尉大举秦兵百万出征东南懦夫请缨冀申一割之用半道病还留别金陵崔侍御十九韵》诗："群公咸祖饯，四座罗朝英。"
④ 《晶报》版作"邪"。
⑤ 《晶报》版作"平坦"。

凉桥①。进茶点，循途前行。不意此客僧所言之路，极寯②远，极险恶，马行山腰，人步涧上，僻而且远，莫此为甚。此僧乃代清凉桥招致香客而已。是晚七时许，仍回显通寺休息。灯下翻阅图志，此山鼎盛之际，自汉唐以迄明清，古寺名刹约三百二十有奇，年湮代远，几经兴替，而今仅存名寺七十余矣。适值察绥不靖，未便久留，不能处处随喜③，广结善缘，殊觉怏怏④。

十一日早，整装下山，回太原，是晚宿尊胜寺。此一日之行程，虽系山路，较诸五台盘旋山巅，少见宽怀。

十二日，又南行，或山或岭，较诸平原固属坎坷难行，以前两日比之，不啻康庄坦途，尚不无戒心。是晚宿东冶镇。

十三日，乘汽车至太原，即晚回石家庄。尝闻游五台山，西路由代州峨口出入，东路从阜城经龙泉关直达，北路自大同、雁门关越后山而进。予来自南方，仅经五台县东冶镇一路崇山峻岭而行，荷烟餐霞⑤，娱心悦目。东、西、北三路峰色如何，尚未遍及，不无微憾。

十四日，至故都，寓北京饭店。

---

① 清凉桥：即吉祥寺。
② 寯：深远。
③ 随喜：佛教语。犹言赞助他人行善事。[清]孔尚任《桃花扇·闲话》："募建水陆道场，修斋追荐，并脱度一切冤魂，二位也肯随喜么？"王季思等注："佛家语，本取见人行善事，随之而生欢喜心之意。一般用作布施的代语。"
④ 怏怏：不服气或闷闷不乐的神情。[唐]王昌龄《大梁途中作》诗："怏怏步长道，客行渺无端。"
⑤ 餐霞：指餐食日霞，修仙学道。[明]张居正《七贤咏·嵇中散》："少无适俗韵，早有餐霞愿。"

十五日，移寓^①中央饭店。

十六日，游西山明陵、八达岭。至此乃日履坦途，回想前日忧惕^②恐惧之心已不存毫末矣，意者岂所谓操则存、舍则亡者耶？

是为记。

此篇游记出自由高毓澎作序的《五台山进香记》（忻州师范学院五台山文化研究中心藏民国刊本）。另外，此游记还于《晶报》分六期连载，分别是1937年2月5日第2版、2月6日第2版、2月7日第3版、2月8日第3版、2月15日第3版、2月16日第3版。本文以民国刊本为底本进行校注。

---

① 移寓：犹移居，迁居。［清］缪艮《沈秀英传》："旬余，疾少瘥，将移寓水南。"
② 忧惕：忧虑戒惧。《三国志·吴书·周鲂传》："虽尚视息，忧惕焦灼，未知躯命，竟在何时。"

五台山印象

（1936 年）

沈逸千（1908～1944），原名沈承谔，上海嘉定人。现实主义中国画创作的先行者，画马名家，被誉为"抗战绘画第一人"。

1936 年，沈逸千一行人造访五台山，先由太原乘汽车至代县，再换乘架窝经岩头、茶铺至五台山，之后在山停留一周。与其他旅行者不同，沈逸千更多的是关注五台山的社会生活，流露出强烈的忧国忧民之情，而且还将当时五台山戒律废弛的一面揭露了出来。

五台和普陀、九华、峨眉，通称吾国四大佛地，独以五台接受佛教的历史最早。相传西汉武略 ① 伸张到西域以南诸邦时，便

---

① 武略：军事谋略。《东观汉记·丁綝传》："綝，字幼春，定陵人也。伉健有武略。丁綝从上渡河，拜河南太守。"

有印度、西藏的经典，带回五台山，当地就修起碧山寺、显通寺、南山寺等处为一研究佛典的地方，这便开了佛教登五台的嚆矢①。此后历代帝王，很多御驾朝山，建庙修寺，佛教②乃张，从杨五郎上山削发为僧，五台山的声名更普遍的流到民间去了。等到明初③永乐皇帝，又派人赴西藏礼请章嘉来朝，驻锡五台。此后，清朝康熙皇帝笼络蒙藏人心，所以腾出五台山塔院寺、菩萨顶等十三庙，专为喇嘛教徒虔修的大本营，封典隆重，口粮丰足。乾隆复六度朝山，敕建寺庙。从此边蒙同胞，以为皇上尚且全力敬佛，他们便以为人生一世以亲到五台一朝佛地为盖世的荣幸。所以有清一代，竟把蒙人的心血、精力、金钱大半为朝山进香上布施而牺牲了。

从太原去五台，先搭汽车至代县，然后由代县雇夹窝④，第一天行八十里，人马行于山沟中，至岩头镇⑤。第二天由岩头过茶铺镇⑥，翻高六千六百呎⑦的清凉山，下山再行二十里，便到五台中心的各寺庙了。总计从代县至五台山，共一百五十里。

五台山位晋北，居太行山之右，和北岳恒山南北对峙。五台

---

① 原文作"矫"，应为"嚆"，讹误。嚆矢：响箭。因发射时声先于箭而到，故常用以比喻事物的开端。犹言先声。
② 原文作"教佛"，应为"佛教"，倒误。
③ 原文作"初明"，应为"明初"，倒误。
④ 夹窝：即架窝。
⑤ 岩头镇：即今岩头村。
⑥ 茶铺镇：即今茶铺村，为繁峙县岩头乡下辖村。
⑦ 呎：英尺旧称。

山的四周，包围海拔^①六千呎至九千呎的高山，五台把住了东西南北中五个山头，各具奇观。要绕五台一周，有一百六十五里的距离，非三天不能达到。当我们远眺时，只见得五峰矗立，环绕千嶂，势若游龙，形如莲房。此中有森林，有野花，有飞瀑奔泉，长夏还有满沟的坚冰，有覆顶的白雪。曾有游人讽咏山景，为"五台山，清凉境，三春交如三冬冷。四面环基五百里，毒龙猛兽也潜形。中台好，生细草，顶上无尘何用扫。东台高，愁猿猱^②，春无野杏并山桃。南山寂，人迹少，下有清泉从此出。西台宽，西风寒，三十五里登临难。北山险，云常掩，远观却如丹春染"。可见五台特征的一斑。

五台建筑，负历史价值的有杨五郎出家的碧山寺，并传顺治皇帝也隐修于此，还有章嘉活佛驻节的镇海寺。工程上的伟大者，有塔院寺内的舍利塔，高二十八丈，又有菩萨顶的石梯和琉璃殿宇。论神秘性者有显通寺和观音洞。新建筑有南山寺和普化寺，至今斧石叮当，一庙建筑，竟达数百。黄庙为镇海寺、塔院寺、菩萨顶、十方堂等十三所，青庙为碧山寺、显通寺、南山寺等二百所。黄庙由蒙藏喇嘛主持，人数不下一千，青庙共有和尚二千人，合计和尚、喇嘛约占全山人口的半数。这批喇嘛^③、和尚，在明清时代都有朝廷^④赐发口粮，民国以来，国家津贴已断，各寺

---

① 原文作"拔海"，应为"海拔"，倒误。
② 猿猱：泛指猿猴。
③ 原文作"嘛喇"，应为"喇嘛"，倒误。本段以下还有三处倒误情况，不再注明。
④ 原文作"庭"，应为"廷"，讹误。

庙都靠香客的布施为唯一挹注①。尤其一到夏令，不论喇嘛、和尚，都得下山募化，因此庙规日渐疏弛。尤其各寺庙（碧山寺等除外）握权者，擅自在外包贴民妇，实行纵淫纵乐，于是小喇嘛、小和尚也萧规曹随②了。几十年来，把五台一片干净圣土，变为肮脏猥亵的巢穴，因之本地发现一种歌谣来："五台三件宝，石子垒墙墙不倒，和尚进家狗不咬，喇嘛上炕人不恼"。这种口吻真可代表五台山上的现象了。

这里有个畸形的镇市，叫做台怀镇③，全镇不过八百户，人口三千。本镇有条半里长街，另有远隔一里外的杨林街、营坊④街。镇上的工商铺面，十九以供应寺庙需要为对象的。在镇外的农户，散居各山坡下，因为各庙戒禁破土，所以耕田最少。镇上的住家占二分之一，他们的生活，大半和各寺庙都有密切的关连，尤其住家的妇女，不论贫富，都愿和喇嘛、和尚具结下不解缘的。当我们路过该镇时，常见粉红骇绿⑤的女人，态度妖冶⑥放浪，还有的假拜佛为由，天天出入各寺庙中。这种现象，就找遍全国，恐怕也不易多见吧。

---

① 挹注：比喻从有余的地方取些出来以补不足的地方。
② 萧规曹随：比喻按照前人的成规办事。［西汉］扬雄《解嘲》赋："夫萧规曹随，留侯画策，陈平出奇，功若泰山，响若坻隤。"
③ 原文作"怀镇"，应为"台怀镇"，脱误。
④ 原文作"防"，应为"坊"，讹误。
⑤ 粉红骇绿：纷披散乱的红花绿叶，形容花草树木随风摆动。
⑥ 妖冶：指装扮得过分艳丽而不庄重。［明］归有光《山茶》诗："虽具富贵姿，而非妖冶容。"

　　这里另有一所专心学佛的地方，不单是没有其他寺庙的随便，就是研敲经典，也够得上为国内有数的学府，这就是僻居在台北的碧山寺了，现在更名茅蓬①。里边有大小僧徒一二百人，多为南方人，其中有民初当过省长的湖北胡瑞霖氏，和四川老翰林朱叔痴②，和负有文学盛名的刘根尘③等。他们前后都在本寺落发为僧，将以此生许佛。朱老夫子年已古稀，白发萧萧，听说他老在去年被中委黄复生④氏登山劝驾后，现在已经下山还俗了。

　　我们留山一周，所见者不及五台的一半，不过对于带有神秘性的五台山，着实深深的摄进了一重强烈的印象。尤其当我们在日暮黄昏，钟声梵音的周围里，徘徊在塔院寺舍利塔下的时候，眼见这座伟巍的古塔下，有万千信徒，盘绕塔下。其中有来自吉林的满族妇女，高髻黏花，旗袍鞋靴；有来自辽黑热的东蒙同胞，男束粗带，女垂珠冠；有来自察北和外蒙的喇嘛，巨颅⑤广颡，仪态忠诚。这批边地的信士们，冒着万死，突出了帝国主义者的界牌，跋踄几千里，好容易重临中土，和我人作片刻的把晤⑥。可是当我人和他们

---

①　茅蓬："广济茅蓬"之简称，为十方丛林。
②　朱叔痴：朱之洪（1871～1951），字叔痴，四川巴县（今重庆巴南区）人。中国近代民主革命家、教育家。
③　刘根尘，生平不详，居士，曾任南京佛学会职员。
④　黄复生（1883～1948）：原名黄树中，字理君，四川隆昌人。民国时期著名革命家。
⑤　原文作"胪"，应为"颅"，讹误。
⑥　把晤：握手晤面。[清]袁枚《随园诗话》卷十三："后余官白下，而烛亭亦就幕江南，常得把晤。"

谈话的时候，他们只有一副惨淡的脸孔，这时候我们有什么好的消息或有什么新的希望，可以给他们带回去呢？

此篇游记刊载于《时代》1936 年第 112 期。

| 孙石生

五台游记

（时间不详）

孙石生，生平不详，曾供职于孙华伯创立泰隆面粉厂。

孙石生来五台山游览的时间不详。根据其游记所载，他同友人于某年春三四月间出发，先乘车由无锡至镇江，再换乘轮船至武汉，又改乘京汉铁路上的火车至定州，之后雇用架窝，取道曲阳、阜平，过龙泉关，进入五台山，宿于塔院寺。因该游记太过简短，使其在五台山的游踪不得而知。

余性喜游，曩供职梁溪①泰隆面粉厂②时，春三四月，闲暇甚多，遂与友人做五台山游焉。趁车至镇江，复搭轮溯江上驶，止于武汉，改乘京汉车至定州。北地风光，殊异于南朝矣。由定州雇骡轿，人各一辆，轿以两骡夹持驮之。虽风沙蔽眼，赤日滚金，

---

① 梁溪：旧时无锡之别称。
② 泰隆面粉厂：位于无锡东门外，1914 年由孙华伯创立。近代民族实业家荣德生于 1916 年租办该厂，更名为茂新第三面粉厂，租期两年。

冈陵起伏，得得辚①辚②，坐甚安适，骡行每日计可百里。过曲阳，经北岳③，出龙泉关，过五台山麓，沿路行宫、御碑亭、牌楼等颇多，建筑皆壮丽。盖君主时代，皇帝曾经游幸故也。余等住塔院寺，寺为该山十大丛林之一，因有二塔，故名。其大者名文殊塔，小者名文殊发塔，相传五台山为曼殊大士之化宇，又名曰清凉，山灵琉秀，代有闻人。宋杨继业之子出家于此，有五郎庙焉。夫所谓五台者，盖具东南西北中五高峰，以象五岳耳。

五岳之外，有五台山④，乃曼殊大士之化宇也。又名曰清凉山⑤，良⑥以岁积坚冰，夏仍飞雪，曾无炎暑。有五峰耸出，厥顶童童，⑦有如垒土之台，故曰五台。是山也，惟据燕代，磅礴数州，在四关之中，周五百余里。左临恒岳，秀出千峰。右敝瞰滹沱，⑧长流一带。北凌紫塞，遏万里之烟尘⑨；南拥中原，为大国屏障。山之形势，难以尽言。五峰中立，千嶂环拱⑩。曲屈窈窕，锁千道之长溪。叠翠回岚，幕百重之峻岭。嶙峋峟巍，他山莫与竞⑪，故

---

① 辚：象声词，形容车行走时的声音。
② 原文作"辷"，即"辚"之简写，如"车辚辚"。
③ 北岳：即北岳庙，是古代帝王祭祀北岳恒山之神的场所，清顺治十七年（1660）移祀北岳于山西浑源恒山，后逐渐荒废。
④ 万历《清凉山志》作"有清凉山者"。
⑤ 万历《清凉山志》作"亦名五台山"。
⑥ 万历《清凉山志》无"良"字。
⑦ 万历《清凉山志》作"五峰耸出，顶无林木"。
⑧ 原文空一字，脱"滹沱"之"滹"字。万历《清凉山志》作"右瞰滹沱"。
⑨ 烟尘：战乱。
⑩ 万历《清凉山志》作"千嶂环开"。
⑪ 原文作"京"，应为"竞"，讹误。

有大人状焉。① 于其间也，鸣泉历历，万壑奔飞。嘉木森森，千峦弥布。幽涵神物，娇娆云龙。萦纡②盘据，无非梵行③之栖。隐显环布④，尽是真人之宅。虽寒风劲冽，而瑞草争芳。积雪夏飞，名花竞发。白云凝布，夺万里之澄江。红日将升，见一陂之大海。此其常境也。若夫精心钻仰，刻意冥求，圣境灵区，有时而现。或神灯触目，或佛光摄身，或金阁浮空，或竹林现影。金刚窟里，列圣森森。百草头边，神光赫赫。披云拨雾，或登物外之天；蹑险扪萝，每入非常之境。实百灵之冲府，乃万圣之玄都⑤。其间灵境，有不可得而名言状示者，不思议界，非人世间。征其源也，乃曼殊大愿之所持，为幻三昧⑥之所现。无方无体，非色非空，触类而彰，随缘而显矣。⑦

是为之记，以志雪泥鸿爪。

此篇游记刊载于《新世界》1925 年 1 月 28 日第 3 版。

---

① 万历《清凉山志》作"岿巍敦厚，他山莫比，故有大人状焉"。
② 萦纡：盘旋环绕。［东汉］班固《西都赋》："步甬道以萦纡，又杳窱而不见阳。"
③ 梵行：僧俗二众所修之清净行为。以梵天断淫欲、离淫欲者，故称梵行。《法苑珠林》卷四十八："彼乱已整，守以慈仁，见怒能忍，是为梵行；至诚安徐，口无粗言，不瞋彼所，是为梵行；垂拱无为，不害众生，无所娆恼，是为梵行。"
④ 万历《清凉山志》作"隐显环匝"。
⑤ 玄都：传说中的神仙居处。
⑥ 三昧：通达一切诸法如幻之修行法门。
⑦ 此段文字出自《清凉山志》，但非原文誊录，有所出入。

后记

　　五台山位居中国佛教四大名山之首，其历史文化底蕴丰赡，影响极大，但是却缺乏系统性的文献资料。这已成为掣肘"五台山学"建构的重要因素之一，笔者在研究过程中也一直受到史料不足的困扰。基于此，笔者自 2019 年开始系统性地搜集与五台山相关的文献资料，主要类型有清宫档案、近代报刊、中外游记、民间碑刻四种，经过三年多的努力，上述资料已搜集到不少。不足的是，目前主要工作仍集中于资料整理，更加具体深入的研究还未展开，致使这些资料所蕴含的历史信息还未来得及充分挖掘，而自己亦因工作评价体系中所谓的"科研落后"感到些许不安。

　　庆幸的是，笔者所进行的文献资料整理工作，得到五台山文化研究中心诸位同仁的肯定和帮助，自己那颗不安的心也稍稍得到慰藉。合著者刘佼系中国古典文献学专业出身，平日工作极其认真，也因对五台山游记有共同的研究兴趣，决意与其合作整理民国五台山游记。除负责前期文字录入工作外，刘佼还负责核对游记注释，充分发挥自己的专业所长，事无巨细，出力颇多。同时，中心主任赵新平教授十分重视基础文献整理工作，设法为本书筹得部分出版经费；冯大北副教授常年从事文献整理工作，不仅积极提供游记线索，还在百忙之中认真校对了书稿，指出了不少错误。此外，商务印书馆的编辑亦为本书出版付出了不少心血，他们以编辑者高度的责任心，在书稿编辑的各个阶段提出宝贵的反馈意见。在此一并对他们表示衷心的感谢。

文献工作是科学研究的第一步，这是学界的共识。我辈不敏，唯有脚踏实地，辛勤耕耘，才能结成硕果。窃以"路漫漫其修远兮，吾将上下而求索"自勉。

贾富强

2023 年 4 月